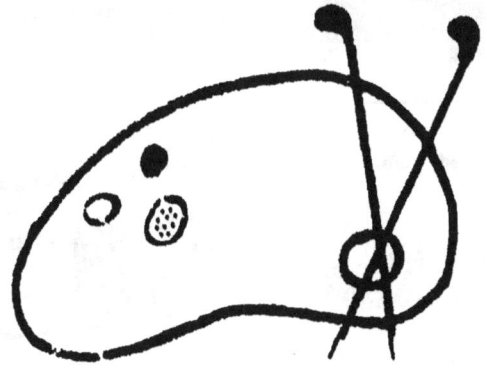

Couvertures supérieure et inférieure
en couleur

OUVERTURES SUPERIEURE ET INFERIEURE D'IMPRIMEUR

Maison de Pilate
par
Paul Féval

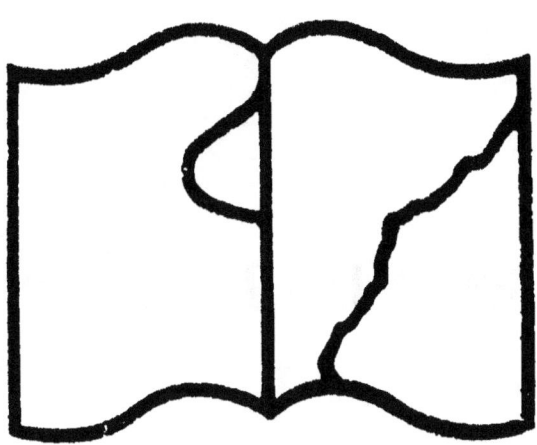

Texte détérioré — reliure défectueuse
NF Z 43-120-11

LA
MAISON DE PILATE

I

A LA MÊME LIBRAIRIE
ŒUVRES DE PAUL FÉVAL

	fr. c.
Aimée. 1 vol...	1 »
Alizia Pauli. 1 vol.......................................	1 »
Les amours de Paris. 2 vol...............................	7 »
L'arme invisible et Maman Léo. 2 vol....................	2 »
L'avaleur de sabre et Mademoiselle Saphyr. 2 vol.........	2 »
Blanchefleur. 1 vol......................................	1 25
Le Bossu. 2 vol..	7 »
Bouche de fer. 1 vol.....................................	3 50
Le capitaine Fantôme. 1 vol..............................	1 »
Les filles du Cabanil. 1 vol.............................	1 »
Talavera-de-la-Reine. 1 vol..............................	1 »
La chambre des amours. 1 vol.............................	1 »
Cœur d'acier. 2 vol......................................	7 »
La cosaque. 1 vol..	» 60
Le dernier vivant. 2 vol.................................	2 50
Les deux femmes du roi. 1 vol............................	1 »
Le drame de la jeunesse. 1 vol...........................	3 50
La fabrique de mariages. 1 vol...........................	3 50
Les habits noirs. 2 vol..................................	7 »
Jean-Diable : 1° Une nuit à Londres; 2° Le château de Belcamp; 3° Le procès criminel. 3 vol.................	3 »
Le jeu de la mort. 1 vol.................................	1 »
La tontine infernale. 1 vol..............................	1 »
Madame Oil-Blas. 2 vol...................................	7 »
Les mystères de Londres. 2 vol...........................	7 »
La pécheresse. 1 vol.....................................	1 25
La province de Paris. 1 vol..............................	1 »
Le quai de la ferraille. 2 vol...........................	2 »
Le roi des gueux. 2 vol..................................	2 50
La maison de Pilate. 2 vol...............................	2 50
Le roman de minuit. 1 vol................................	» 60
La rue de Jérusalem. 2 vol...............................	2 »
La tache rouge. 2 vol....................................	7 »
Le tueur de tigres. 1 vol................................	3 50
La vampire. 1 vol..	1 »
Le volontaire. 1 vol.....................................	3 50

OUVRAGES DE PAUL FÉVAL, FILS

Le fils de Lagardère (suite du *Bossu*). 2 vol...........	7 »
Les Jumeaux de Nevers. 2 vol.............................	7 »
Le collier sanglant. 1 vol...............................	1 25
Le boucher des dames. 1 vol..............................	1 25
Le livre jaune. 1 vol....................................	3 50
Le crime du juge. 1 vol..................................	» 60

Imprimerie de Poissy — S. Lejay et Cie.

LA
MAISON DE PILATE

PAR

PAUL FÉVAL

TOME PREMIER

NOUVELLE ÉDITION

PARIS

E. DENTU, LIBRAIRE-ÉDITEUR

3 ET 5, PLACE DE VALOIS, PALAIS-ROYAL

Tous droits réservés.

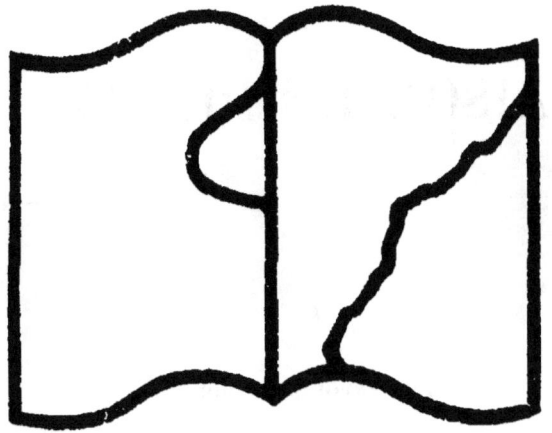

Texte détérioré — reliure défectueuse
NF Z 43-120-11

LA
MAISON DE PILATE [1]

I

LES FAVORIS DU ROI

Au-dessous du portrait de Charles-Quint, dans la chambre du roi, un joli perroquet vert et pourpre mordillait son perchoir de bois exotique, aiguisant son bec lourd, montrant à demi sa langue cylindrique, et radotant sa leçon éternelle :

— Philippe est grand ! il est grand, Philippe !

Deux autres perroquets vivants, de moindre taille, et sans doute moins avancés aussi dans la faveur royale, partageaient une cage voisine.

Enfin cinq perroquets, empaillés avec soin, étaient là placés sous verre.

Un tombeau ! Encore tous les favoris décédés n'ont-ils pas un local aussi décent que feu les perroquets du roi Philippe, ni une épitaphe si bien tournée. L'armoire funèbre où reposaient les restes de ces volatiles politiques était en bois précieux et

---

1. L'épisode qui précède *La Maison de Pilate*, a pour titre : *Le Roi des Gueux*.

sculptée splendidement. Chacun de ses rayons, au nombre de cinq, soutenait un mausolée d'architecture simple et noble, portant à son sommet un bâton sur lequel perchait la bête.

Le nom du mort était inscrit en lettres d'or sur le frontispice du monument, et au-dessous du nom quelques paroles bien senties exposaient les vertus et les talents du défunt.

Philippe le Grand avait bon cœur pour ses perroquets, il avait porté le deuil de Tamerlan, le premier ara bleu qu'on eût vu en Espagne, et le trépas prématuré de Cléopâtre, perruche patagonne au dos jaune et vert, lui avait arraché des larmes.

Il était jeune alors. L'âme s'endurcit à ces séparations nécessaires, au fur et à mesure qu'on avance dans la vie. Hélas! les rois comme les autres hommes, fussent-ils grands à l'instar de Philippe d'Autriche, laissent leur route dans la vie jonchée de fleurs funéraires et de rameaux de cyprès! Quand mourut le roi Pélage, jaco d'espèce commune, mais éloquent à miracle, Philippe IV concentra sa douleur au-dedans de lui-même. Ses yeux restèrent secs, et il eut le courage d'assister le lendemain à une course de taureaux.

Mais, si épais que soit le calus formé par l'exercice de vivre, c'est-à-dire de souffrir, il est des destins si tragiques et des péripéties tellement attendrissantes, que la source tarie des larmes renait tout à coup.

Les cœurs de pierre peuvent être touchés par cette verge de Moïse qui arracha l'onde aux entrailles du roc, et alors ce sont des torrents qui jaillissent! Beau Cid, superbe microglosse, géant aux ailes d'azur coupées de larges flammes! flère Chimène, perruche à queue en flèche, dont les flancs zébrés rayonnaient toutes les nuances de l'aurore! le même fléau, une dysenterie cruelle, fruit d'un déjeuner imprudent, vous ravit à tous deux la lumière!

Vous vous aimiez, et les pépins perfides d'une grenade trop verte vous précipitèrent ensemble aux sombres bords! comme s'il eût fallu prouver une fois de plus que ni la jeunesse, ni la beauté, ni la gloire elle-même, ne peuvent arrêter ton bras, ô Mort, moissonneuse infatigable!

Deux accolades de feuillages reliaient entre eux les monuments du Cid et de Chimène; Chimène tenait dans son bec le bout d'une guirlande de roses dont l'autre extrémité allait se suspendre aux mandibules du Cid. Tendre et poétique emblème! Leur épitaphe commune relatait qu'ils étaient morts d'indigestion en répétant : Philippe est grand!...

Mais parlons des vivants. Le perroquet régnant avait nom Almanzor. C'était une perruche dite d'Alexandre, ce genre ayant été apporté des Indes par le conquérant macédonien.

Almanzor avait un corps de forme parfaite, mesurant à peu près vingt pouces de long. Son dos était d'un vert intense et brillant dont la nuance allait s'éclaircissant des flancs au ventre ; ses pieds écaillés montraient du sang sous leur peau ; son bec, gros, dur, solide, et qui semblait arrondi au polissoir, s'entourait à sa base d'une sorte de cire où étaient percées en spirales les cavités de ses narines.

Sa langue épaisse avait au bout un balai de fibres cartilagineuses. Un collier d'un rose vif, tirant sur le feu à son sommet, entourait sa nuque et rejoignait le demi-collier noir qui faisait une cravate à sa gorge en s'évasant sur les deux côtés du cou.

Le haut de ses ailes était marqué d'une tache rouge foncé qui rappelait ce *coup de fard* que les coquettes expérimentées savent piquer sous leurs paupières pour se donner du regard.

Tout cela sans défaut et purement irréprochable. Almanzor était beau; il le savait. Il regardait avec un dédain mêlé de haine les deux perroquets en cage qui grandissaient et le menaçaient.

Louis XIV n'aimait à voir ni le Dauphin ni les tours Saint-Denis; Almanzor, moins délicat ou moins libre du choix, vivait entre ses successeurs et sa future armoire.

Un sombre demi-jour régnait dans la chambre royale, abritée de toutes parts contre les rayons du soleil. C'était une pièce très vaste, en forme de carré long, dont les fenêtres donnaient d'un côté sur la cour des Marionnettes, de l'autre sur la place du Palais. Au centre, un bassin de marbre contenait un jet d'eau dont la gerbe répandait de suaves et fraîches senteurs.

Entre les deux fenêtres et comme par contraste au raffinement de ce luxe oriental, un calvaire était figuré dans une niche prise sur l'épaisseur du mur. Cette gigantesque page de sculpture, dont les personnages en haut-relief avaient tous la grandeur naturelle, étaient de marbre noir, entourée d'une balustrade d'ébène dont les marches recouvertes de coussins, étaient le prie-Dieu du roi.

Midi venait de sonner à l'horloge du palais. Un silence complet régnait dans les jardins et sur la place voisine. La ville dormait. Là-bas, le mouvement ou le bruit qui se fait à ces heures du milieu du jour a toute l'étrangeté des bruits et des mouvements nocturnes. Un spectre choisirait midi, dans l'Espagne du Sud, pour soulever la pierre de sa tombe.

L'homme qui se promenait de long en large dans la chambre du roi, lentement et d'un pas mal assuré, avait bien un peu la physionomie de spectre. C'était une maigre charpente osseuse aux épaules chétives, à l'échine voûtée, qui s'enveloppait d'un geste frileux dans une simarre de soie noire.

Sa figure était pâle, décharnée, mais régulièrement belle quant au dessin des traits, et douée d'une accentuation froide et fière. L'œil brillait bien, le front se relevait noblement sous les boucles rares d'une chevelure déjà ravagée ; la moustache épaisse tordait jusqu'aux oreilles ses poils longs et durs.

Son cou, qui sortait nu de son ample collerette, avait des attaches molles, malgré l'absence de chair ; on eût dit que les vertèbres en étaient détendues.

Les mains, les joues, la peau du crâne qui se montrait sous les cheveux avaient une blancheur maladive, les reins continuaient le dos sans cambrure ; au bout de jambes grêles, d'énormes pieds noueux s'allongeaient.

Cet homme n'était pas seul dans le réduit royal.

Un autre personnage, que nous eussions reconnu du premier coup d'œil aux draperies de cachemire noir frangé d'argent qui lui enveloppaient la tête, était accroupi sur des coussins en face du calvaire et fermait les yeux dans une attitude indolente. Hussein le Noir, malgré la chaleur, n'avait point découvert son visage. On aurait pu le croire endormi profondément, si de temps à autre un éclair subit ne se fût allumé dans l'ombre sous sa coiffure.

— Si la reine s'occupait des affaires de l'Etat, dit le promeneur, de cette voix grêle que nous avons entendue déjà au travers des portes entr'ouvertes, lors de l'arrivée mystérieuse de Hussein le Noir, je la renverrais à son neveu, Louis de France... Que penses-tu de ce jeune paon qui passe sa vie à faire la roue devant l'Europe, ami Hussein?

— Quand je regarde du côté de la France, répondit Hussein, je ne vois que Richelieu.

— Que penses-tu donc du cardinal? demanda le roi qui s'arrêta devant Almanzor et lui tendit son poignet.

Almanzor quitta aussitôt son perchoir, et dit en s'installant sur les bras de son maître :

— Il est grand, Philippe!

— Je pense que Richelieu doit avoir un bon magicien, répondit l'Arabe avec gravité.

Le roi se prit à rire. Il avait naturellement l'esprit caustique, et parfois ses sarcasmes ne manquaient pas de finesse.

— Crois-tu que Charles-Quint, mon aïeul, eût un sorcier à son service, Sidi? murmura-t-il en caressant du revers de son doigt la gorge du perroquet.

— Il en eut et il n'en eut pas, répartit silencieusement l'arabe; il en eut un la veille de Pavie; il en manqua le jour où François quitta sa prison.

— Et le jour où il abdiqua, Sidi !

— Le jour où le captif brise sa chaîne, Sire, c'est Dieu lui-même qui le conseille et qui l'appuie.

— A ton sens le pouvoir royal est donc une chaîne ?

— Pour les grands monarques, oui ; pour les petits, non.

— Suis-je pour toi un grand monarque, Sidi?

— Les brutes elles-mêmes le proclament, fit l'Arabe en s'inclinant.

Les trois perroquets, en effet, glapissaient en chœur leur refrain.

Le regard du roi exprima une velléité de défiance. Il fit un pas vers Hussein le Noir et prononça d'un ton sec :

— Je ne te paye pas pour me flatter, païen? Que pourrait ajouter ta voix aux acclamations de tout un peuple ?

Hussein le Noir s'inclina froidement et croisa ses bras sur sa poitrine.

— Le chien est peu de chose auprès de son maître, dit-il ; cependant, à l'heure du danger, le chien prévient et défend puisqu'il aboie et puisqu'il mord... Mon royal seigneur a dû, cette nuit, être tourmenté par un rêve.

La physionomie de Philippe changea incontinent d'expression.

— C'est vrai... murmura-t-il.

— Un rêve bizarre, poursuivit le Mauresque. Pendant que vous dormez, je veille, seigneur. Mes calculs, qui ont tous rapport à vous, mettent mon esprit éveillé en contact avec votre sommeil, je vous vois, mais confusément et au travers d'un brouillard.

— Je me représente très bien cela, dit Philippe. Saurais-tu dire qu'elle était mon rêve ?

— Non... mon attention, au moment où j'essayais de percer la brume, a été violemment détournée...

— Par quoi ?

— Par un choc interne, correspondant à la pensée de votre premier ministre, le comte-duc.

— Ah ! ah ! fit le roi, on dit que dans les hôtelleries de France chaque chambre à sa sonnette qui correspond à un numéro d'ordre placé à l'office, de sorte que les valets peuvent aller tout droit et du premier coup à celui qui appelle... C'est un arrangement merveilleux !... Ton esprit a des numéros et des sonnettes comme les hôtelleries de France.

— J'aurais cherché longtemps une image si bien appropriée, Sire...

— On me trouverait de l'esprit, même en France, c'est certain !... Almanzor m'a tout l'air de couver une maladie... Et pourquoi la sonnette du comte-duc a-t-elle tinté dans ton cerveau, ami Hussein ?

— Parce que le comte-duc s'occupait de vous.

— C'est son emploi.

— En s'occupant de vous, royal Seigneur, le comte-duc était cette nuit en dehors de son emploi.

— Serais-tu son ennemi, païen ?

— Je suis l'ami et le serviteur de Votre Majesté.

Le roi remit Almanzor sur son perchoir, et demeura un instant pensif.

— Explique-moi mon rêve, dit-il tout à coup... J'étais statue... j'étais ma propre statue montée sur un cheval de bronze, au milieu de la place de l'Amirauté, à Valladolid. Le canon grondait aux abords du palais de Philippe III, mon père ; il y avait des dames aux fenêtres qui laissaient pendre leurs guirlandes jusque sur le pavé ; le peuple entier descendait dans la rue, allant, venant, se pressant, acclamant ; c'était une fête publique, la fête de ma statue... J'ai vu le comte-duc qui apportait une couronne de lauriers ; il achevait de la tresser en marchant... J'ai vu un autre homme... mais celui-là, je ne distinguais point son visage, qui restait dans l'ombre d'un large sombrero. Cet homme tenait entre ses mains un serpent, qu'il enroulait aussi pour m'en faire une couronne.

Le roi s'arrêta.

Hussein le Noir murmura dans sa barbe :

— Allah est Dieu unique !

— Tu mens, mécréant ! s'écria Philippe ; ton Allah est tout simplement le démon. Que dis-tu de mon rêve ?

L'africain méditait.

— Je dis, prononça-t-il avec lenteur et après

un silence, que votre rêve concorde avec mes visions... L'esprit nous a dit à tous deux la même chose, à moi dans la veille, à vous dans le sommeil.

— Parle en bon espagnol, et dépêche !

— Je parlerai, royal seigneur, de façon à ce que Votre Majesté puisse me comprendre ; mais je suivrai dans ma réponse l'ordre qui me conviendra... Nous avons le temps ; l'émeute ne commencera qu'après la nuit tombée.

— L'émeute ! répéta le roi qui devint pâle.

II

LE VOYANT

Mais Hussein le Noir se laissait aller au courant de ses méditations.

— Quand le choc interne m'eut forcé de diriger ma pensée vers le comte-duc, votre ministre, reprit-il, j'éprouvai un grand trouble, parce qu'une puissance hostile à la mienne combattait mon effort... Je connus aussitôt que le comte-duc travaillait en compagnie du maragut Moghrab, initié comme moi aux sciences australes et aux calculs planétaires... Je traçai aussitôt dans l'espace un cercle idéal, champ clos de la lutte qui allait avoir lieu, et j'appelai au combat spirituel la pensée ennemie.

Le maragut est fort, mais je suis plus fort que

le maragut. Je le terrassai au bout de quelques minutes, et sa volonté vaincue livra passage à mon regard. Voici ce que je vis, royal seigneur : Gaspard et son sorcier étaient debout auprès d'une table de marbre, dans une maison de la rue de l'Infante. Sur la table de marbre un cadavre se couchait. Le maragut, à l'aide de son poignard, pratiquait une incision ronde dans la poitrine du mort, et lui arrachait le cœur.

— Horrible sacrilège ! balbutia Philippe tout tremblant.

Hussein le Noir n'avait rien perdu de sa froide impassibilité.

— Il est d'étranges détours dans ces vagabondes excursions de l'esprit, poursuivit-il ; des affinités imprévues le sollicitent au passage, comme le voisinage du pôle fait dévier l'aiguille aimantée de la boussole au dire des navigateurs. Pendant que je cherchais à reconnaître le cadavre étendu sur la pierre, votre nom prononcé a frappé mon oreille... Royal seigneur, les souvenirs de jeunesse ne se réveillent-ils jamais en vous ?... ne revoyez-vous point quelquefois les francs et joyeux sourires des amis de votre adolescence ?

— A quoi a trait cette question ? demanda le roi avec brusquerie.

— Au détour que fit mon esprit dans sa route et qui m'empêcha de reconnaître le cadavre.

Le roi passa la main sur son front.

— Mon esprit se fatigue à te suivre, païen, dit-il ; tu fais exprès de m'égarer dans un dédale d'impossibilités.

— J'explique votre rêve à ma façon, Sire, et je

m'engage à rendre mon explication plus claire que le jour.

— Joseph n'en dit si long au Pharaon d'Égypte, murmura le roi.

— Le Pharaon d'Égypte, répliqua Hussein, n'avait entrevu dans son rêve que la destinée de son peuple... Vous avez vu votre propre destinée, royal seigneur.

Par un violent effort de volonté, Philippe arrêta le tremblement de sa lèvre. Il se redressa : un éclair de fierté s'alluma dans son regard.

— Païen, dit-il, ma destinée est dans la main de Dieu. Ne crains pas d'être clair.

— J'ai vu une épée, prononça lentement l'africain ; j'ai vu une bourse lourde pleine d'or anglais...

— On m'a dit cela déjà ! murmura le roi qui frémit. Buckingham veut être vice roi d'Espagne, à ce qu'on prétend ! Et qui donc prononçait mon nom ?

— L'homme qui tendait la bourse.

Il y eut un silence. Philippe alla jusqu'au calvaire, puis revint.

— Je ne vois rien là-dedans, dit-il en affectant un grand calme, rien qui se rapporte à mon rêve... Dis-moi le nom de ces deux hommes ?

— Ce sont deux autres noms qui me viennent, royal seigneur. Point de colère. Je subis en ce moment le pouvoir de l'esprit. Vous auriez, à l'heure qu'il est, deux puissants, deux indomptables défenseurs, si les deux prisonniers de Alcala et de Ségorbe avaient recouvré la liberté par vous et pour vous.

— Crois-tu qu'ils soient mes ennemis ?
— Ils doivent l'être.
— Peux-tu porter sur eux ta seconde vue ?
— Je le puis.
— A l'instant même ?
— C'est fait... Elle est sur Hernan de Medina-Celi.

Philippe ne put dissimuler un vif mouvement de curiosité.

— Prends garde, dit-il, je puis contrôler la réponse, cette fois... Où vois-tu Hernan ?

— Dans un trou noir, étroit, humide, répondit l'africain sans hésiter.

— Un cachot?... demanda le roi, fermant les yeux à demi.

— Royal seigneur, n'êtes-vous donc pas las de m'éprouver?... C'est malgré vous que vous avez confiance en moi... Les bourgeois de Séville savent depuis hier au soir que le bon duc est dans son palais; pourquoi voulez-vous que je l'ignore ?

— Les bourgeois de Séville sont mieux informés que moi, gronda Philippe avec mauvaise humeur; je n'ai appris cela que ce matin ! Mais quel est ce trou noir, humide, où tu vois le duc Hernan ?

— Un corridor... un couloir... Il prête l'oreille... il épie... Qui peut-il ainsi épier?

— Sa femme est-elle encore belle ? demanda le roi négligemment.

— Par Mahomet! s'écria l'Africain, la folie seule excuse le blasphème... Pas de colère, royal seigneur. Ecoutez et recueillez précieusement toutes mes paroles... Je ne saurais peut-être pas vous le répéter à mes heures de calme... Ce qui est obscur deviendra lumineux... Ce que vous ne pouvez comprendre aujourd'hui dessillera vos yeux demain... Recueillez précieusement chaque mot qui tombe de mes lèvres... Ce sera pour vous comme un phare à l'heure prochaine de la tempête.

— D'où viendra-t-elle, la tempête?

— De tous les coins du ciel... Il y a deux portes, l'une en face de l'autre, là-bas près de l'abreuvoir d'Abdallah, dans le quartier incendié... L'une s'ouvre à l'intérieur des jardins de Pilate, l'autre donne entrée chez l'homme qui vous a demandé audience ce matin, le boucher Trasdoblo...

Je cherche, royal sire; ne m'interrompez pas... je cherche... L'autre prisonnier, celui que vous aimiez le mieux quand vous étiez tout jeune encore et quand votre cœur savait battre...

— Don Luis... murmura le roi, don Luis de Haro!... Le vois-tu?

— Je le vois! répondit Hussein le Noir avec solennité.

— Où est-il?

— A Séville.

— En quelle partie de Séville?

— Roi, prononça l'Africain à voix basse, quand vous verrez celui-là face à face, l'éclair aura fui, la foudre aura résonné.

— Me frappera-t-il?

— L'esprit glisse, emporté par un mouvement qui ne saurait s'arrêter jamais... c'est un souffle. Je vois une tombe dans un humble cimetière, au fond de l'Estramadure... Elles étaient belles, n'est-ce pas, royal sire, les deux amies, les deux sœurs, Eleonor de Tolède, Isabel d'Aguilar?

— Ces histoires sont publiques, murmura le roi, dont l'agitation grandissait et se montrait malgré tous ses efforts; on a pu te les raconter.

— Sire, repartit Hussein le Noir, le saint Thomas de vos Écritures crut quand il eut vu, quand il eut touché. Il n'y a plus rien que de la poussière sous cette pauvre tombe... L'enfant sait-il seulement que cette croix plantée dans l'herbe abrite les ossements de sa mère?

— Ah! fit le roi, y a-t-il un fils?

— Je ne sais... je vois là-bas, au lieu que j'indiquais naguère, près de l'abreuvoir de Cid-Abdallah, un vaillant et fier jeune homme... Reconnaîtriez-vous don Luis, royal seigneur?

— Oui, de par Dieu!

— L'âge est un masque... Après vingt ans, c'est le fils qui a le visage du père... Tout marche : Dieu l'a voulu... Je vois le cœur au travers de la poitrine... il bat bien! il a la fièvre d'honneur et de valeur, il a la fièvre d'amour... Je vois la poitrine au travers des vêtements. Le médaillon pend à une chaîne de cuivre... Rude enfance! indigente jeunesse! Par le prophète, je lis la devise : *Para aguijar a haron*. Que le vieux don Luis soit mort ou vivant, voici un chevalier! sa mère sera vengée!

En parlant ainsi, Hussein le Noir s'animait sans le vouloir sans doute, et même sans le savoir. Il y avait dans sa voix des vibrations étranges, et ses deux mains, toujours croisées sur sa poitrine, tremblaient.

Son attitude était du reste celle de la contemplation. Sous l'étoffe noire de son turban on devinait son regard perdu dans le vide.

Le roi faisait effort pour suivre en ses détours brusques et imprévus cette parole vagabonde. Tout oracle a ses priviléges. Le roi écoutait et se recueillait. Tous ces mystères l'attiraient en sollicitant violemment sa curiosité. Nous ne voudrions pas affirmer que son intelligence indolente et capricieuse n'ajouta pas beaucoup de désordre au pêle-mêle déjà si désordonné de ces divagations, mais enfin il travaillait de son mieux à comprendre.

Avait-il réellement foi? Oui et non. C'était, en toutes choses, une nature indécise et débilitée par la maladie du caprice, renaissant toujours et sans cesse satisfait.

Il croyait, puisqu'il avait de la sueur aux tempes ; mais il se révoltait contre sa confiance, heureux de faire l'esprit fort vis-à-vis de lui même et de mettre un habit sceptique à ses enfantines crédulités.

Qu'il eut réellement le don de la seconde vue ou que ce fut un effronté comédien, cet Hussein le Noir avait le tort de dépenser ici trop de talent ou trop d'enthousiasme. Il dépassait le but. Philippe d'Autriche eût été subjugué à beaucoup moins de frais par un charlatan plus vulgaire.

On peut dire qu'il avait la conscience de ce fait, et que son effort tendait à rabaisser son vol plutôt qu'à le diriger vers des espaces supérieurs.

— Royal Seigneur, reprit-il en rappelant son calme, vous m'avez comblé de bienfaits ; mon coffre est plein d'or, et je respire librement cet air de Séville mortel à mon père.

Que ne puis je vous montrer à nu le miroir
prodigieux où mon regard plonge en ce moment!
que ne puis-je traduire pour vous le chaos inspiré
de mes pensées!... Je vois tout!... votre destinée
est là comme un livre dont toutes les pages, passé, présent, avenir, tournent au vent d'une volonté surhumaine... Je ne peux pas tout vous
dire, un vouloir bien plus fort que le mien parle
par ma bouche, disant plus ou disant moins que
je ne voudrais dire... Ma langue est forcée de
suivre les bizarres séries des visions qui m'en-
traînent. Je ne suis pas à moi : tout mon être vibre
comme un instrument sonore entre les mains d'un
bon ou d'un mauvais génie.

C'est une nuit, une nuit où passent des ombres
lumineuses. Je les nomme au moment où je les
vois.

Moncade, voilà une noble race! Quel deuil!
Savez-vous le serment qu'ils ont fait?... Royal
seigneur la mesure est comblée! La main de
Charles-Quint, votre aïeul, se briserait elle-même
en voulant arrêter le colosse ébranlé. Je vois une
vierge sur son lit de mort, un vieillard à cheveux
blanc, un vieillard que la foudre a touché. Savez-
vous le serment qu'ils ont fait, royal sir? Etes-
vous souverain seigneur dans les Espagne? Inès
de Guzman, la fille du traître, est innocente devant Dieu, c'est vrai, mais n'essayez pas d'arrêter
le traître dans sa chute, ou sa chute vous entraî-
nera...

— Est-ce donc Moncade qui est à la tête de ce
complot? demanda Philippe.

— Roi, répondit Hussein, une révolution n'a ni

commencement, ni fin, ni tête, ni queue... Souviens-toi de ton rêve... Où étaient la tête et la queue du serpent dont l'inconnu voulait te faire une couronne ?

Philippe ferma son poing blanc et faible.

— Je briserai les rebelles ! dit-il.

Hussein le Noir se leva. Sa longue robe flottante faisait sa taille gigantesque. Philippe, quoi qu'en pût dire Almanzor, semblait un enfant auprès de lui, Philippe le Grand !

— Écoutez, prononça l'Africain d'une voix tout à coup assourdie ; profitez ! les peuples ne savent pas qu'ils peuvent s'attaquer aux rois. Jusqu'à présent, clameurs et menaces ne vont qu'aux favoris. On respecte Dieu dans le maître... Ouvrez l'écluse avant que le torrent n'ait appris que la digue elle-même peut être franchie !...

Pour le coup, le roi bâilla largement. Il regarda le prophète d'un air ennuyé, et lui dit :

— Tu baisses, mon brave Hussein !... On m'a parlé de Soliman, le sorcier de la reine...

Sous l'ombre qui abritait son visage, le sourire du Mauresque eut un inexprimable dédain.

Le roi reprit :

— Vois si Almanzor n'a pas quelques mouvements de fièvre... depuis deux jours il m'inspire d'assez vives inquiétudes.

III

HUSSEIN LE NOIR

Le roi s'assit à son tour sur les coussins, tandis que Hussein le Noir se dirigeait vers le perchoir du perroquet favori. Les favoris, quand ils sont perroquets, ne peuvent avoir qu'un vice, la gourmandise. Le superbe Almanzor était gourmand ; il mangeait beaucoup de bonnes choses et buvait du malaga comme un diable. Cela lui procurait des lourdeurs d'estomac qui aigrissaient positivement son caractère. Quand ses digestions éprouvaient des difficultés, il devenait sombre, quinteux, revêche ; il ne levait plus la patte au commandement du roi ; il allait même, parfois, jusqu'à refuser de dire : Philippe est grand !

La faveur a toujours sa raison d'être, très directe et très prochaine ; si nous ajoutons que, le plus souvent, cette raison d'être est puérile, brutale, ou purement extravagante, nous aurons, à peu de choses près, monographié la faveur.

Le favori peut s'émanciper dans tous les sens, hormis un seul : s'il lui arrive de négliger, ne fût-ce qu'un instant, le dada qui est son cheval de bataille, tout est perdu. Il coûte généralement cher, on l'a comme meuble de luxe. Que diriez-vous d'une boîte à musique qui deviendrait muette ?

Le pouvoir d'une maîtresse a sa source dans un sentiment viril ; l'influence d'un ami est fondée sur l'une des plus nobles propensions du cœur humain. Il n'y a rien de tout cela dans l'omnipotence du favori ; elle naît de l'égoïsme du maître. Que le favori soit homme, épagneul ou perroquet, c'est toujours un jouet ; il est chargé d'amuser le maître. Tous les maîtres n'ont pas la même manière de s'amuser.

Ce brave Barbe-Bleue d'Henri VIII avait un favori chargé de nouer la loi comme une corde autour du cou de ses femmes ; Caracalla, sportman antique, fouettait son consul quadrupède ; d'autres (Dieu nous garde des énumérations savantes !) faisaient autrement et mieux encore. A chacun son caprice : Philippe IV voulait être grand ; Almanzor, perroquet, et son ministre, homme d'Etat, étaient ses favoris au même titre et à la condition expresse de lui chanter le même refrain :

« Philippe est grand ! Il est grand, Philippe ! »

Un soir, à Madrid, Almanzor avait mangé des boulettes de volailles en si grande abondance, qu'il était sur le point d'étouffer. C'était pitié de le voir, en bas de son perchoir, couché sur le flanc et en proie à des convulsions terribles.

Les médecins du roi, appelés en toute hâte, lui tâtèrent le pouls, l'auscultèrent avec soin, et commencèrent entre eux une mémorable dispute sur la question de savoir si le malheureux animal se mourait d'une pléthore stomacale, d'une congestion au foie ou d'un épanchement au cerveau.

Ces trois avis prévalaient, mais il y en avait

d'autres. Les médecins du roi, au nombre de douze, se renvoyèrent toutes les injures contenues dans le vocabulaire espagnol, et formulèrent douze ordonnances dont chacune avait assurément son mérite, mais qui se contrariaient de fond en comble.

L'un voulait purger, l'autre saigner, l'autre trépaner, l'autre appliquer un séton, l'autre infliger des moxas, l'autre prodiguer des vésicatoires, l'autre... Et notez qu'ils ont fait de triomphants progrès depuis lors !

Cependant Almanzor râlait, la bête infortunée ! Philippe, au désespoir, promettait monts et merveilles à qui le sauverait.

Ce que voyant, les différentes opinions médicales, désirant avancer les choses, se prirent au cheveux sincèrement, défendant chacune son principe avec les armes que la nature, notre mère, nous a données. Il y eut des yeux contusionnés, des dents broyées, des perruques foulées aux pieds. La question avançait, Almanzor ne bougeait plus, quand vint un charlatan, un homme qui n'avait pas même de besicles, un misérable, un Maure ! D'où sortait-il ? Le fait est qu'il prit Almanzor inanimé entre ses mains, qu'il le massa d'une certaine façon, qu'il insuffla sans mot dire son estomac et ses reins, et qu'il le rendit au roi sain et sauf.

Les douze docteurs se retirèrent en proie à une indignation bien naturelle. Le roi fut enchanté doublement : il cherchait un sorcier pour se faire aimer des dames. Ce Maure qui ressuscitait les perroquets était manifestement un sorcier. Le roi lui demanda, séance tenante, un philtre qui pût rendre folle d'amour la belle duchesse de l'Infantado, sa cousine, femme de Diégo Mendozo et Silva, comte de Réal et marquis de Santillane. Le Maure promit de composer un philtre. Au moment où il prenait congé, le roi lui demanda son nom et sa demeure.

— Je me nomme Hussein le Noir, répondit le Maure; la voûte du ciel est mon toit. Je suis ici aujourd'hui; demain je serai ailleurs. L'esprit est libre comme le vent.

— Mais si j'ai besoin de toi? objecta Philippe.

— M'as-tu fait demander ce soir... et pourtant je suis venu... Quand tu auras besoin de moi, je le saurai avant toi-même... et je viendrai... Au revoir!...

Telle fut l'entrée première de Hussein le Noir auprès du roi d'Espagne. Nos mémoires ne disent pas que le philtre promis ait rendu folle d'amour la belle duchesse de l'Infantado. Philippe IV n'était pas heureux dans ses velléités de séduction. Ce qui est certain, c'est que le Maure finit par prendre sur son esprit un empire d'espèce singulière. Ils ne se touchaient par aucun côté.

Le roi était tout petit. Le Maure avait une certaine grandeur, et sa parole absorbait bien souvent des hauteurs où l'intelligence de Philippe était incapable de le suivre; mais, de manière ou d'autre, l'effet restait produit. Philippe admirait Hussein le Noir; il le craignait, il croyait en lui.

Aujourd'hui la parole de l'Africain avait entamé Philippe plus encore qu'à l'ordinaire.

C'était de parti pris qu'il essayait de se réfugier

tout au fond de son indolence ; Philippe était plutôt un homme déplorablement amoindri qu'un homme mal doué. Il offrait, dans toute sa malheureuse perfection, le type du prince de la décadence, engourdi par la malaria morale qui plane sur ces époques funestes, et n'essaye même pas de remonter le fatal courant. Mais s'il fuyait le combat, il avait du moins vaguement conscience de sa chute, semblable à ces malades crispés par le ver mortel de la consomption qui jettent un voile souriant sur l'avenir en deuil, et ne désespèrent qu'à leurs heures.

Les acclamations du perroquet et du ministre favori enivraient Philippe vingt-neuf jours chaque mois. Le trentième il voyait l'abîme.

Pendant qu'Hussein le Noir s'occupait d'Almanzor, Philippe d'Autriche prit une mandoline posée à terre auprès des coussins et en tira quelques accords aigrelets ; puis d'une voix de femme, il chanta un couplet de romance française. Il s'écoutait avec un plaisir infini ; ses yeux roulaient langoureusement, et, à son insu peut-être, son corps chétif avait pris sous sa simarre d'aspect clérical une pose de troubadour.

— Si je n'avais été roi, dit-il, altéré sans cesse de louange, comme tous ces êtres neutres et débiles qu'on nomme si durement des *enfants gâtés*, j'aurais gagné ma fortune en chantant ainsi de ville en ville... As-tu remarqué ma voix, païen ?

— Non, répliqua le Maure ; je me moquerais d'un chanteur ambulant qui jouerait au roi.

— Et tu te moques d'un roi qui joue au ménestrel ! Vous autres barbares, vous ne pouvez avoir les délicatesses de nos civilisations... comment trouves-tu Almanzor ?

— Malade, royal sire...

Philippe repoussa du pied la mandoline qu'il avait posée à terre auprès de lui.

— S'il doit languir, j'aime mieux le voir empaillé, dit-il ; j'ai le cœur tendre, je souffre de la souffrance d'autrui... Laisse Almanzor et viens ça, païen. Tes philtres ne sont pas efficaces... La marquise d'Andréjar me tient toujours rigueur.

L'Africain déposa le perroquet sur le perchoir. Almanzor, gaillard, et tout ranimé, fit entendre son refrain, prononcé d'une voix haute et claire. Philippe se leva, joyeux comme un enfant, et courut à lui.

— Je l'aime quand il est bien portant, dit-il en couvrant de baisers le brillant plumage de l'oiseau; ah! ah! trésor!... Philippe est grand!... Comme vous dites bien cela!... Non, non, non, nous ne vous ferons pas empailler, bijou! non, non, non !

Hussein le Noir le contemplait avec un dédain mêlé de tristesse.

— Où est l'endroit sensible? murmura-t-il, où est le défaut de cette cuirasse d'inertie ?...

— Pourquoi, interrompit brusquement Philippe, pourquoi Andréjar ne m'aime-t-elle pas, tu dois savoir cela.

— Je le sais, seigneur royal.

— Dis-le, païen, je te l'ordonne !

— Le meilleur talisman d'un roi pour conquérir les cœurs, prononça lentement l'Africain, c'est d'être roi.

— Par les cinq plaies, infidèle! se récria Philippe, ton audace va-t-elle jusqu'à m'outrager? Me donnes-tu à entendre que je ne suis pas roi?

— Mon audace va jusqu'à vous servir... Les philtres sont des armes : on peut leur opposer d'autres armes... J'ai su pénétrer dans le boudoir de la belle marquise pour voir quel obstacle brisait nos enchantements.

— As-tu trouvé l'obstacle?

— Je l'ai trouvé, royal seigneur.

— Quel est-il?

Hussein le Noir releva le coin de son bernuz et prit dans son sein un large placard de parchemin plié en quatre. Il le développa sous les yeux du roi. C'était un exemplaire enluminé de ce dessin satirique où l'on voyait les principaux ministres des puissances européennes, la pioche à la main, creusant un fossé.

Le favori, en grand costume, dirigeait les travaux. Une légende qui sortait de sa bouche, comme cela se voit dans maintes estampes anciennes et comme cela se voit encore dans les caricatures où John Bull prodigue le sel de cuisine de sa pesante gaieté, cette légende portait la rubrique si connue : « Allez toujours! plus on lui ôte, plus il est grand! »

Philippe IV jeta les yeux sur le parchemin. Il devint plus blême que la toile de sa collerette.

— Ceci est infâme! s'écria-t-il d'une voix étranglée; ceci est séditieux, impie, calomnieux!... Ce sont des rebelles, par la passion de Notre-Seigneur!... Je les chercherai, je les trouverai, je les mettrai à la question! Je les brûlerai tout vifs!

Je leur arracherai la chair avec des cordes !

Il y avait du tigre dans les tressaillements de sa face et dans la lueur sanglante que sa prunelle rayonnait.

Mais tout son pauvre corps tremblait. La force manquait sous cette colère. Rien n'est hideux et répugnant comme la rage impuissante.

— C'est l'obstacle, dit froidement Hussein le Noir ; j'ai trouvé cette estampe sur le guéridon de la marquise.

— Elle sera châtiée ! gronda le roi... elle sera châtiée sévèrement !

— Et le complice ?... murmura Hussein.

— Que veux-tu dire ?

— Celui qui apporte l'estampe...

— Mais que fait donc l'Inquisition ?

— Elle fait son métier, sire. Elle mène ses processions, elle emplit ses cachots, elle allume ses bûchers... Si quelqu'un s'avisait de mettre au jour contre le saint-office une raillerie pareille à celle qui attriste aujourd'hui Votre Majesté, toutes nos places publiques flamberaient, et, depuis les frontières de France jusqu'au détroit, l'Espagne sentirait le roussi.

— Penses-tu donc que l'Inquisition soit plus forte que le roi ?

— Le roi catholique sait cela mieux qu'un pauvre musulman, répondit le Maure. La tête pâle de Philippe IV se pencha sur sa poitrine.

— Le Saint-Tribunal est le soutien de la foi, prononça-t-il à voix basse et du ton que l'on met à répéter une leçon. C'est la meilleure colonne de notre autorité royale...

Puis changeant d'accent brusquement et avec une moue d'enfant maussade :

— Comme cela les dames de notre cour méprisent le roi.

Hussein le Noir eut peine à réprimer un sourire, tant il y avait de puérile naïveté dans la révolte de ce pauvre orgueil.

— Sire, répliqua-t-il, le don de tout voir et de tout entendre est parfois funeste. Pour être heureux il ne faut pas soulever certains voiles. L'expérience trop complète dessèche le cœur et endolorit l'esprit... J'ai découvert autour de Votre Majesté tant de trahisons et tant de perfidies que je suis tenté de marcher les yeux fermés désormais, comme ces mules de voyage qu'on aveugle pour qu'elles aient le pied sûr au bord des précipices.

— Ceci est infâme, répéta le roi, dont les doigts maigres et blancs froissèrent convulsivement l'estampe.

— Il y a, croyez-moi, des choses plus infâmes encore...

— Serais-tu capable, païen, de découvrir l'auteur de cette insulte?... Cinquante onces d'or pour toi, si tu me livres son nom !

— J'en donnerais cent pour le soustraire à votre vengeance, royal seigneur. Celui qui a tracé ce dessin grossier n'est qu'un misérable instrument, un maigre loup que la faim a poussé hors du bois... Je ne m'attaque qu'aux lions.

— Est-ce un lion, celui qui a laissé cette estampe chez la marquise?

Le roi fit cette question d'une voix altérée.

— Il en porte la peau, du moins, répondit l'Africain. C'est ce fils de bâtard qui traîne le nom de Haro d'orgie en orgie.

— Don Juan!... Je l'ai fait comte.

— Il va partout, disant que vous le ferez duc.

— Don Juan! le neveu du ministre!

— Et le neveu de Zuniga! et le neveu du commandant de vos gardes!... Par Mahomet, seigneur, vous êtes un prince bien entouré!

— Je te défends d'invoquer ton faux prophète devant moi, païen! murmura Philippe qui se signa.

Il ajouta, en se tournant vers Almanzor acharné à son refrain :

— Tais-toi, bête stupide! L'idée me vient que, toi aussi, tu me railles... Païen, la preuve de ce que tu avances?

— Hier matin, dimanche, répondit Hussein le Noir, à l'heure où ce lieu de débauche, la maison du Sépulcre, vomit au dehors ses hôtes hâves et abêtis par l'ivresse, j'ai traversé la place de Jérusalem... La fleur de votre cour était sous le porche des Delicias, royal seigneur. Une litière a débouché, tournant l'angle du parvis de Saint-Ildefonse. Elle était portée par deux nègres vêtus de blanc...

— Mes nègres! fit le roi avec abattement; ingrate marquise!... Mais elle passait peut-être son chemin, comme toi, païen.

— Ce n'était pas la marquise qui était dans la litière, Majesté.

— Ah! sa camériste sans doute... ce sont des messagères de perdition!

— La marquise n'en est pas aux messages. La litière s'arrêta devant le porche, et ce fut don

Juan de Haro, comte de Palomas, qui sauta sur les dalles.

La tête du roi s'appuya languissante sur sa main.

— Je n'ai pas d'amis... murmura-t-il en un long soupir.

— Vous en aviez autrefois, sire, prononça avec lenteur l'Africain.

— La reine ne m'a jamais aimé...

— La reine est une noble femme ; la reine est la fille d'un conquérant, la sœur d'un grand roi, la tante d'un jeune héros.

L'Espagne a été pour elle une prison austère et jalouse. Il faut aimer pour être aimé ; avez-vous aimé la reine ?

Hussein le Noir s'arrêta brusquement. Le regard du roi, qui était fixé sur lui, avait une expression étrange.

— Tu parles parfois comme un chrétien ! murmura Philippe dont les sourcils étaient froncés.

— Quel chrétien vous a jamais parlé comme je le fais, royal sire !...

— Silence ! je réfléchis... J'ai ouï dire, et tu l'as dit toi-même : Richelieu et Buckingham ont des affidés à Séville... C'est à cause de sa fidélité à ma personne qu'on déteste si universellement le comte-duc... Tu es trahi : tu as laissé voir ta haine, tu es l'ennemi du ministre.

Un mot vint à la lèvre de l'Africain, mais il se ravisa. Il croisa ses mains sur sa poitrine et reprit son immobilité première.

— Tu l'as calomnié ! poursuivit le roi, qui s'animait : je passe pour un esprit faible, car les

2.

adversaires de la foi ne m'ont pas épargné en Europe... Tu es venu... D'où es-tu venu?... L'enfer le sait!... Tu es venu auprès de moi pour me tenter... J'ai peu de serviteurs fidèles; tu veux les éloigner de moi... A quelle solde es-tu, espion? Si tu étais roi, et que je fusse Hussein le Noir, quel supplice m'infligerais-tu?

— Si j'étais roi! répéta le Maure, dont l'œil eut un éclat sauvage; mais tu as raison, sire, j'ai parlé comme un chrétien, émoussé le fer de mon glaive; au lieu de frapper droit et haut, j'ai pris un détour et j'ai courbé mon échine, croyant passer plus aisément là où les partisans rampent...

Châtie-moi, si tu veux, mais auparavant je réparerai ma faute : sire, ton farcs est un traître et conspire contre toi!

— La preuve! donne la preuve!

— Fais arrêter Cuchillo le toréador, Pedro Gil l'auditeur, les trois saltarines Carmen, Ximena et Serafina, l'alguazil majeur Diégo Solaz, Caparrosa le gueux : don Pascual, le commandant de tes gardes; le président de l'audience de Séville, don Baltazar de Alcoy, et don Bernarde de Zuniga, ton premier secrétaire d'État, tu auras la preuve!

Philippe demeura un instant comme abasourdi, puis il se prit à parcourir la chambre de nouveau d'un pas nerveux et saccadé.

Hussein le Noir s'était rapproché de la fenêtre donnant sur la cour des marionnettes.

Tout à coup il se fit dans la cour un grand bruit de voix, l'africain tourna machinalement la tête et tressaillit aussitôt de tous ses membres.

— Que veut dire cela ?... murmura-t-il en proie à un étonnement profond.

Deux gitanos déguenillés traversaient la cour, portant une litière noire que chacun dans Séville connaissait pour appartenir au comte-duc.

Ils arrêtèrent la chaise au milieu de la cour, et ouvrant la portière, ils déposèrent sur les dalles un sac qui semblait rempli de sable ou de son, dont le ventre était maculé d'une large tache d'un rouge sombre.

La figure de Hussein le Noir exprimait une surprise croissante.

— Ce Babazon n'a-t-il pas fait son devoir ? pensa-t-il.

Une demi-douzaine de valets du palais entouraient la chaise et toisaient les deux gitanos, que notre africain connaissait sans doute, car il prononça tout bas leurs noms :

— Ismaïl ! Sélim !

Il était apparent qu'on avait voulu leur barrer le passage. Ils semblaient venir de loin. Leurs joues basanées ruisselaient de sueur.

— Ceci, répétaient-ils à ceux qui les entouraient, est pour Son Excellence le comte-duc.

Le sabre levé du garde qui veillait auprès de la fontaine les avait forcés enfin de s'arrêter.

— Royal seigneur, dit Hussein le Noir, de toutes les accusations que j'ai portées contre ton ministre, laquelle te paraît la plus invraisemblable ?

— Qui mettraient-ils à ma place ? pensa tout haut le roi, c'est impossible ?

— Je te demande, roi, insista l'africain, laquelle de mes calomnies te semble la plus grossière ?

— Aucun de tes mensonges ne m'a ébranlé, répondit Philippe, et c'est peut-être parce que tu as commencé par le plus extravagant de tous... ton cadavre auquel on a arraché le cœur...

— Veuillez approcher, mon royal Sire, interrompit l'africain.

Le roi vint jusqu'à la fenêtre.

En ce moment, Ismaïl, le gitano, disait à haute voix, accomplissant sa commission en conscience :

— Il nous a été ordonné de faire savoir à Sa Grâce le comte-duc, que ce sac contient ce que tous les alguazils de Séville cherchent en vain depuis vingt-quatre heures.

— Roi, dit Hussein le Noir, parlant avec emphase et se redressant de toute sa hauteur, voilà ce que je t'ai affirmé pour l'avoir vu avec les yeux de l'esprit. Le sacrilège a été commis dans la maison du forgeron de la rue de l'Infante... Si tu avais envoyé des émissaires au lieu que je t'avais désigné, à l'abreuvoir de Cid-Abdallah, derrière les jardins de Pilate, tu aurais saisi la preuve matérielle du crime.

— Oui, dit Philippe incrédule et railleur, mais il n'est plus temps, n'est-ce pas? la preuve du crime a disparu... Tu vois cela par dessus les maisons ou au travers des murailles, avec les yeux de ton esprit.

— Je vois avec les yeux de mon corps, répliqua l'africain d'une voix stridente, que la preuve s'est déplacée par ma volonté... Tu ne voulais pas aller à elle, Allah permet qu'elle soit venue vers toi.

Il rabattit son voile sur son visage, et, soulevant les planchettes de la jalousie, il frappa dans ses mains.

— Que fais tu, païen ? balbutia le roi ; on va te voir !...

— Si vous ne voulez pas que je parle, Sire, répliqua Hussein, parlez vous-même, et ordonnez qu'on apporte dans vos appartements le sac qui est étendu là sur le pavé de la cour.

Ismaïl et Sélim avaient eu le temps d'échanger avec le maure deux signes rapides. Celui-ci s'effaça pour faire place au roi, qui s'approchait de la fenêtre.

Le roi jeta dans la cour un regard surpris et déjà effrayé.

Un instant, ce qui lui restait de bons sens se révolta avec une soudaine énergie.

— Païen ! dit-il d'une voix sombre, tu dois être le principal acteur de cette sanglante comédie !

— Ma tête répond de mon accusation, repartit Hussein ; ce sac contient le cadavre d'un criminel ; on l'a volé à la potence, où il manque depuis un jour et une nuit. Le sacrilège fut commis par le maragut Moghrab, sur l'ordre du comte-duc.

Le regard du roi était comme fasciné par cette tache d'un rouge brun qui marquait le dessous du sac.

— C'est la place du cœur ! murmura l'africain.

Le roi blêmit, prêt à se trouver mal.

Quelques minutes après, le sac avec sa marque sanglante gisait sur la mosaïque de la chambre royale. Philippe tremblait comme une femme ; Hussein, immobile et froid, se tenait debout à ses côtés. Tous les deux se taisaient.

Philippe est grand ! radotait le perroquet Almanzor au milieu de ce silence.

Ce pauvre diable de larron qu'on avait décroché du gibet aurait été bien étonné si on lui eut raconté de son vivant ses aventures posthumes.

Hussein referma le sac, qu'il avait dénoué lui-même, et le traîna dans une embrasure. Les rideaux retombèrent et le cachèrent. Le roi poussa un long soupir de soulagement.

— C'est une horrible profanation, murmura-t-il ; nous ferons rendre les derniers devoirs à ce malheureux... nous fonderons des messes... Je verrai longtemps cet affreux spectacle dans mon sommeil !...

Il se laissa choir sur son siège et mit sa tête entre ses mains.

— A qui me fier ? reprit-il d'une voix gémissante ; je suis habitué au comte-duc. Voilà vingt ans que je le vois autour de moi ! Il sait ce qu'il me faut. Tu ne te doutes pas de ce que c'est, païen. Former un ministre ! J'aime mieux abdiquer ! J'abdiquerai comme Charles-Quint, mon aïeul.

— Charles-Quint avait un fils, interrompit Hussein.

— Tais-toi ! Penses-tu que je ne sois pas un profond politique ? Je fiancerai ma fille au frère du roi de France... J'irai au fond d'un cloître... C'est un bel exemple à donner au monde... Mais je les ferai pendre auparavant !...

Combien sont-ils ?... Par le suaire saint ! il leur faut des sorciers comme à Philippe ! Cela prouve de mauvais desseins. Le comte-duc a un sorcier ;

Zuniga, ce vieillard imbécile, a un sorcier... Ce perroquet me rompt les oreilles!... Ferai-je la sieste ou signerai-je tout de suite l'ordre de les arrêter? Si tu étais chrétien, misérable infidèle, par saint Antoine, je te ferais mon premier ministre!...

— Louis de Haro n'est pas mort... prononça l'africain, si bas que le roi eut peine à l'entendre.

Les yeux de celui-ci battaient chargés de sommeil.

— Ah! ah! fit il, un rebelle!... Nous réfléchirons, païen.

— Et Medina Celi est libre... ajouta Hussein.

— Hernan!... Je l'ai offensé... Quinze ans de rancune... Je tordrai le cou à ce perroquet s'il continue... La reine protège les Sandoval, mais elle est Française : je ne peux pas me fier à elle pour le choix de mon gouvernement...

Du papier, une plume, de l'encre! Par le Calvaire! je vais montrer de la vigueur. On saura qui je suis. Je n'ai pas besoin de conseillers, moi! Je me détermine seul, par la connaissance profonde que j'ai des choses et des hommes. Que pèse le comte-duc contre ma volonté souveraine? Je ne veux pas de ces sorcelleries... Je n'en veux pas! C'est seulement pour un mauvais dessein qu'on peut essayer ainsi de forcer le cours des événements à l'aide du sacrilège. J'ai oui dire qu'en perçant le cœur d'un homme mort on peut tuer un homme vivant.

Hussein le Noir avait ouvert un meuble et plaçait devant lui encre, plume et vélin.

Le roi s'était animé en parlant. Les veines de

son front se gonflaient, et tout ce qu'il avait de sang colorait son visage.

Il saisit la plume et la trempa dans l'écritoire d'un geste convulsif.

Mais, au moment de tracer le premier mot, il parut se raviser. Il regarda l'Africain en dessous, et dit avec une sorte de timidité.

— On ne peut pas te refuser cela, Sidi, tu es un homme habile... Je parie que si tu voulais bien, tu saurais me dire ce que Gaspar et son maragut ont trouvé dans le cœur de ce pauvre malheureux.

— Ils y ont trouvé ce qu'ils cherchaient, prononça Hussein sèchement.

Puis, comme le roi fixait sur lui ses regards réveillés par une curiosité d'enfant, il ajouta :

— Ne m'interrogez pas sur ce sujet, je vous prie, royal Seigneur !

— Pourquoi cela, Sidi.

— Parce que l'heure va sonner bientôt où vous aurez besoin de tout votre courage.

— Est-ce donc une menace pour moi ? demanda Philippe déjà consterné.

Hussein le Noir, cette fois, fut quelque temps avant de répondre.

— Attaquer vaut toujours mieux que de se défendre, prononça-t-il enfin sentencieusement. Royal sire, vous qui êtes un des plus grands hommes de guerre des temps modernes, vous savez que l'assiégé est toujours vaincu... Combattez en rase campagne, croyez-moi, ne vous laissez pas investir !

Philippe cligna de l'œil, en homme qui a profondément compris.

Sa plume courut sur le vélin.

Tout en écrivant il disait :

— Il y a des motifs... des motifs sérieux... Le comte-duc a laissé faire la révolution de Portugal ; chaque fois qu'il chante victoire, nous perdons une ville ou un corps d'armée... Il éternise la résistance en Catalogne... pour se rendre nécessaire... Oui... c'est la politique des ministres : se rendre nécessaire... Je vais le claquemurer dans une forteresse, de par Dieu ! quoiqu'un ordre d'exil fût peut-être suffisant.. Non, n'est-ce pas ?... Pourquoi montrer de la mollesse ?... Si on lui faisait son procès comme traître à la couronne ? ou bien comme ayant eu des rapports avec Satan... C'est plus simple... on agit ainsi en France dans le procès du Concini... Que me conseilles-tu, voyons païen, que me conseilles-tu ?

— L'exil laisse la liberté d'action, répondit Hussein ; Louis de Haro et Médina-Celi se sont échappés de leurs forteresses.

Philippe abandonna la plume.

— La mort... murmura-t-il. Qui aurait jamais deviné cela ?... Le comte-duc condamné par moi !

La plume traça encore quelques mots, puis il la rejeta définitivement.

— C'est écrit !... dit-il, pendant que ses yeux se fermaient malgré lui ; mais qui donc m'a parlé d'émeutes dans Séville ! La ville est calme ; tous les magistrats affirment qu'il n'y eut jamais de peuple plus heureux... Le comte-duc avait du bon...

Sa langue était alourdie déjà par le sommeil. Il avait dépassé l'heure de la sieste, mais le tyrannique pouvoir de l'habitude reprenait le dessus.

L'œil de Hussein, avide et perçant, darda un regard par dessus son épaule. Le seing du roi était au bas du vélin, Hussein reprit aussitôt son attitude impassible.

— Plus tard, poursuivit Philippe ; je verrai... j'aviserai... Il faut de la vigueur... mais il faut du calme... On m'a parlé d'émeutes... Le comte-duc est très bon pour les émeutes... après l'émeute, il sera toujours temps.

En parlant, il froissait le vélin. Ses yeux se fermaient. Le perroquet Almanzor, favori parfait, voyant que son maître s'apprêtait à dormir, fit trêve à son refrain et mit sa tête sous son aile.

Derrière le fauteuil du roi, Hussein restait debout, silencieux et immobile. Ses yeux étaient fixés sur le papier que Philippe tenait à la main.

Les idées du roi vacillaient. Il prononça encore quelques paroles confuses, puis il s'affaissa tout à fait vaincu par le sommeil.

Sa main pendait sur le bras de son fauteuil. Tandis qu'il balbutiait ces derniers mots inintelligibles et sans suite, ses doigts amollirent leur pression et le papier fut sur le point de tomber. Hussein se pencha en avant. Il guettait comme le chat qui va se ruer sur la souris.

Mais, par un mouvement involontaire, la main du roi se ressera fortement tout à coup. Le papier, écrasé par cette crispation convulsive, cria. Hussein se redressa et croisa de nouveau ses bras sur sa poitrine.

Il attendait.

Il attendit longtemps sans manifester la moindre

impatience. L'Alcazar s'éveillait peu à peu. Les bruits de voix et de pas montaient au travers des jalousies, coupant le monotone murmure des fontaines. Sous le feuillage, les oiseaux réveillés chantaient, et l'heure de la méridienne était écoulée.

Du côté de la ville, un murmure sourd venait, Hussein, qui jusqu'alors n'avait pas perdu de vue le papier, prêta l'oreille Son regard se détourna un instant pour interroger la sombre perspective de la rue qui faisait face à l'Alcazar. La rue était déserte, mais la sourde rumeur allait sans cesse augmentant.

Vous eussiez deviné un sourire sous l'ombre de son bernuz.

Il fit un pas. Du bout des doigts, il prit délicatement le papier, essayant de le faire glisser hors de l'étreinte qui le retenait, sans réveiller le roi.

Mais la main du roi endormi était un étau. Le papier résista. Hussein ne renouvela point sa tentative. Il entoura d'une main le poignet du roi ; de l'autre, il s'empara de la plume qui était encore sur la table.

Vous l'auriez pris d'abord pour un médecin qui tâte le pouls à son malade, tant il y allait avec précaution ; mais bientôt l'aspect des choses changea. Les mœurs arabes étaient encore populaires, à cette époque, dans le midi de l'Espagne. Quiconque eût observé en ce moment Hussein le Noir aurait compris qu'il mettait en œuvre un stratagème arabe.

Les voleurs des chevaux se servent de cette ruse pour faire tomber la bride que l'africain tient toujours à la main pendant son sommeil.

Hussein opéra d'abord une pression légère, mais croissante, sur le poignet du roi. En même temps, à l'aide des barbes retroussées de la plume, il chatouilla faiblement le dessous du bras, la naissance de la paume et l'entre-deux des premières phalanges. Philippe rendit une plainte faible dans son sommeil. Cela fit corps avec ses songes. Il ouvrit la main vivement pour se défendre contre ce malaise, auquel son rêve attribuait sans doute une cause.

Le papier glissa sur le tapis.

Hussein le Noir ne se baissa pas tout de suite pour le ramasser, mais son regard eut un éclair triomphant. Il diminua graduellement la pression et jeta la plume, désormais inutile. Les murmures de la ville s'enflaient et devenaient semblables à de lointaines clameurs.

Le poignet du roi fut posé sur le bras du fauteuil avec précaution. Il dormait plus profondément que jamais.

Hussein se saisit du vélin comme d'une proie et le fit disparaître immédiatement sous les plis de son bernuz.

Puis il gagna la porte et dit au vieux Cosmo Baieta qui rôdait au dehors :

— Le roi sommeille ; il vous ordonne de veiller près de lui jusqu'à son réveil.

Cosmo entra aussitôt dans la chambre royale, dont l'africain referma la porte sur lui.

Hussein, débarrassé de ce témoin, se dirigea d'un pas rapide vers l'appartement du comte-duc.

IV

LE MARAGUT

Moghrab était seul dans le cabinet du premier ministre. Il s'étendait, triste et pris d'une fatigue suprême, dans le propre fauteuil de Son Eminence. Sa main distraite jouait avec les précieux feuillets épars sur la table de l'homme d'Etat pamphlétaire, au risque de mêler ensemble ces pierres du monument équarries avec tant de soin. Moghrab jetait de temps en temps un regard méprisant sur ces pages, couvertes d'une écriture fine et serrée, en tête desquelles courait le titre général : *Nicandra o antidoto contra las calumnias.*

Sa préoccupation profonde l'empêchait de suivre les savants détours de cette argumentation scolastique ; mais, parfois, quelque bribe de pensée lui sautait aux yeux et alors un dédaigneux sourire venait à ses lèvres.

Il faut se souvenir que c'était alors par toute l'Europe une épidémie de pédantisme. Les grands maîtres de l'art eux-mêmes n'échappaient pas à ce mal.

Soyons donc cléments pour les simples amateurs, et rappelons-nous à la décharge du comte-duc polémiste, que le mélodramatique Buckingham faisait des madrigaux fort mauvais, et notre cardinal Richelieu des tragédies lamentablement fastidieuses.

Moghrab ignorait peut être ce que faisaient Richelieu et Buckingham ; en tout cas, il ne semblait pas porté à l'indulgence vis-à-vis des travaux littéraires de l'homme d'Etat espagnol.

Le résultat de sa lecture, combinée avec sa méditation, fut ce cri :

— Et c'est ce méchant écolier qui gouverne l'Espagne !

Il avait repris le costume qu'il portait le matin de ce même jour dans la boutique du forgeron. Sa belle tête brune et forte était à découvert. Auprès de lui, sur une table, reposait la cassette mystérieuse où étaient renfermées comme il l'avait dit au comte-duc, *ses armes* pour combattre Hussein le Noir, le sorcier du roi.

Il rejeta d'un geste irrité les feuillets en désordre. Son poing fermé frappa la table. Il se leva, développant tout à coup la richesse de sa haute taille.

— Et le roi est digne en tout de son ministre, poursuivit-il en faisant quelques pas dans la chambre ; un enfant maussade mené en laisse par un pédagogue stupide !... Et l'Espagne se meurt !...

Les autres nations, qui grandissent, entourent cette pauvre île, attaquée de toutes parts, comme une mer envahissante... Le flot monte, monte sans cesse... L'Espagne sera bientôt comme la France de Charles VII, et Dieu ne suscite plus de Jeanne d'Arc pour sauver les royaumes !

Certes, si Philippe eût été à même d'écouter en ce moment le maragut Moghrab ou le sorcier Hussein le Noir, comme il vous plaira de l'appeler, Philippe aurait pu lui dire avec plus de raison que tout à l'heure : « Tu ne parles pas comme un païen ! »

— L'homme s'agite, reprit Moghrab en s'arrêtant devant un crucifix d'argent massif placé vis-à-vis de la table, est-ce bien Dieu qui le mène ?

J'ai travaillé, je me suis efforcé... j'ai prodigué tout ce que les fils d'Adam chérissent sur la terre : ma liberté, mon or et mon sang... et la fange remplit encore ces écuries d'Augias... Je n'étais pas Hercule.

Mon Dieu ! s'interrompit-il en couvrant de son regard calme l'image de Jésus crucifié, vous n'avez pas voulu sans doute qu'un pécheur tel que moi fût l'instrument de salut de tout un peuple. Hernan, voilà celui qui aurait pu devenir le Messie de l'Espagne ! Mais Hernan a refusé de tirer son épée pour la bonne cause... Chaque race a sa fatalité.

La devise des Medina-Celi est une chaine. Je suis obligé de me cacher à Hernan comme aux autres ; je suis seul, sous un déguisement infâme... Hernan m'outragerait du nom de rebelle ; je ne veux pas d'Hernan... le rôle d'Hernan commencera quand mon rôle sera fini. Medina-Celi s'assiéra, grand et juste, sur le siège que j'aurais rendu solide ; je lui léguerai mon fils... A ma vie l'effort, la lutte, la souffrance... à ma mort le triomphe !

Ses genoux fléchirent ; il se prosterna devant le Christ.

— Seigneur, dit-il, Seigneur, n'est-ce rien que d'avoir accepté pour servir mon pays ce lourd manteau d'infamie ? J'ai une vengeance dans le cœur.

mais elle est légitime, et le glaive de ma colère ne menace que des traîtres et des méchants... Seigneur, j'ai creusé mon chemin sous terre pour que nul ne put éclairer ma route... Seigneur, j'ai miné les entrailles de ce sol pendant quinze longues années... J'étais jeune, me voilà presque un vieillard..

J'étais ardent et plein d'espoir, mes illusions se sont envolées, je ne trouve plus en moi que résignation froide, et mon courage ne sait plus s'exalter, même à l'idée de la victoire... Seigneur, Dieu d'équité, je ne suis pas un rebelle, puisque je ne veux pas de la puissance pour moi-même et que je n'ai pas vendu mon bras à l'étranger... Je veux l'Espagne indépendante et grande, je veux l'honneur sur le trône et la justice dans la loi... Que je succombe à la peine, mais que ma tâche, du moins, soit accomplie! Seigneur, mon Dieu! mon dernier soupir te bénira!

On gratta discrètement à la porte fermée par où le comte duc s'était retiré!

— Ami Moghrab, dit la voix du ministre, as-tu fini ta sieste?

— Lâche hypocrite, qui veut jouer à l'esprit fort! murmura l'Africain.

Il composa rapidement son visage et se dirigea vers la porte. Avant d'ouvrir, il demanda:

— Êtes-vous seul, Excellence?

— Je suis seul, répondit le comte-duc.

Mohgrab fit aussitôt tourner la clef dans la serrure.

— Seigneur, dit-il, au moment où le ministre entrait, affectant une tournure libre et dégagée, personne n'a dormi la sieste ici aujourd'hui : ni le roi, ni Hussein, ni moi, ni vous surtout, Seigneur !

— Hussein a-t-il donc pu pénétrer jusqu'à Philippe ? demanda vivement le ministre.

— Hussein se rit de vos trappes et de vos pièges, Excellence. C'est un homme habile et un adversaire digne de moi.

— Tu l'as combattu ?

— J'obéis toujours aux ordres de Votre Grâce, répondit Moghrab en s'inclinant avec un respect sous lequel perçait l'ironie.

Le comte-duc, qui s'était assis devant son bureau, rapprocha son siège. Un rayon de curiosité enfantine s'alluma dans ses yeux.

— Voyons, maragut, raconte-moi cela, dit-il.

Moghrab s'inclina de nouveau, mais il répliqua :

— Excellence, à l'heure où nous sommes, mieux vaudrait agir que parler. Il était temps pour vous que je misse l'œil dans ce mystère. La mine est préparée. Vous souvenez-vous comme le duc d'Uzède fit sauter autrefois son oncle, le duc de Lerme ? Vous avez un neveu...

— Cet Hussein le Noir travaille-t-il pour mon neveu ?

— Chacun travaille pour son propre compte, en ce bon pays d'Espagne, Monseigneur... Hussein le Noir a fait au roi un étrange récit.

— Tu étais donc là pour l'entendre ?

— Mon esprit va où je l'envoie.

— C'est juste, fit le comte-duc, essayant de railler ; et ton esprit revient ensuite comme un messager fidèle... Quel récit Hussein le Noir a-t-il fait à Sa Majesté ?

3.

— Le récit d'un grand sacrilège.

Moghrab s'arrêtera.

Après un court silence, il poursuivit très froidement :

— Si Votre Excellence ne jouait pas le principal rôle dans cette tragédie, je dirais : le récit d'un forfait repoussant.

— Que signifie ?.. commença le favori dont l'œil cave eut un rayon.

— Si Son Excellence l'exige, interrompit Moghrab, je lui répéterai les propres paroles de Hussein le Noir...

Il s'arrêta encore et acheva en baissant la voix :

— Mais peut-être Son Excellence préférera-t-elle interroger sa propre conscience ?

— Mécréant ! s'écria le comte-duc, ma conscience ne me reproche rien. Mesure tes paroles et songe à qui tu t'adresses.

— Tout à l'heure, repartit Moghrab sans rien perdre de sa flegmatique assurance, Hussein le Noir s'adressait au roi d'Espagne et ne ménageait pas ses paroles.

— Le roi s'assied sur le trône, mais moi je règne...

— Ce doit être la vérité, Seigneur, interrompit Moghrab, car ce sont les propres termes dont s'est servi Hussein le Noir vis-à-vis de Sa Majesté.

— Il a dit cela au roi ! fit le favori en pâlissant.

— C'est un homme habile, Monseigneur.

Le comte-duc se prit à tourmenter un volume grec ouvert sur la table.

— Parle, dit-il sans relever les yeux ; je ne t'interromprai plus.

— Sa Grâce veut-elle, oui ou non, reprit Moghrab d'un ton glacial, que je revienne à l'histoire de Blanche de Moncade ?

— Blanche de Moncade ! répéta le comte-duc d'une voix étouffée.

Sa face était devenue livide tout à coup. Il tremblait de la tête aux pieds.

— Calomnies ! prononça-t-il avec effort, car sa voix s'étranglait dans sa gorge ; hideuses et odieuses calomnies !... Qu'y a t-il de commun entre cette fille et moi.

Moghrab croisa ses bras sur sa poitrine et attendit.

Le favori faisait un évident effort pour se taire ; mais ses lèvres frémissantes balbutiaient malgré lui :

— Le pouvoir fait des jaloux... Tous les vices entourent la vertu comme un flot pressé d'ennemis... Cette phrase est dans mon livre, je la soulignerai... Je suis un chrétien ! Suis-je d'un sang à commettre ces ignominies ?... Dieu vivant ! qu'a dit le roi ?... qu'a dit le roi ?...

« Notre sang, à nous autres Espagnols, se tourne en fiel quand nous sommes mordus par le serpent de la vengeance. » Le comte-duc poussa un laborieux soupir.

— Et après ? murmura-t-il.

— Le roi a dit encore : « Ces Moncades sont une noble race. »

— Ah ! le roi a dit cela !... Dieu vivant !... il croit donc ce misérable mensonge !

Le sang revenait dans ses yeux, qui avaient des regards fous.

— Moi! grinça-t-il, tandis que des tics nerveux agitaient sa face, moi, le procureur éclairé de la foi! l'ennemi implacable du mal!... moi, qu'ils accusent de pousser le scrupule jusqu'à la duperie! moi, dont la politique austère pèche par trop de loyauté!... moi! moi!...

La sueur coulait à grosses gouttes sur sa fraise. Il était en proie à une agitation si grande, que Moghrab craignit un instant pour sa vie.

Sa langue, en effet, s'épaississait, et les veines de ses tempes saillaient comme des cordes.

Moghrab s'approcha de lui et tâta son pouls, de cet air d'autorité qui domine toujours le malade. Au contact de sa main, toute la fiévreuse effervescence du comte-duc tomba comme par enchantement.

Les lèvres continuèrent de remuer, mais ne produisirent plus aucun son.

— Excellence, dit Moghrab, levez-vous!

Le comte-duc se mit aussitôt sur ses jambes chancelantes. Il regardait son compagnon avec un effroi sans cesse grandissant.

— Suis-je en danger? balbutia-t-il.

— Vous êtes en danger, répondit l'Africain, en danger de plus d'une manière.

— Redouteriez-vous pour moi une seconde attaque d'apoplexie, bon maragut?

— Nos existences sont entre les mains d'Allah, monseigneur.

— Entre les mains de Dieu, sans doute... sans doute... mais il faut s'aider... Dois-je me mettre au lit, me faire tirer du sang, boire du jalap?

— Monseigneur, asseyez-vous, dit cette fois

Moghrab au lieu de répondre ; le lit vous serait bon et vous pourriez en effet appeler vos médecins, mais vous n'avez pas le temps...

— Suis-je donc si bas ?

— Il y a sur votre tête, Monseigneur, un danger plus foudroyant que l'apoplexie. Aimez-vous votre fille unique, Inez.

— Si j'aime ma fille ! s'écria le favori mettant à nu cette fibre qui reste sensible dans les cœurs les plus endurci ; si j'aime le sang de mes veines et l'espoir de ma race ! La connais-tu, ma fille, maragut ?... L'as-tu vue quand elle passe souriante et charmante, dans ces jardins dont elle est la fée ?...

— Inez est belle, prononça froidement Moghrab, presque aussi belle que l'était Blanche de Moncade.

Le comte-duc pressa son front à deux mains.

— Es-tu aussi mon ennemi, maragut ? balbutia-t-il avec accablement.

— Non, puisque je viens vous dire : « Veillez sur votre fille... Blanche de Moncade n'est pas vengée. »

Un peu de sang remonta aux joues du ministre, qui respira plus librement et dit :

— Les murailles de l'Alcazar sont bonnes.

— L'amour est comme l'oiseau, murmura l'Africain ; il se rit de la hauteur des remparts... et la vengeance prend tous les déguisements, même celui de l'amour.

Le favori leva sur Moghrab un regard craintif et sournois.

— Pourquoi ne m'as-tu point parlé de tout cela cette nuit, maragut ? demanda-t il.

— Parce que, répondit Moghrab sans hésiter, j'ai appris tout cela depuis cette nuit dans la chambre du roi.

— Il n'y a pas à dire, fit le ministre d'un ton caressant, c'est un étrange pouvoir que tu as là, maragut. Faire voyager ainsi ton esprit, cela passe les bornes de la compréhension humaine... Tu m'as porté un rude coup, mais je me sens mieux... Par la croix sainte ! ces Moncade m'avaient-ils donné leur fille à garder ?

— Caïn prononça de semblables paroles, murmura Moghrab, quand on l'accusa du meurtre de son frère Abel.

— Voilà que tu connais nos saintes écritures ! s'écria le comte-duc en essayant un rire grimaçant. Allons, maragut, je suis tout à fait remis... continue ton merveilleux rapport... J'espère que la fin vaudra mieux que le commencement.

L'Africain répondit :

— Vous avez tort d'espérer, monseigneur... Le roi a donné toute sa confiance à cet Hussein...

— Vous autres Arabes, vous aimez l'or... on peut l'acheter.

— Je vous dirai tout à l'heure pourquoi on ne peut pas l'acheter.

— Un Mauresque incorruptible !

— Vous ai-je dit qu'Hussein le Noir fût Mauresque ?

— Explique-toi, maragut ! dit le ministre, dont la voix redevenait tremblante.

S'il n'eût été dominé par son trouble renaissant, peut-être aurait-il remarqué le changement qui se faisait à cette heure dans la personne de

Moghrab. L'Africain était toujours debout devant lui. En apparence, il n'avait rien perdu de son impassibilité, mais sa respiration s'embarrassait dans sa poitrine, et de temps en temps un frémissement rapide agitait l'étoffe légère de son bernuz.

— Monseigneur, reprit Moghrab avec cette lenteur des gens qui cherchent à comprimer quelque grande agitation de l'âme, vous souvenez-vous de dona Isabel d'Aguilar ?

Le comte-duc tressaillit comme si la pointe d'un poignard lui eût piqué le cœur.

— Oh! oh! s'écria-t-il rougissant et furieux tout à coup, voici trop de questions, mécréant ! Depuis longtemps je flaire un piège. Tu as oublié de par le Dieu vivant ! que tu parles à l'homme qui tient en échec la politique des Buckingham et des Richelieu... Nous avons éventé en notre vie des mines moins grossières, et tu joues ta tête aujourd'hui sur une mauvaise carte !

— Allah est grand ! prononça froidement l'Africain. Je ne troquerais pas mon jeu contre celui de Votre Grâce, et si Votre Grâce croit pouvoir se passer de mes services, je retournerai volontiers à Tanger pour fuir les tempêtes qui se préparent...

Le poing du ministre frappa la table avec colère :

— Inconstance pareille de la fortune et des hommes ! déclama-t-il. Voici un ingrat que j'ai comblé de bienfaits et qui m'abandonne au premier souffle de la disgrâce !

— L'homme qui s'abandonne lui-même, répliqua Moghrab sentencieusement, n'a pas le droit de compter sur la fidélité de ses serviteurs... Mon œuvre était difficile; Votre Grâce la rend impossible en niant la vérité des faits que j'ai si péniblement découverts... Votre Grâce, qui est un très habile logicien, admettra, je l'espère, la rigueur de ce dilemme : de deux choses l'une, ou Hussein le Noir a parlé sincèrement au roi, ou il l'a trompé. S'il a parlé sincèrement, Votre Grâce me trompe, et que puis-je faire vis-à-vis de ce manque de confiance? Si, au contraire, Hussein a trompé le roi, vous êtes innocent, vous pouvez lever la tête, et vous n'avez nul besoin de mon aide.

La physionomie du favori était à peindre. Le doute, la défiance, la colère passaient tour à tour dans ses yeux. Mais ce qui dominait tout cela, c'était une épouvante concentrée et qui allait sans cesse grandissant.

— Alors, reprit-il d'une voix plus sourde, c'est par l'entretien de ce misérable charlatan avec Philippe que tu as appris...

— Uniquement, interrompit l'Africain ; j'ajoute une circonstance qui aura pour vous sa valeur. Hussein le Noir a dit au roi : « Blanche de Moncade et Isabel d'Aguilar sont mortes. Le secret de ces deux événements est désormais entre le comte-duc et moi. »

— Mais, par quelle infernale puissance, s'écria le favori hors de garde, ce chien de mécréant a-t-il pénétré ce mystère?

Il s'arrêta blême de rage, parce qu'il venait de voir un sourire sous la noire moustache de Moghrab.

— Réprouvé! balbutia-t-il, as-tu bien osé me tendre un piège?

L'Africain secoua la tête lentement.

— Que me font ces deux mortes? répliqua-t-il d'un ton insouciant. Est-ce de mon propre mouvement que j'ai mis l'œil à ce trou de serrure? Me reprochez-vous d'avoir exécuté vos ordres? Si vous êtes innocent, monseigneur, allez vers le roi et demandez-lui la vie de l'accusateur... Si vous êtes coupable, soyez homme et portez haut votre passé... Le passé est comme l'eau de la mer, il ne tue que ceux qui baissent la tête et se laissent submerger...

La loi n'est pas faite pour les forts... Par le nom d'Allah! si nos vizirs savaient un jour d'avance qu'on va leur envoyer le cordon, ce serait le sultan qui ferait un voyage au paradis du Prophète.

— Tu ne m'as pas tout dit! murmura le comte-duc avec accablement; le roi a décidé ma perte!

— Un bruit sourd et lointain entrait par les fenêtres ouvertes, répondit Moghrab, un bruit pareil à la voix menaçante de l'Océan brisant son large flot sur les sables du rivage... Le roi écoutait cela... Il a reconnu le cri de la populace enfiévrée... il a dit : « J'ai encore besoin du comte-duc. »

— Ah! fit le ministre dont l'œil s'éclaira.

Il se dirigea vers la croisée et prêta l'oreille avidement.

— L'orage ne gronde plus, dit Moghrab; la tempête avorte ainsi parfois quand elle a devancé l'heure marquée pour ses ravages.

— Et le roi peut croire maintenant, pensa

tout haut le favori, qu'il n'a plus besoin de moi.

L'Africain s'inclina en silence.

Le comte-duc réfléchissait.

— Dieu vivant! murmura-t-il après un long intervalle, cet homme est-il le démon pour me tenter ainsi? La révolte est-elle mon seul refuge, à moi, le premier serviteur du roi? Réponds donc, maragut!

— C'est la conscience de Votre Grâce qui doit répondre, fit l'Africain en reprenant son accent glacé; le mal engage comme le bien... Êtes-vous innocent, restez loyal... Etes-vous coupable, trahissez.

Cette formule brutale fit plus d'effet sur le comte-duc que si le conseil eût été donné par voie d'insinuation. Il ne protesta pas tout de suite. Quand il protesta, ce fut en quelque sorte pour garder une contenance vis-à-vis de lui-même.

Tu es bien hardi, maragut! murmura-t-il, de me parler comme tu le fais... Moi, trahir!...

— Excellence, repartit Moghrab, je suis un ver de terre auprès de vous... mais le poète arabe a dit : « Le calme du moucheron vaut mieux que la fureur du lion. » Ce n'est pas une trahison ordinaire que je vous conseille. Méditez seulement la parole de votre maître : « J'ai encore besoin de mon ministre », et faites en sorte que votre maître ait toujours besoin de vous.

— Explique-toi.

— Vous avez su calmer l'émotion populaire. Ne sauriez-vous point la ranimer?

Le regard perçant du ministre s'arrêta sur Moghrab.

— Oui-dà! fit-il à voix basse, retrouvant pour un moment sa finesse chronique d'homme d'Etat, vous êtes aussi sorcier en politique, maître Moghrab!

— Prolongez la bataille, afin de vous donner plus d'une fois le mérite de la victoire.

— Et daignerez-vous m'enseigner le moyen de prolonger la bataille?

— Très volontiers, Excellence... Il est un homme qui joue précisément auprès de vous le rôle que vous devriez jouer auprès du roi d'Espagne.

— Le nom de cet homme?

— Pedro Gil, l'oidor second.

Le comte-duc fit un geste de surprise.

— Sur ma foi, dit-il, vous savez tout.

— Pedro Gil, continua Moghrab sans paraître flatté de cet éloge, tient l'Anglais, le Français, le Portugais, le petit peuple et la confrérie des gueux de l'Andalousie... Ce soir, si vous voulez, Pedro Gil vous mettra la ville en feu... Vous vous présenterez alors, seigneur, comme le glorieux modérateur de l'incendie, et le roi, plus obéissant que jamais, se mettra sous votre protection.

Le comte-duc fit deux ou trois tours dans la chambre. Son pas était ferme. Il avait pris le dessus. Moghrab le suivait d'un regard sournois.

Il s'arrêta tout à coup devant sa table, et, posant ses deux poings fermés sur l'épais cahier de papier qui formait le manuscrit de son œuvre bien-aimée, il regarda l'Africain en face.

— Ami Moghrab, reprit-il, le mal est que je suis obligé de vous croire sur parole.

— Comment l'entend Votre Grâce?

— Qui me dit, poursuivit le ministre, que vous n'avez pas fait danser devant moi des ombres fantasmagoriques ? Les gens de votre nation sont avides, rusés et menteurs... Il y en a, dit-on, qui s'obstinent à ce rêve de rétablir la domination mauresque en Espagne..... Qui sait si vous n'êtes point de ceux-là, et si votre but n'est pas de déchaîner sur cette contrée chrétienne le démon de la guerre civile ?... Dans mon livre, je traite cette question *in extenso*... et je prouve qu'en droit comme en fait les Espagnes appartiennent incommutablement à la postérité de Ferdinand et d'Isabelle... C'est une thèse du plus haut intérêt, où je prétends avoir déployé quelque érudition...

Mais supposons que vous n'avez point de si hautes pensées, et je penche à le croire, car, dans nos rapports, je vous ai jugé plutôt astucieux que profond... n'est-ce pas assez que de mettre son talon sur la gorge du premier ministre du roi catholique ?... Un pareil métier peut être productif. La raison dit que ce résultat a pu tenter la sauvage ambition d'un mécréant tel que vous... Dieu vivant! vous commencez à réfléchir, n'est-il pas vrai, maragut ?... il ne vous semble plus si facile de tromper un des plus fins dialecticien des temps modernes ?... L'idée du san benito vous vient, et vous sentez déjà sur vos épaules le sac de toile noire, tout blasonné de crapauds et de vipères... Ami Moghrab, il fera chaud sur le bûcher du prochain acte de foi !

Il aiguisait chacune de ses paroles et s'essayait à un ricanement sinistre.

Il avait compté sans doute sur une de ces interruptions subites qui font rebondir l'éloquence. Moghrab était immobile et silencieux devant lui ; Moghrab semblait garder à grand'peine et par déférence une attitude attentive ; Moghrab fixait sur lui son œil demi fermé dont l'éclair allait s'éteignant ; le visage de Moghrab peignait une souveraine et parfaite indifférence.

Le comte-duc était orateur en même temps qu'écrivain : double disposition aux orgueilleuses puérilités. Il se fâcha tout rouge, et, changeant de ton soudain :

— Coquin ! s'écria-t-il, j'ai idée que tu te moques de moi, depuis le premier jour où le diable t'a conduit dans ma maison ! Si tu ne me donnes pas la preuve, et cela séance tenante, que tu as été chez le roi, ou corporellement, pour employer ton jargon d'oracle, la preuve palpable, entends-tu ? sur ma part de paradis je te fais pendre !

— Seigneur, répondit l'Africain sans rien perdre de sa froideur, ce serait une cruelle injustice... Je vous ai fourni déjà des preuves suffisantes en vous rendant compte...

— Inventions et mensonges !... Tu as pu connaître ailleurs les calomnies empoisonnées dont on m'abreuve, parce que toute grandeur engendre la haine, comme toute lumière produit l'ombre... Tu m'as audacieusement outragé... tu m'as même menacé, moi, l'effroi des Cabinets européens ! Je n'attendrai pas l'auto-dafé... Tortueux serpent ! il convient de t'écraser pendant que tu as la tête hors du trou. La preuve ou la corde !

Moghrab mit paisiblement la main sous son

bernuz, ce qui porta le comte-duc à se retrancher derrière sa table, à proximité du sifflet d'argent qui pouvait en un clin d'œil, appeler ses serviteurs.

Mais ce ne fut point une arme que Moghrab retira des plis de son bernuz. Sa main reparut tenant une feuille de vélin froissée et bouchonnée.

— Que monseigneur ne craigne rien de moi, dit-il, quand il me plaît de m'attaquer à quelqu'un je n'ai point recours au poignard... L'esprit est plus aigu que le poignard, il est plus fort ; il frappe au loin et traverse tous les obstacles..... Votre Excellence m'a demandé une preuve matérielle et palpable du travail cabalistique qui m'a mis un instant entre Hussein le Noir et Philippe d'Espagne... Votre Excellence croyait peut-être exiger l'impossible.

Votre Excellence a parlé durement... mais ma fierté est au-dessus de l'outrage et je n'ai point de rancune. Voici la preuve palpable, matérielle... J'aurais voulu de bon cœur en changer la nature ; et si j'ai longtemps hésité avant de la fournir, c'est que j'ai craint l'effet qu'elle peut produire en l'état de santé où je vois Votre Excellence.

Tout ceci fut prononcé avec poids et lenteur. Moghrab tendait le papier. Le comte-duc le prit d'un geste qui peignait ses défiances.

Il le déplia sans perdre de vue Moghrab, qui avait de nouveau croisé ses bras sur sa poitrine.

Aussitôt que son regard tomba sur l'écriture, la pâleur gagna jusqu'à ses lèvres, qui se contractèrent et devinrent livides; en même temps une ligne de sang borda sa paupière.

Un cri s'étouffa dans sa gorge. Il étranglait.

Il fut obligé de se retenir à son pupitre pour ne point tomber à la renverse.

— Philippe ! râla-t-il enfin comme un homme qui se meurt; c'est Philippe, c'est le roi qui a écrit cela !... L'ordre de m'arrêter, moi, son meilleur ami !... l'ordre de m'arrêter, moi, le comte duc, son compagnon de vingt ans !... moi qui l'ai fait grand !... moi qui lui ai dressé des statues ! Voici un cruel exemple de l'ingratitude des souverains !...

Ses deux bras s'affaissèrent le long de son corps, pendant qu'il poursuivait d'une voix dolente et affaiblie :

— Sommes-nous en Turquie ? Est-ce le Bosphore dont je vois briller les eaux au pied des remparts ?

Va-t-on me coudre dans un sac et me jeter à la mer ? Maragut ! mon pauvre Maragut ! voilà donc le prix des services immenses et innombrables que j'ai rendus à l'Etat !... Philippe ne veut plus de moi ! Philippe me livre aux mains d'un brutal soldat ! Philippe m'abandonne, me condamne, m'écrase, sans même m'appeler ou m'entendre ! C'en est fait, il ne me reste plus qu'à mourir !

Le découragement profond, la chute complète, étaient plus encore dans les inflexions brisées de sa voix que dans la signification désolante de ses paroles. Cet homme était frappé. L'apoplexie menaçante pesait sur son cerveau comme un mauvais sort; son œil morne et voilé se clouait au sol; sa tête pendait sur sa poitrine, sa tête qu'il portait si haut d'ordinaire.

Il faisait pitié, presque dégoût.

Moghrab fronça le sourcil et pensa :

— Je n'ai pas mesuré mon coup... Ce misérable va mourir au moment où j'ai besoin de lui !

Le comte-duc fit effort pour reprendre le souffle qui lui échappait. Moghrab lui saisit les deux mains et le domina d'un regard si robuste, que vous eussiez vu en quelque sorte le rayon de sa volonté qui allait du vivant au mort.

Le comte-duc exhala un son entrecoupé. Sa tête se renversa en arrière. Deux goutelettes de sang rougirent le bord de ses narines pâles.

Vous êtes sauvé, monseigneur! dit Moghrab avec autorité.

Le comte duc roulait encore ses prunelles hagardes, mais les couleurs de la vie revenaient à sa lèvre. Il tourna une œillade amoureuse vers son manuscrit.

— Je n'aurais pas voulu rendre l'âme, murmura-t-il, avant d'avoir mis la dernière main à ce travail, qui vengera ma mémoire et me fera grand dans la postérité.

Moghrab lui toucha l'épaule du doigt.

— Bien! bien! fit le ministre avec un sourire équivoque, toi, tu es le tentateur... tu veux que je combatte, n'est-ce pas?

— Pour vaincre, prononça l'Africain d'un ton assuré.

— L'intelligence me revient, maragut, car je commence à te craindre... je ne t'ai pas deviné encore... Qui es-tu? Que veux-tu?

— Je suis votre salut, repartit Moghrab.

Puis, souriant à son tour, il ajouta plus bas :

— Et je veux un salaire.
— Fixe-le, ton salaire.
— Pas présentement, Seigneur, nous avons autre chose à faire. Rassemblez toutes vos forces, croyez-moi. Vous en avez besoin aujourd'hui, car vous n'êtes pas au bout de vos étonnements, et vous n'avez pas reçu votre plus cruelle blessure... Êtes-vous en état de m'entendre?
— Oui, parle.
— Excellence, ce que je vais vous dire vous apprendra quel auxiliaire vous avez en moi. N'ayez crainte tant que vous aurez Moghrab à vos côtés... Je vous ai servi ce matin du bras autant que de l'esprit... et ce parchemin, revêtu du seing royal, a été reconquis à la pointe du poignard.
— Encore une merveilleuse histoire !
— La plus merveilleuse de toutes... L'esprit avait fait son office. La seconde vue avait percé les murailles de l'Alcazar et pénétré dans la chambre du roi. J'avais distingué les traits de Hussein le Noir sous son voile blanc, et je m'étais demandé si c'était bien là un fils de l'Orient... Ne m'interrompez plus, seigneur... j'avais entendu les paroles échangées entre lui et le roi Philippe... J'avais vu ce dernier écrire et signer l'ordre de sa main, déjà paralysée par le sommeil, puis encore fermer les yeux et s'endormir...

Hussein le Noir, laissant le roi endormi, s'empara de l'ordre et le cacha dans son sein. Quel usage en voulait-il faire? Tant que vous êtes debout et libre, je ne redoute rien ; mais une fois fermées sur vous, les portes d'une forteresse?... Seigneur, mon attention redoublait.

Je vis le traître se glisser hors de l'appartement du roi et prendre le corridor qui conduit au quartier des gardes... Je sortis aussitôt de cette chambre et je me précipitai à sa rencontre. Je l'atteignis au moment où il s'engageait dans la galerie du Soleil, je le surpris, je le terrassai, et, le poignard sur la gorge, je lui ordonnai de me livrer cet écrit... Il entr'ouvrit son bernuz pour obéir, et ce fut alors que je vis sur sa poitrine la preuve qu'il n'appartient pas à la religion du prophète. Une chaîne d'or pendait à son cou, sous ses vêtements; à la chaîne était attaché un reliquaire d'or surmonté d'une croix et montrant au travers de son bouton de cristal une mèche de cheveux blonds, dont la tresse formait ce nom : Isabel.

— Isabel! répéta le comte-duc en tressaillant.

— De l'autre côté du reliquaire, poursuivit Moghrab, le boîtier en métal plein portait accolés les écussons de Haro et d'Aguilar avec les deux devises jumelles : *Sola solem* et *Haro hero cro*...

— Don Louis! murmura encore le comte-duc.

Cette fois, ce n'était pas un coup de massue. C'était une surprise irritante et pénétrante, une piqûre aiguë qui traversait le cœur de part en part.

— Don Louis de Haro! répéta le comte-duc.

Puis il ajouta :

— A la bonne heure, Dieu vivant! S'il faut combattre, nous combattrons! Nous savons mainteoù sont nos ennemis!

Moghrab fit un signe de tête gravement approbatif.

Comme le favori ouvrait la bouche pour lui

adresser d'autres questions, il se fit un grand bruit de pas dans les corridors voisins et des cris de femme éclatèrent.

En même temps, des coups redoublés frappés contre la porte retentirent.

— J'avais ordonné que nul ne vînt nous troubler, commença le favori dont le sourcil impérieux se fronçait déjà.

— Qui peut commander aux événements? interrompit Moghrab de son accent flegmatique.

Parmi les cris, on distinguait des gémissements déchirants.

— Dona Julia! murmura le comte-duc étonné, c'est la voix de la duchesse, ma femme!

— Ma fille! sanglotait cette voix gémissante, mon Inez chérie! mon unique bonheur! ma fille! qu'on me rende ma fille!

Le favori appuya sa main contre son cœur et se dirigea vers la porte d'un pas mal assuré.

— Du courage! dit Moghrab; il faut combattre ou mourir!

Aussitôt que le verrou eut été tiré à l'intérieur, la porte s'ouvrit avec une grande violence.

Une femme échevelée se précipita dans la chambre et tomba sans force dans un fauteuil en murmurant :

— Inez!... ma fille!... enlevée! perdue!

Un flot de servantes et de valets venaient après elle.

Moghrab avait rabattu sur son visage le capuchon de son bernuz. La duchesse tourna son regard vers lui, et se levant d'un brusque mouvement, elle vint lui saisir le bras :

— Puisque celui-ci est sorcier, s'écria-t-elle, qu'il dise où est ma fille !

V

LE MÉNAGE DU COMTE-DUC

La duchesse doña Julia de Zuniga était une femme jeune encore qui conservait des restes de beauté. Elle vivait solitaire, et livrée à la plus austère dévotion, depuis l'époque, féconde en remords, mais pleine de radieux souvenirs, où l'éblouissant Buckingham avait traversé l'horizon espagnol comme un météore incendiaire, portant avec lui toutes les séductions et toutes les folies d'amour. La duchesse était, en ce temps-là, jeune et belle, et sa réputation inattaquée restait au-dessus du soupçon ; mais elle aimait Buckingham, et ce sentiment qu'elle renfermait dans son cœur n'en devait pas moins être expié par toute une vie de pénitence.

Dans sa retraite presque claustrale, doña Julia n'avait qu'une consolation et qu'un bonheur, Inez, sa fille unique, cher ange au sourire pieux et doux. Quand la pauvre mère contemplait autrefois Inez endormie dans son berceau, elle croyait à la miséricorde de Dieu. Maintenant que la jeunesse épanouie avait tenu toutes les promesses de l'enfance, l'heureuse mère se complaisait dans l'adoration de son trésor. Elle se sentait pardonnée, et son amour s'augmentait de toute sa reconnaissance.

Le comte duc, dur et froid dans son intérieur, essombrissait à plaisir son masque sévère pour compléter son déguisement d'homme d'Etat. Ses contemporains, qui l'ont accusé sans mesure, n'ont pas dit assez toutes les puérilités de ce caractère.

C'était un comédien. Il eut, à de rares intervalles, quelques beaux moments sur le théâtre où il jouait son rôle ingrat et stérile; mais, en général, ses vertus comme ses vices étaient au dessous de ce rôle et de ce théâtre. Vindicatif à l'excès, il manqua d'ampleur même dans ses vengeances, et tout, jusqu'à ses fautes, porta la physionomie du pédant espagnol, petit, jaloux, fanfaron, et d'un jaune de bile sous ses cheveux plats.

Il n'avait pas ignoré les sentiments de sa femme, puisque l'histoire met à sa charge deux guet-apens dirigés contre son rival; néanmoins, il gardait vis-à-vis du monde les dehors d'un époux satisfait.

Ses rancunes conjugales ne se traduisaient guère que par la méchante mine qu'il montrait, en toute occasion, à don Balthazar de Zuniga y Alcoy, président de l'audience de Séville, son beau-père. La cour ignorait ses brutalités domestiques : la cour aurait volontiers raillé sa prétendue mansuétude.

Dona Julia seule savait de quelle froide et implacable revanche le comte-duc était capable. Il est, dit-on, dans l'existence de tout favori, des heures amères où l'humiliation rentrée a besoin de se faire jour au 'dehors. Il faut que ces illustres valets passent leur sourde rage sur le dos de quelqu'un. La duchesse avait accepté cette rude expiation; elle était la victime volontaire et soumise, offerte aux exaspérations ministérielles de son époux. Quand le roi égratignait son favori, la duchesse avait, par ricochet, double coup de griffe; mais Inez restait au-devant d'elle comme une égide.

Le comte-duc se respectait lui-même et respectait sa femme en présence d'Inez. Il avait peur de se rendre odieux à cette enfant qui adorait sa mère.

Autant qu'il était susceptible d'aimer, et ce n'est pas beaucoup dire, il aimait Inez.

Jusqu'au commencement de l'hiver précédent, Inez avait été en quelque sorte cloitrée dans le domicile paternel, selon la rigueur de l'éducation espagnole. Un voile épais la défendait contre les regards, quand elle sortait pour accomplir ses devoirs de dévotion, et c'est à peine si la porte de sa retraite s'ouvrait de temps en temps à quelques compagnes choisies.

Mais au mois de janvier de cette année, le roi, ayant donné une grande fête à son palais de Valladolid, demanda au comte-duc si sa fille était boiteuse ou bossue, c'était la formule. Inez fut présentée le lendemain.

Inez était une charmante jeune fille dont la vive nature avait résisté aux tristesses du logis ministériel. Elle souriait dans cette lourde atmosphère d'ennui et de fausse austérité; elle était restée joyeuse envers et contre tous. Dans cet intérieur en deuil, sa présence était comme un rayon de soleil. Au début, la Cour fut pour elle un enchantement. Comme elle n'avait connu que la solitude, tous ces éblouissements du monde la plongèrent dans une sorte d'ivresse. On l'admirait, candide et naïve au milieu de cette foule blasée ; on la respectait, le roi la distinguait ; la reine elle-même, qui détestait son père, lui souriait.

Puis, tout à coup, elle devint rêveuse. Les belles couleurs de ses joues pâlirent : ses beaux yeux noirs perdirent leur clairs rayons.

Sa mère inquiète l'interrogea ; elle pleura, mais elle resta muette.

Toutes les mères savent traduire ces larmes d'enfant. Inez aimait. Qui aimait-elle? Pendant des mois, toutes les pensées de la duchesse avaient été dirigées vers ce but : deviner le nom de l'homme que sa fille aimait. L'automne venu, elle n'était pas plus avancée qu'aux premiers jours du printemps. Nul indice ne s'était montré à elle ; le mot de l'énigme lui échappait obstinément.

Elle crut s'être trompée. Cet espoir se changea presque en certitude, lors du voyage du roi en Andalousie. Le roi, en effet, parla de marier Inez avec un des jeunes seigneurs suivant la Cour. Devant cette annonce, Inez resta indifférente et froide.

La duègne qui veillait sur elle l'avait vue naître. C'était comme sa seconde mère. La duchesse et dame Laurence, c'était le nom de la duègne, causaient bien souvent d'Inez. La veille du jour où nous sommes, dame Laurence avait dit : « Si le cœur a été malade un instant, le cœur est guéri. Ce n'était qu'un caprice d'enfant. Ce voyage d'Andalousie a fait diversion ; nous redevenons gaie et ce matin, nous avons chanté des chansons d'autrefois... »

Dame Laurence avait dit cela à midi, après la grand'messe. A la sortie des vêpres de la cathédrale, un cavalier donna l'eau bénite à Inez et prononça un mot que dame Laurence ne put entendre. Au mouvement des lèvres du cavalier, elle avait cru deviner pourtant que ce mot pouvait bien être : « Demain... »

Mais quelle apparence! Inez, d'ailleurs, resta impassible sous son voile et le cavalier s'éloigna sans ajouter ni une parole, ni un signe.

Dans le sombre demi-jour du péristyle intérieur de la cathédrale, dame Laurence n'avait pu reconnaître ce cavalier, qui avait son manteau relevé jusqu'à la lèvre.

Le soir, Inez assista au cercle de la reine, qui l'avait prise en affection. Vers minuit, dame Laurence la coucha.

Il y avait longtemps qu'elle ne l'avait vue si caressante, si affectueuse.

Le mari de dame Laurence était garde du roi. Il leur arrivait parfois à tous deux de profiter des heures de la sieste pour se voir. Ce jour là, ce fut ainsi. Le garde du roi vint chercher sa femme à la méridienne, et celle-ci sortit après s'être assurée que la jeune fille dormait d'un profond sommeil.

Quand elle revint, Inez n'était plus dans son lit. Sur sa table de nuit il y avait un livre d'heures ouvert et la garde en satin blanc portait ces mots tracés au crayon d'une main tremblante :

« Ma mère, pardonne-moi... »

Dame Laurence chercha cependant ; on cherche toujours. Elle fouilla les appartements de la duchesse ; elle parcourut les jardins de l'Alcazar, et, convaincue enfin et certaine de son malheur, elle vint se jeter aux pieds de sa maîtresse.

La duchesse ne comprit pas tout de suite. Sa tête se perdit ; elle devint folle. Elle appela sa fille, comme on fait pour les petits enfants qui jouent à cache-cache, elle la supplia de se montrer et de cesser ce jeu cruel.

Quiconque a entendu ces pauvres divagations de la mère abandonnée les garde en son souvenir comme une plaie qui ne veut point se fermer. C'est le cri déchirant par excellence, c'est le cœur éploré, c'est la détresse immense, communicative, contagieuse, que nul ne peut ouïr ou voir sans pleurer.

Dame Laurence fut chassée, car ces grandes angoisses sont impitoyables. Elle s'en alla sangloter sur la borne de la rue, et la duchesse, prenant un chemin que depuis longtemps elle ne connaissait plus, s'élança vers les appartements du comte-duc. Elle n'avait point de parti pris en entrant dans le cabinet du ministre. Peut-être espérait-elle encore y trouver sa fille.

Moghrab, cet homme de bronze, baissa les yeux sous l'ardent regard qu'elle lui jeta, mais il ne répondit point à son appel.

La beauté impassible de son visage garda son immobilité. Il s'inclina pourtant, et dans ce salut grave il y avait de la tristesse et du respect.

Le comte-duc, livide et les sourcils froncés, s'appuyait des deux poings à la tablette de son bureau. La respiration sifflait dans sa poitrine oppressée.

La duchesse passa sa main blême sur son front, comme pour rappeler sa pensée qui fuyait. Puis, par un brusque mouvement, tournant le dos à l'Africain, elle s'élança vers son mari qu'elle regarda en face :

— Ma fille ! s'écria-t-elle d'une voix sourde. Vous êtes puissant, vous êtes riche, vous avez des espions, des juges, des soldats... l'Espagne entière vous obéit... vous avez le droit de commander comme si vous étiez le roi... Guzman ! oh ! monseigneur ! pourquoi restez-vous inerte et muet devant ce grand malheur ?...

Relevez-vous, agissez, ordonnez ! Dites à tous ceux qui sont au-dessous de vous : « Cherchez ma fille ! trouvez ma fille ! » Promettez leur des récompenses. Y a-t-il un paiement au-dessus d'un pareil bien ? Je vendrai mes joyaux, s'il le faut, seigneur... je vendrais mon sang, vous le savez bien, si mon sang avait du prix... Jésus crucifié ! je crois que je vendrais mon âme.

Elle se tordit les mains. Sa voix se faisait plus rauque, et sa lèvre blanche avait une bordure rosée. L'effort qu'elle faisait pour parler déchirait ses poumons.

— Guzman !... Guzman !... reprit-elle ; mon cher seigneur !... vous l'aimiez... elle vous ressemble... Hier encore je me disais cela en la regardant sommeiller... Guzman ! notre fille ! si belle! perdue! Par le Dieu du ciel! qu'avez-vous à ne pas répondre?

La paupière du comte-duc battit et les rides de son front se creusèrent.

— Ecoutez! fit dona Julia en avançant d'un pas vers lui; aujourd'hui vous ne me faites pas peur! Vous êtes un bon père, je suis certaine de cela!... y a-t-il de mauvais pères?... c'est la douleur qui vous empêche de parler, n'est-ce pas?... J'ai eu tort, j'aurais dû vous ménager... Le coup est trop violent... mais c'est que le temps presse. Guzman, poursuivit-elle d'une voix insinuante et douce; elle est déjà bien loin peut-être, bien loin! il faut courir!... Oh! Vierge sainte! pourquoi n'ai-je pas la force?... les voleurs d'enfants! les misérables qui marchent sur le cœur des mères!...

Elle s'interrompit. Tout son visage s'empourpra du même coup, tandis qu'une bordure de sang plus rouge venait à ses lèvres.

Un cri s'étrangla dans sa gorge. Elle continua, bégayant et râlant :

— Qu'ils meurent! n'est-ce pas? c'est trop peu de la mort pour une action si impie! Notre fille! un ange qui s'agenouillait hier sur les marches de l'autel! Ne promettez rien, Guzman! menacez, cela vaut mieux! Plaignez-vous au roi! La reine l'aimait... qui donc ne l'eût pas aimée? Guzman! Guzman! Seigneur! appelez! commandez! soyez terrible! Dites-leur à tous : « Je veux ma fille! si vous ne me rendez pas ma fille, l'échafaud, le bûcher!... » Oh! inventez un supplice qui les glace de frayeur! dites-leur... oui... dites-leur : « On **vous prendra vos filles!** »

Elle se laissa choir à deux genoux. Tout son corps s'agitait aux bonds convulsifs de son cœur.

Les yeux hagards et fous roulaient dans leurs orbites agrandis. Moghrab détournait d'elle sa vue. Pendant qu'on ne le regardait point, il appuya ses deux mains sur sa poitrine.

— Leurs filles ! répéta-t-elle à bout de forces ; non... non... Laissez les filles à leurs mères... ce qu'on souffre, oh! ce qu'on peut souffrir !...

Elle se courba. Son front toucha le sol, tandis que ses cheveux dénoués s'éparpillaient sur leurs dalles.

Il n'y avait que deux témoins à cette scène : le comte-duc et l'Africain.

Le comte-duc s'était redressé au moment où sa femme prosternée avait mis son front dans la poussière.

L'Africain seul éprouvait le contre-coup de cette poignante et indicible douleur.

Le comte-duc ne tremblait plus sur ses jambes. Il avait croisé ses bras sur sa poitrine.

Il contemplait d'un œil froid et méchant l'agonie de sa femme.

Si nous avions pour la haine, cette infirmité principale de la race d'Adam, un instrument métrique gradué comme les pèse-liqueurs, on pourrait se convaincre que la plus dense de toutes les haines, la plus riche en fiel, la plus venimeuse, la plus vivace, la plus inexplicable, c'est la haine de ménage.

« Entre voisins... » dit le proverbe. Multipliez le proverbe, prenez-en le carré, prenez-en le cube, et vous aurez la haine entre époux.

— Relevez-vous, madame, prononça le comte-duc à demi-voix et d'un ton très froid.

Comme elle restait affaissée sur elle-même, il ajouta :

— J'ai quelque chose à vous dire.

En un instant la duchesse fut sur pied.

Ses yeux s'agrandirent et brillèrent. Ses narines gonflées mirent de l'air en ses poumons. Pour ce seul mot, l'espoir emplit tout son être et sortit par tous ses pores.

Elle fit un pas vers le duc qui semblait l'attendre et l'encourager. Parfois, ces catastrophes amènent la réconciliation. Certes, dona Julia n'y songeait point, car dans sa pensée, il n'y avait place que pour sa fille ; mais nous pouvons affirmer qu'il n'eût fallu qu'un mot, qu'un signe pour la précipiter aux genoux ou dans les bras de son mari.

— Approchez encore, dit-il.

Cette voix qui voulait être douce lui fit mal, mais elle avança d'un pas pour obéir.

— Plus près ! ordonna le comte-duc ; avez-vous peur de moi, madame ?

Elle avança d'un pas encore. Le comte-duc put lui saisir la main. La pression de ses doigts fut si brutale qu'elle poussa un cri d'angoisse. Et cependant ce grave et austère visage d'homme d'Etat n'avait rien perdu de son calme.

Il attira la duchesse tout contre lui. Sa bouche toucha presque son oreille. Il dit :

— L'exemple des mères tue les enfants, madame !

Elle regarda tout effarée, car ce mot lui fouillait

l'âme comme un poignard qu'on retourne dans la plaie.

— Dieu punit l'enfant dans le crime de la mère.

Puis il lâcha sa main. Elle tomba foudroyée.

Moghrab s'élança pour la soutenir. Le favori l'arrêta d'un geste.

— Nous avons des gens, dit-il ; c'est affaire à eux.

La sonnette, agitée, retentit. Des valets se montrèrent à la porte.

— Madame la duchesse a succombé à son émotion, prononça le comte-duc d'un accent hypocrite; prévenez son médecin, et qu'on l'emporte avec précaution dans son appartement.

Dona Julia était comme morte. Quand on l'eut enlevée, Moghrab dit :

— Nous autres, infidèles, nous avons plus de pitié, nous étranglons nos femmes.

— Je ne te comprends pas, maragut, répliqua le ministre, qui essayait de garder son apparence glacée.

— Je ne blâme pas Votre Grâce, ajouta Moghrab ; elle avait droit à la vengeance.

Le comte-duc s'efforça de sourire et dit seulement :

— J'oublie toujours qu'il n'y a rien de caché pour toi, sorcier !

Il s'assit et reprit au bout de quelques secondes :

— Maragut, si tu me retrouves ma fille... et qu'elle soit digne encore de moi, je te fais plus riche que le roi !...

— Digne de vous! répéta l'Africain d'un ton équivoque.

Il s'interrompit, refoulant en lui-même la parole qui pendait à sa lèvre.

— Excellence, reprit-il, vous m'avez donné assez d'or... je veux désormais être payé autrement.

— Comment veux-tu être payé, maragut?

— La vengeance, monseigneur.

— Et de qui veux-tu te venger? T'a-t-on pris ta femme ou ta fille?

— L'une et l'autre, monseigneur... Regardez en vous-même, mesurez la soif que vous aviez du sang de Buckingham.

— Tais-toi! fit le comte-duc, tais-toi...

— Et mesurez la fièvre qui dévore le cœur de Moncade, poursuivit l'Africain.

Le comte-duc répétait :

— Tais-toi!... tais-toi!...

Mais Moghrab continuait :

— Additionnez l'une avec l'autre : cela vous donnera ma passion. J'ai votre haine et plus que votre haine, car ma fille vit et son séducteur l'abandonne.

— Pourquoi ne m'as-tu pas dit cela plus tôt? demanda le comte-duc avec défiance.

— Parce que Votre Grâce n'avait pas encore assez besoin de moi.

— Et maintenant?

— Maintenant, l'heure est venue de conclure et de signer le pacte. Vous êtes attaqué de tous côtés à la fois. Votre puissance chancelle et le malheur vient d'entrer dans votre maison. Pour que vous marchiez, vous, ministre du roi d'Espagne, dans la voie du pauvre Moghrab, il ne vous manque plus que la confiance, et la confiance je vais vous la donner d'un mot. Excellence, nos rancunes sont sœurs : l'homme dont ma femme mourante prononçait le nom dans son dernier soupir, c'est l'homme qui a obtenu du roi ce matin l'ordre de vous arrêter.

— Hussein le Noir ! murmura le comte-duc.

— Don Louis de Haro, comte de Buniol ! prononça gravement l'Africain.

— Etrange destinée ! prononça tout haut le ministre.

— On ne s'étonne de rien, monseigneur, quand on a élevé son esprit jusqu'à cette grande loi de la fatalité qui régit les mondes. « C'était écrit », disons-nous, dans le calme de notre sagesse orientale. Vous vous révoltez, il est vrai, contre cette loi, mais elle pèse sur vous comme sur nous ; elle vous écrase et vous la subissez en frémissant. Nos haines sont sœurs, je le répète. L'homme qui vient d'enlever votre fille, c'est l'homme qui m'a pris la dernière joie de mon âme, le sourire de mes vieux ans, Aïdda la belle !

— Moncade, n'est-ce pas ?

— Et je ne lui avais rien fait, moi, Excellence, je n'avais pas traîtreusement attiré une fille de son nom dans le piège...

— Maragut !... s'écria le comte-duc rougissant de courroux.

L'Africain fixa sur lui son regard clair, métallique, pourrions-nous dire, comme le reflet d'une lame bien fourbie.

— Il n'est pas besoin que je vous estime. Nos étoiles jumelles unissent nos actions et marient nos efforts. Voilà le point unique. La première question est de savoir si vous voulez ravoir votre fille et rester ministre de la monarchie espagnole.

— Je t'écoute, dit le favori au lieu de répondre, pose tes conditions.

— Seconde question : Quel est à votre sens le plus pressé? Doit-on s'occuper d'abord de votre fille ou de votre puissance?

— Pour agir, il faut pouvoir, répliqua le favori.

— C'est juste, nous vaincrons, Seigneur, si vous êtes résolu. Pour que vous gardiez votre portefeuille, il faut une révolution.

— Qui la fera?

— Vous-même.

— Soit... je me sens de force à l'arrêter quand il faudra.

— Ceci vous regarde... je ne vous donne que les moyens de ressaisir votre faveur.

— Mais pour une révolution, reprit le comte-duc, il ne s'agit pas seulement de la vouloir.

— Quand une mine est creusée et chargée, repartit Moghrab, il s'agit seulement de mettre l'étincelle en communication avec la traînée de poudre.

— La mine est-elle creusée?

— Et chargée, oui.

— Avons-nous le tison?

Moghrab prit sur le bureau un cahier de papier blanc, et le plaça devant le comte-duc.

— Ceci peut devenir une torche, s'il plaît à Votre Grâce de l'allumer.

Le comte-duc trempa de lui-même sa plume dans l'encre.

— Ah! ah!... fit-il un peu pâle et les lèvres convulsivement contractées; Philippe signe des ordres d'arrestation avant de faire la sieste. J'aurai ma revanche, par le Dieu vivant! ou je mettrai le feu aux quatre coins de l'Espagne.

— Je t'attends, maragut, dit le ministre.

Moghrab s'était placé derrière son fauteuil.

— Que Votre Excellence daigne écrire d'abord un avis qui sera affiché dans Séville et qui apprenne aux habitants de la cité très loyale et très héroïque que la course de taureaux annoncée n'aura point lieu.

La plume du comte courut sur le papier.

— Voici le motif, Monseigneur : Cuchillo, le toréador, ne pourra tenir l'épée, puisque vous allez le faire arrêter de par le roi.

— Bien trouvé, maragut... Ce Cuchillo est adoré dans Séville. Après?

— Ordre d'opérer une descente dans les domiciles du Français Mansart, dit baron de Givonne, agent du cardinal, et du sir Edward Mac Cartney, homme de confiance de Buckingham.

— Pourquoi ne pas les arrêter?

— Ils ne pourraient plus agir. Si l'ordre du roi qui vous concerne avait été exécuté ce matin, nous ne serions pas à si belle fête. Loin de les désarmer, je leur donne le signal.

— Tu es un homme d'or, maragut! Après?

— Ordre aux saltarines, chanteuses ambulantes et comédiens de toutes sortes de s'éloigner immédiatement de Séville, vu la gravité des circonstances ; ordre de fermer le théâtre et de démolir les baraques foraines de Triana.

Le comte-duc quitta la plume pour se frotter les mains.

— Après, maragut, après ?

— Ordre de placarder sur les portes closes de tous les lieux de plaisir, cette formule : *Clos par la volonté du roi.*

— A merveille ! tu aurais fait un ministre !

— Ordre au capitaine Guttierez de se rendre à l'Eldorado avec sa compagnie, et d'expulser de leurs masures tous les gueux et gens sans aveu qui habitent ce quartier, sans avoir égard à leurs réclamations ou plaintes, et ce, par la force, s'il est besoin.

— Bravo, maragut !

— Défense aux confréries de Séville de porter leurs bannières, dimanche prochain ; défense de réunir leurs conseils de famille ; défense d'attacher à leurs habits aucun ruban ni insigne ; ordre de déposer leurs hallebardes à la concierge du Saint-Office.

— Tu veux donc qu'il y ait demain quarante mille furieux sur le pavé, Moghrab ?

— Ce soir, Excellence, car demain il serait trop tard : vous seriez arrêté cette nuit.

Le comte-duc signa le dernier écrit d'un air sombre.

— Et maintenant, ma fille ? dit-il.

— Que votre Excellence daigne me céder un instant sa place, repartit Moghrab.

Il s'assit dans le fauteuil du ministre, prenait la

plume que celui-ci venait de quitter, il traça rapidement ces quelques mots :

« Aïdda, fille de Moghrab!

« Au nom de Dieu qui est Dieu, de Mahomet son prophète, viens au palais de l'Alcazar et obéis au comte-duc, comme s'il était moi, ton père. »

Il scella ces deux lignes du pommeau de son poignard et se leva.

— Si tout ceci allait tourner contre nous!... murmura le favori.

— L'homme sage est toujours prêt, répondit Moghrab, qui rabattit son bernuz sur son visage pour sortir. Il est trois heures, Philippe vient de s'éveiller ; mon esprit voit Hussein le Noir à ses côtés. Veux-tu t'abstenir et attendre ?

Le comte-duc hésita, puis un orgueilleux sourire vint à ses lèvres, et il dit en donnant à Moghrab les cinq enveloppes cachetées :

— Le sort en est jeté ! Philippe l'a voulu !... Si le torrent déborde, d'ailleurs, je saurai bien le faire rentrer dans son lit.

VI

AVENTURES DE BOBAZON

La véritable journée commençait pour les travailleurs de Séville. Il était quatre heures du soir. Le soleil oblique se cachait derrière les maisons ; les rues s'emplissaient pour la seconde fois, et cette autre matinée avait les mêmes cris, la même agitation que la première.

Partout où la voix assez large permettait aux chars de stationner, quelque noir campagnard velu, trapu, chaussé de spadrilles et portant aux oreilles, soit des piécettes d'argent, soit des instruments de la Passion de Notre-Seigneur, montait sur les brancards de sa charrette et hurlait le bon marché de ses melons.

— Pour un ochava le bouquet d'oignons !

L'oignon, la gloire des Espagnes ! Chose étrange, les poètes ont parlé de tout ce qui parfume ce paradis et ils n'ont pas mentionné l'oignon.

L'Égypte adorait le filet de bœuf sous le nom d'Apis ; l'Espagne n'a point changé le nom de l'oignon, son Dieu. En France, nous avons voué un culte aux fleurs : nos jardiniers en sont à la millième transfiguration de la rose ; l'heureuse Ibérie, par un culte de dix siècles, a grossi l'oignon à la taille d'un cucurbite. Elle a des oignons géants, des ciboules colossales. *Viva la cobolla !*

— Oranges rouges à un cuarto la douzaine !... Deux cédrats pour un maravédis !

— Garbanzas de Alcala ! verdure ! coliflores de Medina-Sidonia ! Raisins, figues, grenades, alberges !

— Andalous, c'est moi qui viens de San Lucar, où tout est pour rien !

— Achetez, femmes ! confiance pour Pacheco, le fermier du riche homme de Chuzena !

— Au berrocal ! au berrocal ! abondance, fertilité ! meilleur et moins cher !

5.

— Ciboule de Valverde! Jeannette! Échalote! Ail du rôti!

— Amis, au détour de la rue, sous l'arcade, chez Juano Mareno, soupe à la poule, œufs au jambon, hachis frais et poivrades à l'anis!

Qui donc mangeait toutes ces bonnes choses offertes à l'appétit des Sévillains!

Les femmes passaient alertes et se portant sur leurs hanches rebondies, touchant d'un pied sûr et nerveux la pointe des pavès, souriant aux majos mal réveillés, et laissant aller de ci de là, en un balancement plein de coquetterie, les plis de leur robe courte qu'alourdissait le poids calculé des grains de plomb cousus dans la bordure.

C'est le terroir des hanches hardies et des jambes bien découplées. On voudrait des castagnettes pour régler le pas vigoureux des Andalouses.

Les hommes passaient aussi, indolents, tristes et maigres, drapés dans de vieux manteaux de théâtre. C'était comme une procession jaune et taciturne, parmi la gaieté marchande des villageois.

Les uns mâchaient à vide, les autres partageaient une figue en quatre et la suçaient délicatement sans attaquer la peau; les autres, poussant plus loin encore la gourmandise, mordaient à belles dents la gousse trop odorante des fameuses ciboules de Valverde.

Au coin de cette muraille noire qui enclôt la prison de Saint-Loreau, à droite de la porte Royale, était autrefois une voûte sombre formée par trois arches de bois qui franchissaient comme un pont la petite rue de la Trinité, laquelle allait se bifurquant après ce passage et, changeant de nom, s'enfonçait dans les bas quartiers.

La statue de Christophe Colomb, en terre cuite, était au devant de la voûte, sur un piédestal d'argile servant de banc à la population des alentours.

A droite du passage s'ouvrait la grande et belle rue de la Sierpe, rejoignant les riches parages du nord ; à gauche, c'était une grande maison de mauvais aspect qui s'adossait à l'enclos de la prison, et masquait à demi l'enclos de ce quartier, bas, sombre et célèbre par ses souillures de toute sorte, qui avait à choisir entre deux noms splendides : l'*Eldorado* et la *Grandesse*.

Parfois les noms raillent ainsi. Les Grecs appelaient leurs furies les bonnes déesses. Mais ici ce n'était pas raillerie.

La statue de Christophe Colomb rimait à ce nom, Eldorado, et une vaste ruine, qui prolongeait ses poudreuses solitudes jusqu'au faubourg de *los Tumeros*, gardait encore des traces de magnificence orientale.

C'était l'ancien palais d'été du fameux Simon Grandeza, juif converti, puis relaps, qui fut mis à mort avant la domination arabe, et dont les biens confisqués servirent, dit-on, à commencer la tour de la cathédrale, l'illustre Giralda, achevée par le calife Abo-Jusuf-Yakub et son architecte Al-Geber.

Il y avait aux pieds de la statue du navigateur génois un paysan de la vallée du Guadalquivir, avec sa petite charrette chargée de melons. Il s'égosillait comme un beau diable à vanter sa marchandise. On allait, on venait d'un air effaré.

Les femmes, vêtues aussi sommairement que possible, bavardaient sur le pas des portes. Les hommes s'abordaient avec précaution, échangeant des paroles rapides après avoir regardé tout autour d'eux, pour voir sans doute si quelque oreille indiscrète n'était point aux écoutes.

Il y avait évidemment, dans ce quartier populaire, une émotion sourde et qui n'était pas encore bien caractérisée. C'était comme la terreur vague qui prend les animaux aux premiers nuages de poussière tourbillonnant et annonçant l'orage.

Les demi mots circulaient, prononcés avec cette emphase qui ne manque jamais au langage espagnol. On se plaignait, on parlait de menaçants décrets, de mesures tyranniques. Le mot *fueros* (privilèges) était dans toutes les bouches.

Aucune langue ne traduit bien ce mot qui a fait toutes les révolutions en Espagne.

Fuero veut dire proprement *for*, juridiction, loi ou droit. La monarchie espagnole consentait une charte fort compliquée, et qui changeait selon les provinces. Le mot *charte* seul peut faire comprendre le mot *fueros*.

De la rue de la Sierpe déboucha tout à coup un bon gros garçon, bas sur jambes et portant le costume des villageois de l'Estramadure. Il allait sans se presser, le nez au vent, et conduisant par la bride deux piètres chevaux qui semblaient sincèrement affamés.

Il avait sur l'estomac une besace de toile d'où

sortaient de belles figues noires dont la peau déchirée laissait couler la pulpe liquoreuse et des raisins bleus aux grains allongés comme des olives. Il mangeait de tout son cœur tantôt une grappe, tantôt une figue, jetant le bois et la pelure à ses deux vilains chevaux.

Et il disait :

— Hein ! Micaja, crois-tu que les maîtres comme moi courent les rues, bête ingrate qui fait toujours mine de manquer de nourriture?... Te faut-il encore cette figue, Pepino, bon apôtre, qui dévores depuis ce matin?... Plus on leur donne, plus ils demandent, ces animaux hypocrites... Les passants jureraient qu'ils n'ont pas seulement déjeuné...

— Mon jeune seigneur, là-bas, vous plairait-il de m'acheter deux chevaux de pur sang bons à la selle comme au brancard, et pouvant même servir de haquenée à une noble senora?...

— Vas-tu débarrasser la rue, coquin ! répondit un fils de contador qui suivait une maja au pied de gazelle.

Bobazon se rangea respectueusement. Il était de ceux qui admirent l'insolence.

— Estremo ! lui cria le marchand villageois, range tes deux haridelles qui empêchent qu'on vienne à mes melons !

Bobazon, cette fois, ne bougea point ; mais l'homme à la charrette ayant ramassé une pierre, Bobazon lui fit de la main un signe amical, disant :

— Ami, tu as raison, il faut que tout le monde vive... Combien tes melons?

Il caressait de temps en temps la pochette de ses chausses où étaient les onces d'or de Moghrab. Quoiqu'elles vinssent d'un sorcier, ces onces d'or ne s'étaient pas changées en feuilles sèches.

Le paysan aux melons se hâta de laisser tomber sa pierre.

— Seigneur, dit-il en changeant de ton, et bien honteux de n'avoir point deviné un chaland dans cet étranger, j'avais vu tout de suite que vous étiez un cultivateur d'importance. Voulez-vous que j'envoie un concombre à ce fils de parvenu qui vient de vous rudoyer en passant.

Bobazon soupesait dans sa main une énorme pastèque verte, lisse et ventrue.

Il y avait là le dîner de trois Andalous.

— Un réal ce beau fruit, dit le marchand qui ôta son grand chapeau : il est digne d'un homme riche tel que vous.

— Mon frère, répliqua Bobazon, les plus riches se ruinent vite quand ils prodiguent leur avoir... Dis-moi, toi qui es du quartier, ne connaîtrais-tu pas mon cousin Matalon?

— Que fait-il, votre cousin Matalon, seigneur?

— Quelque chose de bon, car il est devenu un personnage d'importance, à ce qu'on dit... Mais je vois que tu n'en sais pas plus long que moi, l'homme... Ton melon vaut un cuarto, en ce moment où il en croît assez dans les mares pour paver les rues de Séville... Je t'offre un cuarto de ton melon.

— Grigou! s'écria le villageois avec colère, juif déguisé! valet de ferme! un cuarto cette pastèque mûre comme les fruits du paradis!... Mange tes figues, goinfre ; tu dois les avoir volées!... Avale ton raisin, malfaiteur, et ne te moque pas d'un père de famille !

Bobazon, imperturbable, donna un maître soufflet à Micaja, qui mettait sa tête sur son épaule pour flairer de plus près les melons.

— L'ami, dit-il, si tu es père de famille, j'ajoute un cuarto de plus en faveur de tes petits enfants.

Cela faisait environ six centimes de notre monnaie. Malgré le nouveau monde conquis et les galions, il paraît que cette humble monnaie avait bien son prix en Espagne, car notre villageois cessa d'invectiver et tendit sa large main noire, en homme qui veut brusquer la conclusion d'un marché léonin.

Les quatre maravédis lui furent comptés loyalement et Bobazon plongea son couteau avec une volupté avide dans le ventre juteux de la pastèque.

Personne n'est parfait. Ce brave Bobazon, malgré son avarice, avait à l'excès la passion de la gourmandise.

Tout en ouvrant sa large bouche pour engloutir les tranches de son melon, dont il donnait fidèlement l'écorce rongée tantôt à Micaja, tantôt à Pepino, les heureux animaux ! Bobazon poursuivait son chemin. Il ne perdait point de vue le but commercial de sa promenade et apostrophait les bourgeois en leur proposant le meilleur marché qu'ils pussent faire en leur vie : l'achat de Micaja et de Pepino, deux bêtes sans pareilles, douées de tous les mérites, de toutes les vertus.

Le souvenir des événements de la matinée restait en lui comme une promesse. Bobazon avait un aimable caractère ; oubliant tout ce qui pouvait avoir apparence de menace, il se rappelait avec plaisir les bons augures et les bonnes aubaines.

En somme, il avait eu grand'peur à l'abreuvoir de Cid-Abdallah. Ce sac révélateur qui s'était marqué d'une tache humide et rouge, ces hommes noirs rampant le long des murs, cette litière portée par des jeunes filles, et surtout ce fantôme représentant à s'y méprendre les traits et la tournure du pauvre don Ramire de Mendoze, son maître trépassé ; tout ceci avait bien son côté terrible.

Mais les choses avaient tourné au mieux. Toutes ces apparitions s'étaient dissipées comme un rêve, emportant avec elles les sacs, ce terrible embarras. Bobazon, après cette alerte, était resté en possession de ses chères pièces d'or, ainsi que des deux chevaux, qui étaient encore un capital.

Une fois ce capital réalisé, Bobazon, fort de l'expérience qu'il avait acquise et des talents divers que le ciel lui avait départis, comptait bien se créer dans Séville une position lucrative. Le choix seul l'embarrassait.

Comme il ne connaissait point la ville, il allait au hasard de son étoile. Le passage conduisant à la Grandesse était devant lui. Il s'y engagea après avoir jeté un coup d'œil indolent à la statue de l'inventeur du nouveau monde.

La voûte avait une trentaine de pas de long. Elle débouchait sur une rue noire et franchement malpropre, bordée de maisons mauresques en pitoyable état.

Bobazon, désespérant de rencontrer dans ce quartier indigent des acquéreurs pour sa cavalerie, allait tourner bride lorsqu'un bruit lointain de chant et de guitare lui vint par une ruelle latérale mille fois plus souillée que la rue. Avec ces sons joyeux, la brise apportait de violentes senteurs de cuisine.

Nous ne voulons point affirmer que les fumets de la cuisine espagnole au temps de Philippe IV fussent exactement ceux qui désolent les places publiques de nos villages les jours de foire, il est certain que tous ces parfums de victuailles sont cousins germains et offensent l'odorat au même titre. Bobazon s'arrêta pour écouter et surtout pour respirer à pleines narines les effluves savoureuses qui tout à coup sollicitaient son implacable appétit.

— Oh! oh! Micaja, fit-il, des figues, du raisin, du melon, c'est froid sur l'estomac d'un chrétien... Est-ce la fête ici, Pepino? Ceux-là mangent du porc et des épices, aussi vrai que je tiens à mon salut plus qu'à ma vie!...

Dans son dédain pour ses frugales provisions, il partagea entre les deux chevaux une tranche qui gardait un bon quart de sa pulpe.

— Dressez donc la tête, bâtards de baudets! s'écria-t-il après avoir fait cette générosité ; tendez le jarret, cambrez les reins, donnez-vous l'air de deux bêtes bien portantes et bien élevées... Saint patron! si j'avais envie de me vendre, je me tiendrais mieux que cela! Tourne à droite, Micaja; si le ragoût ne coûte pas cher, nous mangerons un morceau pour nous égayer le cœur!

Micaja, obéissant, fourra sa tête basse dans la ruelle. A ce moment, Bobazon reçut un choc assez rude qui lui venait d'une jalousie soulevée à l'improviste, à l'angle de la rue.

La jalousie avait ses attaches en lambeaux et ses tablettes vermoulues, mais elle était bonne encore pour casser la tête des passants, car notre Bobazon demeura tout étourdi du coup.

Pendant qu'il se tâtait, une jambe fine et bien modelée, qui avait pour vêtement un bas de chausses en soie rose ornée de plusieurs reprises, enjamba le balcon, et un cavalier sauta précipidans la rue.

Un cavalier fort élégant, ma foi! et qui portait sur sa figure tout le naïf orgueil d'un jeune homme en bonne fortune. Aussitôt que son pied eut touché la boue du sentier, il se retourna vers le balcon, et envoya des myriades de baisers à la beauté qui, sans doute, se cachait derrière la jalousie.

— Sauve-toi vite, Escaramujo, mon ange bien-aimé, dit une grosse voix enrouée au travers des tablettes; Gabacho doit être ivre, selon sa coutume... Il t'assommerait!

Escaramujo lança un dernier baiser et voulut mettre à profit le conseil prudent de la dame mystérieuse, mais la ruelle était étroite. Micaja la bouchait en avant; Bobazon et Pepino l'obstruaient en arrière. Le cas était malaisé.

Escaramujo, garçon d'esprit s'il en fut, sauta d'un temps sur le maigre dos de Micaja.

— Hue! cria aussitôt Bobazon, oubliant ses contusions; voilà une monture qui convient à un joli seigneur tel que vous!

Le joli seigneur était déjà à cinquante pas.

— Que fais-tu là, Brigida? demanda une autre voix au balcon.

La première voix essaya, mais en vain, de se velouter et répondit :

— Je regarde cet homme qui passe avec son bidet.

La jalousie fut de nouveau soulevée; Dobazon put voir à la fois et dans le même cadre la trop coupable Brigida et son triste époux Gabacho. Gabacho était ivre. Il portait le costume d'un bourgeois économe et manquant de coquetterie. Cela ne lui allait pas, et à beaucoup près, si bien que son harnois d'aveugle. Mais Brigida! quelle sultane! C'était une femme de quarante-cinq à cinquante ans, petite, barbue et large comme une tour. La chaleur excusait le négligé de Brigida, mais nulle condition atmosphérique n'aurait pu expliquer sa malpropreté.

Elle était noire, elle était grasse et luisante; ses cheveux grisonnants tombaient en mèches brouillées comme des paquets de laine à matelas sur la masse informe de ses épaules, et les loques qui formaient sa toilette du matin semblaient avoir été traînées à plaisir dans la fange.

Comment Escaramujo, un des plus jolis sujets de la nouvelle école, égarait-il si étrangement ses jeunes amours?

C'est l'éternelle aventure. Les couleurs de nos romans civilisés sont moins violentes, mais le fond est le même Calypso séduit toujours Télémaque, surtout si le jeune héros n'a pas de Mentor.

D'ailleurs Brigida possédait une belle réputation dans diverses villes de l'Andalousie, où elle avait gagné une aisance à se faire peser en public. Une fois dans le plateau de la balance, cette femme pouvait défier trois reines. Elle enlevait deux poids de cent et un de cinquante.

Gabacho, jaloux comme un tigre, montra le poing à Bobazon, qui prit sa course autant pour fuir cette redoutable vision que pour rattraper l'acheteur présomptif de Micaja, car Bobazon avait rêvé un marché d'or.

Il rejoignit son jeune seigneur, aux chausses élégantes, mais rapiécées, vers le milieu de la ruelle, et lui tint aussitôt ce langage :

— La bête est bonne et sobre ; elle a une santé de fer ; je ne l'ai jamais vue malade. Elle va l'amble comme un amour. Du trot et du galop je ne parle pas : c'est un zéphir ! Ce sera six cents réaux seulement, en considération de l'honneur que j'aurai de contenter votre seigneurie. Et si votre seigneurie s'arrangeait de Pepino que voici, un animal bien avantageux, je ferais un bloc de mille pauvres réaux pour lui être agréable.

A mesure que Bobazon avançait dans sa harangue, son assurance, cependant, diminuait. Il voyait son jeune seigneur de plus près et mieux. La toilette de son jeune seigneur ne gagnait pas à être détaillée. Le haut-de-chausses était rapiécé comme le bas, et le pourpoint ne valait pas mieux que le haut-de-chausses. Le linge était à la hauteur du reste ; des pieds à la tête, vous n'auriez pas trouvé sur ce gentilhomme la valeur de dix réaux de plate.

Mais il payait de mine, du moins ? Chimère encore !

Il se laissa glisser en bas du cheval. Sa figure prit un instant une expression d'espiègle raillerie, puis toute sa personne se transforma. Ses yeux éveillés se baissèrent, la cambrure juvénile de ses reins disparut, il courba la tête et eut ce mouvement ignoble que par tous les pays on connaît sous le nom de *tour des gueux*.

— As-tu bien le cœur de railler, mauvais riche, en ce lieu qui est comme le sanctuaire de la faim, de la soif, de toutes les privations, de toutes les humiliations qu'entraine après soi l'indigence ! chanta-t-il sur un mode désolé. Étranger, cela ne te portera pas bonheur. Répare ta faute, crois-moi, et fais l'aumône à un malheureux qui n'a pas mangé depuis trois jours !

Ce disant, Escaramujo tendit la main, Bobazon recula. C'était son habitude quand on lui demandait quelque chose.

— Le sanctuaire de la faim et de la soif ! répéta-t-il en aspirant la brise chargée de vapeurs culinaires.

— La caridad ! opulent étranger ! la caridad au nom de tous les saints !

— Je suis plus pauvre que vous, l'ami, commença Bobazon, qui prit d'instinct, à son tour, une pose humble et piteuse ; cependant, si vous voulez accepter une tranche de ce melon.

— Ah ! coquin de cousin ! s'écria Escaramujo, changeant de ton tout à coup ; je promets un bon pourboire à qui t'arrachera une plume ! Où as-tu volé ces deux rossinantes, et que viens-tu faire si loin de chez nous ?

Bobazon était resté bouche béante. Ses gros yeux s'écarquillaient à contempler le jeune seigneur transformé en mendiant.

— Pas possible ! grommela-t-il enfin. Le petit cousin Matalon ! Toi qui te vantais si bien dans tes lettres adressées au pays ! Est-ce comme cela que tu as fait fortune à Séville ?

Escaramujo se redressa de toute sa hauteur.

— Je suis plus gras que toi, cousin, et mieux nourri, dit-il. J'appartiens à la confrérie la plus renommée et la plus puissante de Séville, mise à part toutefois la très illustre et très vénérable congrégation du Saint-Office. Qu'entends-tu par faire fortune ? Amasser quelques milliers de réaux pour retourner au pays et acheter un coin de terre, s'y transplanter comme un chou, y végéter pendant vingt ou trente ans, loin de toutes les élégances et de toutes les splendeurs, puis y mourir un beau jour et grossir le nombre des obscurs défunts qui encombrent le cimetière de Guijo ? J'avoue que mon ambition ne va pas de ce côté. Il y a assez de rustiques balourds au bord du Rio-Mabon. J'aime mieux la ville, le bruit joyeux, la foule, la cour, les folles aventures, l'or qui roule à flots, comme s'il jaillissait d'une inépuisable source !

— Et tu as tout cela, toi, petit cousin Matalon ? interrompit Bobazon, qui passa sa langue sur ses lèvres.

— Je ne m'appelle plus Matalon. J'ai gagné un nom parmi mes confrères. Je suis le fameux Escaramujo, dont tu aurais entendu parler sans doute si tu étais un peu au fait des nouvelles du jour.

— Escaramujo! répéta Bobazon; c'est mignon ce nom-là!... Combien gagnes-tu par an dans la confrérie, petit cousin?

— Compter n'est pas mon fait; je mène grandement la vie. Mais un pince-maille comme toi mettrait en cave son pesant d'or.

Bobazon lui prit les deux mains, et, l'attirant à lui, le pressa paternellement sur son cœur.

— Petit cousin, dit-il, dès le temps où tu étais tout enfant, j'avais de l'affection pour toi. Je voudrais bien entrer dans ta confrérie.

— As tu de l'argent?

— Pas beaucoup.

— Tant pis!

— Il faut donc être riche pour s'associer avec vous?

— Il faut payer sa bienvenue.

— Si je donnais un de ces excellents chevaux? murmura Bobazon.

Escaramujo haussa les épaules.

— Ah ça! fit Bobazon, pour être si difficiles, quel métier faites-vous donc dans votre confrérie?

— Quel métier? répéta Escaramujo, qui jeta derrière son cou, avec grâce, le pan déchiqueté de son manteau. Peut-on appeler cela un métier? Le mot *art* serait plus convenable. Mais laissons métier si tu veux, cousin, ou commerce, peu m'importe! Nous vendons, en effet, beaucoup de choses qui ne coûtent pas cher et qui rapportent gros. Nous vendons nos cris et nos paroles.

— Êtes-vous des avocats, petit cousin?

— Nous vendons nos prières.

— Saint-Antoine! serais-tu d'Église?

— Nous vendons notre talent d'attendrir les cœurs et de faire couler de douces larmes.

— J'ai ouï parler de ces gens qui s'appellent des comédiens.

— Nous vendons du vermillon, de l'ocre, des guenilles et des béquilles.

— Te moques-tu de moi, cousin Matalon?

— Cousin Bobazon, chapeau bas! nous avons privilège du roi, quoi que puisse dire ou faire ce réprouvé de comte-duc; notre cité s'appelle la Grandesse, et aussi l'Eldorado, parce que nous sommes riches. Chapeau bas! cousin Bobazon; tu as l'honneur de parler à un membre de la confrérie des gueux andalous!

Cette éloquente tirade, prononcée d'un ton emphatique et fier, ne produisit peut-être pas tout l'effet que le galant Escaramujo en avait attendu. Bobazon referma sa bouche béante, et tourna deux fois autour de son bras le licou de Micaja.

— Bon! bon! fit-il, voilà du temps de perdu, mon pays! Puisque tu avais commencé par me demander l'aumône, tu pouvais bien me dire en deux mots: je suis mendiant. Il n'y a point de sot métier, selon la maxime du sage. Je souhaite pour toi que les bonnes gens de Séville pratiquent amplement la vertu de charité. Bonsoir, Matalon, bonsoir, mon pauvre petit cousin! Tu m'as pris pour un autre!

Il tourna le dos en ajoutant:

— Hue! Pepino, mon bijou! Détalons, Micaja!

nous sommes dans un quartier où l'on n'achète ni chevaux ni ânes !

Mais il n'était plus temps de revenir sur ses pas. Un des meilleurs privilèges de la Grandesse, et celui-là certes n'avait pas été accordé par le roi, consistait à fouiller tous les barbares ou laïques qui s'égaraient dans l'intérieur de la capitale de la gueuserie. Depuis que Bobazon était dans la ruelle, il entendait de joyeux bruits et des clameurs de fête qui allaient toujours croissant.

Au moment où il prenait congé d'Escaramujo, le sourire de celui-ci se fit plus moqueur. Ses deux doigts arrondis touchèrent ses lèvres, et un coup de sifflet aigu retentit.

Bobazon s'arrêta tout pâle. Sur cette terre classique des bandits, on sait ce qu'un coup de sifflet veut dire. On était à Séville, il est vrai ; mais, depuis qu'il avait franchi la porte du Soleil, en compagnie de l'infortuné don Ramire de Mendoze, Bobazon avait vu d'étranges choses. Il serra son gourdin entre ses doigts, d'un effort convulsif, et se prépara sérieusement à défendre ses onces d'or jusqu'à la dernière goutte de son sang.

Il put voir tout de suite qu'il aurait fort à faire, car une double clameur répondit au signal d'Escaramujo.

Une demi-douzaine de figures de mauvaise mine se montrèrent vers l'extrémité de la ruelle qui pénétrait au cœur même de la Grandesse, tandis que, dans la partie parcourue par nos deux compagnons, à la hauteur des époux Gabacho, une véritable cohue faisait irruption, chantant, dansant et cabriolant.

Il y avait dans cette troupe des enfants, des femmes et des hommes, à l'apparence martiale, qui portaient des piques. Au-dessus de leur tête, une bannière bariolée de mille couleurs flottait.

Ceux qui marchaient les premiers jouaient de la guitare à toute volée; les autres arrivaient deux par deux, car la ruelle, trop étroite, ne permettait pas un plus large front de bataille. Les cinq ou six masures qui s'éparpillaient à droite et à gauche soulevèrent leurs jalousies, luxe qui ne manque à aucune habitation andalouse.

Des femmes moins robustes que Brigida, mais aussi mal peignées et dans le plus simple appareil, se penchèrent au dehors et agitèrent, qui leurs jupons, qui leurs coiffes, qui la toile de leurs matelas, tant l'enthousiasme était sincère.

— Au saint Esteban! criait-on de toutes parts, au saint Esteban d'Antequerre, roi des Gueux, maître de la Grandesse, prince de l'Eldorado!

La bannière, qui portait d'un côté l'image du grand Gafedado (lépreux), les Charlemagne de la monarchie gueusante, tout entourée de flammes, présentait, de l'autre, le portrait d'un homme barbu couronné de feuillage, au-dessous duquel on lisait, brodé en or, le nom de saint Esteban.

Evidemment la procession se faisait en l'honneur de ce saint personnage.

— Matalon, mon cousin, dit Bobazon, prenant tout à coup un parti décisif, as-tu voulu jouer un méchant tour à l'homme qui t'a bercé sur ses genoux, là-bas dans notre chère Estramadure?

— J'ai voulu faire ton bonheur, cousin, répliqua Escaramujo; mais, du moment que tu refuses, je ne peux plus rien pour toi. Ici, nous n'avons ni parents, ni amis, ni frères, ni pères... c'est la grande famille qui nous tient lieu de tout cela... au saint Esteban ! au saint Esteban !

Ce fut le signal d'un hurlement unanime. La procession entourait déjà nos deux cousins d'Estramadure et faisait un tel tapage que le jeune Escaramujo, délicat et efféminé, se boucha les oreilles. Bobazon, au contraire, se mit du premier coup au diapason commun. Il lança son chapeau en l'air et cria comme un sourd :

— Au saint Esteban! mes dignes amis, au saint Esteban!

— Qui est ce rustre? demandaient les nouveaux venus.

— Mes chers seigneurs, répondit Bobazon, tandis que le galant Escaramujo le contemplait tout ébahi, vous voyez en moi un candidat à la gueuserie. Je viens pour cet objet du fin fond de l'Estramadure; et mon jeune cousin que voilà m'a promis qu'en considération de cette fête solennelle on me recevrait gratis, moi pauvre homme qui n'ai ni sou ni maille pour payer ma bienvenue. Voilà trois ans que j'amasse, maravédis à maravédis, une petite somme pour faire le voyage de Séville et me joindre à votre illustre association. Je voudrais avoir tous les trésors du monde pour vous les offrir.

Ayez égard au respect que je vous porte et à la sincère vocation qui m'a fait quitter mon pays, ma famille, tout ce que j'aimais, pour entrer, en si bas grade qu'on veuille me conférer, dans votre vénérable confrérie !

— Comment! effronté compère! commença Escaramujo.

Les autres disaient :

— Il parle bien, l'estremino!

Bobazon venait d'apercevoir dans la foule Gabacho, plus ivre que jamais, et sa forte compagne Brigida.

— Là-bas, dans nos montagnes, reprit-il, la gloire de votre confrérie a pénétré. Le grand Gafedado nous est connu, ainsi que le saint Esteban et bien d'autres. L'un de vous ne s'appelle-t-il point Gabacho, et n'a-t-il point uni son sort à une incomparable dame qui a nom Brigida?

— Je te prends sous ma protection, étranger ! dit le faux aveugle.

— Puisque tu es le cousin de notre ami Escaramujo... commença en même temps la coupable Brigida.

— Si tu souffles mot, murmura Bobazon à l'oreille du séducteur qui faisait mine de protester, — je raconte comme tu sais bien sauter par les fenêtres.

Les guitares grincèrent, la bannière s'agita.

— Un mot encore, reprit Bobazon. Quelqu'un ici se connaît-il en chevaux? Voilà deux bêtes fatiguées par un long voyage, n'est-ce pas ? Eh bien ! voyez comme elles se tiennent après cent lieues faites en trois traites par des chemins d'enfer ! C'est le pur sang des montagnes, aussi vrai qu'il fait jour à midi.

Je les amène des pays au-delà du Tage parce que l'intendant des écuries royales veut croiser les races d'Estramadure avec la race andalouse.

Si j'avais su seulement mon chemin dans Séville, j'aurais trois cents douros d'argent dans mon escarcelle. C'est réglé; l'intendant l'a promis.

Mes amis, mes nouveaux frères, je vais vous faire connaître dès cette première heure l'étendue de mon désintéressement : ne pouvant vous offrir en totalité cette somme qui est le pain de ma nombreuse famille, je veux cependant payer ma bienvenue parmi vous comme si j'étais le fils d'un roi.

L'affaire est d'or, je vous en préviens. Cotisez-vous, rassemblez mille réaux, prix que j'ai déboursé pour les deux bêtes, je vous les céderai de bon cœur.

— Oh! oh! fit-on avec défiance, mille réaux!

— Et demain, continua Bobazon, quand elles seront reposées, vous les conduirez à l'intendant, qui vous comptera trois cents douros ou six fois votre déboursé, je vous le jure sur l'espoir de mon salut éternel.

— Pour le coup, tu es un hardi coquin! gronda Escaramujo.

— La paix, Matalon, ou gare au mari! fit tout bas notre Bobazon.

Puis à l'oreille de Brigida :

— Un coup d'épaule, senora, pour le cousin du gentil Escaramujo!

— Saint Barnabé! s'écria aussitôt l'énorme femme, manquerons-nous l'occasion? Je me connais en bidets, moi qui allais de foire en foire.

Gabacho, mon homme, mets un douro, tu gagneras en proportion du bénéfice de la vente.

— Un douro! fit l'aveugle avec dédain; j'ai bu

ce matin du vin qui coûte son pesant d'or. Je suis l'ami du duc. Quand mon goussot sera vide, ne sais-je pas le chemin de la maison de Pilato?
Bobazon tendit son chapeau.

— Le seigneur Gabacho pour deux onces d'or, dit-il; l'intendant des écuries lui en rendra douze. Gagnez de l'argent, mes amis, pendant que l'occasion y est. Six mille réaux pour mille! Au chapeau ceux qui voulent participer à une bonne aubaine.

VII

LA GRANDESSE

L'argent ne manquait pas dans cette foule déguenillée; l'avidité abondait. Les réaux tombèrent comme une pluie dans le chapeau de l'heureux Bobazon.

— Oh! que mon cœur est gai! disait-il; je procure du bénéfice à mes bons frères!

La procession cependant continuait de descendre la ruelle. La ruelle donnait sur un assez vaste champ, poudreux et coupé de fondrières où croupissaient trois ou quatre mares. Une ville entière de masures hétéroclites entourait ce forum de la gueuserie, où grouillait la grande famille des mendiants andalous.

L'entrée de la ruelle, qui débouchait sur la place, était fermée par une barrière de bois, en vertu du privilège royal de 1427, qui permettait à la confrérie de se clore et de poser des sentinelles armées à la porte de son quartier. De l'autre côté de la place, une rue plus large, mais tortueuse et d'aspect misérable, était également terminée par une barrière flanquée de deux petites tours en torchis, défendues par un fossé que traversait un pont-levis.

Il n'y avait point d'eau dans le fossé, où les broussailles formaient un précipice de verdure. Le pont-levis était fixé à la rive par des crampons de fer à demeure. Les deux tourelles s'en allaient en ruines, et les sentinelles n'avaient pas été placées en faction depuis cent ans ; mais le droit existait : nul rescrit nouveau n'avait rapporté le privilège royal.

On calculait que la cité des gueux proprement dite pouvait contenir de douze à quinze cents familles, mais nombre de ménages de mendiants logeaient au dehors, et c'était tout le quartier environnant qui portait le nom de Grandesse.

Le *Pachers* (pot-au-feu), comme on appelait cette place, était un quartier-général et un endroit officiel de réunion. Il n'était nullement défendu par les statuts aux membres de la confrérie d'habiter les autres portions de la ville.

Mais, sinon par devoir, du moins par convenance et habitude, tous les gueux de Séville venaient prendre là leurs récréations et leurs repas. Un hangar fort spacieux, qui portait aussi un nom culinaire, *Gaspacho*, occupait tout le côté méridional de la place et s'entourait littéralement de cuisines installées dans des trous à fleur de sol, auxquelles deux ou trois planches supportées par des pieux servaient de toit.

Le *gaspacho*, mets éminemment national, et tout aussi triomphant que la alla-podrida elle-même, est une sorte de salade composée d'oignons comme base, de vinaigre ou de vin, de lait caillé, de safran, de moutarde, de poivre, de sel et de bien d'autres choses.

Un aimable cavalier qui a mangé du gaspacho peut se passer de parfums pendant plusieurs semaines.

C'est du gaspacho que partaient ces bonnes odeurs de victuaille qui avaient enflé les narines gourmandes de notre Bobazon.

Au moment où la procession débouchait sur le Puchero, la place entière était splendidement pavoisée de lambeaux multicolores, de banderoles déguenillées et de bannières qui, toutes, rendaient honneur au saint Esteban. Tout le long du hangar et des principales demeures, on voyait des chandelles collées à la muraille et toutes prêtes pour l'illumination du soir.

Partout flottaient les bannières des différentes paroisses, car la gueuserie de Séville se divisait ainsi, selon les habitudes de chacun de ses membres, en groupes qui portaient le nom des chapelles ou des églises spécialement exploitées par eux. Les enfants et les femmes abondaient. Il y avait, ma foi! de belles filles, drôlement accoutrées, et des chérubins souriants dans cette foule où dominait la laideur.

On dansait en plusieurs endroits de la place. Personne n'ignore qu'en Espagne la danse est un spectacle bien plus qu'un jeu. Les seguedilles, les zapateados, les manchegas et les jotas allaient leur train, suivant la nationalité des exécutants, qui tournaient, qui bondissaient, qui se posaient avec un zèle extrême.

La sombre passion brûlait dans tous ces regards. Hommes basanés, femmes barbues luttaient de gestes hardis et d'audacieuses postures.

Cela n'était pas beau, mais un civilisé eût été franchement étonné de ces ardeurs sauvages. La danse a ses férocités.

Sous le hangar enfin, presque toutes les tables étaient servies et bien entourées de convives qui causaient gravement et buvaient à la santé du roi des gueux.

C'était en effet la bienvenue du roi des gueux, saint Esteban. Ce dieu faisait ces loisirs à ses fidèles. Dès le matin, les préparatifs de la fête avaient mis tout en émoi dans la Grandesse. Les cabaretiers et les marchands de potage avaient placé au devant de leurs boutiques des écriteaux annonçant qu'on pouvait boire et manger gratis. Nul n'avait vu le roi depuis la veille au soir.

La maison qu'il habitait, un peu plus grande que les autres, et située à l'extrémité la plus occidentale du Puchero, restait close. Personne n'aurait su dire qui avait transmis ses ordres, car il ne paraissait point avoir d'affidés particuliers parmi les gueux, mais le fait existait : les largesses étaient faites, le vin coulait, l'huile frémissait dans la poêle, la viande fumait et pétillait sur le gril.

Bobazon, le nouveau frère, arriva jusqu'au

Gaspacho, escorté par la procession reconnaissante et par de nombreux fainéants dont elle s'était grossie en chemin. Les deux chevaux étaient déjà au pouvoir des gueux, qui admiraient de bonne foi ces échantillons du pur sang de la montagne. En échange, Bobazon avait les mille réaux dans son goussot.

Escaramujo désormais contemplait son cousin avec un étonnement mêlé de respect. Cette façon de payer sa bienvenue en levant un impôt sur l'ensemble de ces maigres escarcelles prouvait assurément un génie extraordinaire.

Bobazon n'en était pas plus fier. Heureux d'avoir procuré à l'association cette excellente affaire, il allait d'un air bonhomme, songeant à bien dîner, et se demandant par quelle industrie il se procurait la clef des champs au dessert. Escaramujo le suivait comme un chien, disant à tout le monde : « C'est mon cousin ! » Il joua des mains et des coudes pour lui faire une place à la grande table d'honneur qui occupait le centre du Gaspacho.

— Jeune étourneau, lui dit Bobazon d'un ton protecteur, tu mériterais d'être tancé pour avoir voulu railler un homme de ma sorte, mais les souvenirs de famille sont chers à mon cœur... Je te promets un demi-cent de réaux pour ta discrétion, et je ne dirai rien au mari de cette femme moustachue qui a une faiblesse pour toi.

La grande table était fort bien entourée ; tous les pères conscrits de la gueuserie et tous les jeunes tribuns à qui leurs talents précoces avaient conquis une grande importance, étaient là rassemblés. Nous eussions retrouvé là l'élite de nos amis du perron de Saint-Ildefonso : le centenaire Picaros, Gengibre, le maître des ulcères ; Domingo, nègre habile ; le muet Raspadillo, Moscatel, compatriote du saint Esteban ; l'éloquent et noble Manoël Palabros, et enfin Caparrosa, l'orgueil de la confrérie, soit par sa tenue de souffreteux, soit par sa valeur d'homme politique.

Gabacho, chancelant sur ses jambes avinées, répondit du nouvel arrivant, qui était déjà le bienfaiteur de l'association. Les deux chevaux curieux et précieux dont il avait fait hommage à la confrérie étaient en sûreté sous le hangar, où ils mangeaient enfin à leur aise après un si long jeûne.

— O mes amis, dit le sage Picaros, ce que vient de nous apprendre notre frère Caparrosa est grave et doit nous faire réfléchir. Nous vivons dans un malheureux temps et les règles de notre ordre nous obligent à rester en dehors de toutes ces agitations et de toutes ces violences... Nous avons d'ailleurs un chef...

— Je n'ai pas achevé, interrompit Caparrosa d'un air sombre.

— Parle ! parle ! Caparrosa, fit-on de toutes parts.

Bobazon avait déjà la bouche pleine, mais il ne perdait pas une parole de tout ce qui se disait autour de lui. Comme il vit que Caparrosa fixait sur lui ses regards défiants, il lui adressa un sourire amical, sans discontinuer le zélé travail de ses mâchoires.

Caparrosa ne fut point désarmé.

— Nous ne connaissons pas celui-ci, dit-il entre haut et bas.

— Celui-ci te connaît, mon fils, répliqua Bobazon doucement ; celui-ci pourrait te dire combien de réaux tu as reçus ce matin, dans la salle basse de l'hôtellerie de Saint-Jean-Baptiste.

— Un espion ! gronda le jeune gueux qui fronça le sourcil, tandis que l'assistance devenait attentive.

— Non pas ! mais un gaillard qui en sait plus long que toi, mon fils, et qui pourrait gagner le pain de ses vieux jours à révéler seulement ce qu'il a pu apprendre par hasard. Tu parlais du comte-duc... pourrais-tu dire où est présentement sa fille ?

— Sa fille ! répéta Gaparrosa.

— Bien, bien, mon garçon ! Je vois que tu n'es pas ferré sur les événements du jour. Va à l'école si tu veux : les petits enfants t'apprendront la devise qui est autour de l'écu aux trois éperons d'or.

On échangea des regards tout autour de la table. Nous connaissons déjà l'art que possédait Bobazon de parler les langues qui lui étaient inconnues. Il tirait parti de tout.

— Le fait est, dit Raspadillo, que la fille unique du comte-duc a été enlevée aujourd'hui, à l'heure de la sieste, dans la propre litière de son père, portée par deux gitanos que nous connaissons tous : Ismaël et Soliman.

— Pour le compte de qui, mon frère ? reprit Bobazon avec triomphe. Si j'étais un espion, comme le dit ce joli garçon que je porterais à bout de bras autour des remparts de la ville, combien penses-tu que le saint-office me payerait ma journée? Et le ministre combien? Ah! ah! vous ne voulez pas parler devant moi! On conte chez nous l'histoire de cette chandelle qui se cacha sous l'éteignoir, par crainte de la jalousie du soleil. Est-ce le sou de cuivre qui a peur d'être volé par la pièce d'or? Je mange et je bois, mes frères. A bon entendeur, salut!

Ai-je l'air d'un homme qui tombe de la lune? Vous avez un chef, quelqu'un d'entre vous a dit cela. Moi, j'ajoute : Votre chef a peut-être des serviteurs.

— C'est l'homme du saint Esteban! murmura le sage Picaros, qui prit aussitôt une tenue respectueuse.

Le mot courut de bouche en bouche, Gabacho secoua la tête et grommela entre ses dents :

— Je ne l'ai pourtant pas vu à la maison de Pilate.

Bobazon remit de nouvelles provisions sur son assiette, après quoi il but un large coup.

— On vous prie de parler, l'ami, poursuivit-il en s'adressant à Caparrosa d'un ton péremptoire.

— Vous-même, répliqua celui-ci, n'avez-vous rien à nous dire de la part de celui que vous servez?

— Oh! oh! se récria Bobazon, qui eut un rire mystérieux, je sers quelqu'un à ce qu'il paraît. Qui dit maître dit libre, ou je ne sais plus causer en espagnol. S'il se cache, c'est qu'il ne veut pas qu'on le voie. Buvez, mes frères!

Il mettait à profit, avec une adresse infinie, toutes les paroles, tous les demi-mots qu'il avait pu saisir à la volée depuis son entrée dans l'enceinte de la Grandesse.

— Eloignez les enfants et les femmes! commanda Caparrosa.

— Mille onces d'or à qui retrouvera la fille de Guzman, qui est perdue, put dire Maravedi avant d'être poussé hors du Gaspacho; on crie cela autour de l'Alcazar!

Toutes les femmes s'approchent dès qu'on parle de les éloigner. Elles arrivèrent autour de la table comme un flux.

Il y eut bataille. On ne peut pas dire que la force resta du côté de la barbe, car ici la barbe appartenait aux deux sexes, mais ces dames, violemment refoulées, allèrent maudire et danser ailleurs. Quand l'aristocratie de la gueuserie fut isolée suffisamment, Caparrosa reprit avec gravité :

— Qui que vous soyez, mon frère, expliquez-vous; nous vous écoutons.

Il n'y avait pas là une paire d'oreille qui ne fût avidement ouverte.

Bobazon eut pour la seconde fois son sourire énigmatique et moqueur.

— Mille onces d'or, commença-t-il en baissant la voix, à qui retrouvera la fille de Guzman, qui est perdue. On crie cela autour de l'Alcazar. Si je voulais...

— Si vous vouliez... fit Caparrosa, dont l'œil cave lança un éclair.

Et tous se dirent les uns aux autres :

— S'il voulait...

Ceux-là sont crédules entre tous qui vivent de supercherie et de mensonges.

Bobazon laissa la cupidité passionnée se peindre

sur tous les visages, puis il reprit en baissant la voix, comme s'il eût parlé seulement pour lui-même :

— Mais l'arrêt prononcé doit s'accomplir !

— Quel arrêt? murmura-t-on autour de la table.

En vérité, ils n'osaient plus interroger tout haut. Ce nouveau venu dépassait les assistants de toute la tête.

Il fit mine de chasser tout à coup son rêve, et reprit :

— Elle est noire, n'est-ce pas, la litière de Son Excellence le comte-duc?

— Toute noire?

— Je suis étranger, mes frères... Il m'est permis de demander si, dans Séville, les ministres du roi ont coutume de se faire porter par des jeunes filles?

— Il sait tout! gronda Caparrosa.

— Il sait ce que vous ne savez pas, mes frères. Les morts vont et viennent dans votre ville. Avant de servir à l'enlèvement de la fille de Guzman, la litière de Guzman a porté un fantôme. J'ai vu deux anges aux longs cheveux tenir les brancards, et j'ai vu la face livide du spectre.

— C'était enfin un corps mort que la litière contenait quand elle est rentrée à l'Alcazar, murmura Caparrosa... Il sait tout!

— J'étais présent, ajoua Gengibre : le corps du pauvre Echadiz, qui fut pendu, voilà quatre jours, pour avoir mal parlé du comte-duc.

— Et que diable tout cela veut-il dire? s'écria Nestor Picaros, perdant plante et patience au milieu de ce bourbier d'énigmes.

— Cela veut dire, répliqua un nouvel arrivant, Mazapan le paralytique qui accourait à grands pas incertains et avinés, cela veut dire qu'Esteban d'Antequerre a enfin découvert le vrai nom de sa noble famille. Il avait été enlevé par des pirates de Tanher dans sa toute petite enfance, un jour qu'il jouait à la fossette sur le bord de la mer, de l'autre côté de Xerez... Demandez à cet ivrogne de Gabacho, qui vient de déjeuner avec moi à la table du duc de Medina-Celi !

— Ce malheureux est ivre? dit Caparrosa avec dédain.

Bobazon était déjà tout oreilles.

— Toi, Mazapan! fit-on de toutes parts, tu as déjà déjeuné à la table du bon duc?

— Et toi aussi, Gabacho?

— Ce n'est pas moi qui ai trahi le secret, prononça ce dernier avec gravité. Pensez-vous qu'un homme tel que moi soit déplacé à la table d'un grand d'Espagne?

Mazapan saisit le flacon.

— Voilà un duc! balbutia-t-il; il m'a demandé des nouvelles de l'infante.

L'infante était la Brigida de Mazapan.

— Et quel vin! reprit le faux aveugle avec attendrissement. Il a demandé aussi des nouvelles de Brigida... où est-elle la Brigida? Ce n'est pas moi qui ai trahi le secret!

Il voulut boire, mais il avait trop bien employé son temps, sa main lâcha son verre; Mazapan le poussa rudement et l'envoya dormir sous la table. Il prit sa place; avant de s'endormir lui-même du lourd sommeil de l'ivresse, il dit avec emphase :

— Soyons discrets, cela vaut de l'or. Le duc de Medina-Celi est Esteban d'Antequerre.

VIII

AUX ARMES !

Bobazon ne connaissait ni le duc de Medina-Celi ni Esteban d'Antequerre ; Bobazon était tout uniment un fils obéissant, qui suivait les conseils de son père.

Il marchait avec un sang-froid héroïque dans ce sentier tout semé de broussailles où le hasard l'avait jeté. Il écoutait, il observait, il plaidait le faux pour savoir le vrai, selon l'expression proverbiale. Il tâchait, en un mot, de savoir pour vendre de suite sa science. Sa vocation, nous l'avons dit, était de battre monnaie par tous moyens et à tous prix.

La conspiration se promenait aujourd'hui dans Séville à visage découvert. Dix fois, depuis le matin, Bobazon l'avait rencontrée. Son tort était de penser qu'on pût gagner de l'argent à vendre une conspiration si naïve et si bonne fille.

Son tort était de ne point savoir que, derrière ces conspirations qui passaient, il y a presque toujours d'autres conspirations, — les vraies, — marchant dans l'ombre, celles-là, résolues, voilées, muettes.

Nous le trouvons déjà bien assez habile pour un

balourd du fin fond de l'Estramadure. Laissons-le se faire aux bonnes habitudes des villes, et sans doute il acquerra de l'usage.

Sa force était dans son imperturbable faculté de mentir. Parmi les honnêtes gens, la franchise est la meilleure et la plus sûre de toutes les diplomaties. A Séville, sous Philippe le Grand, chez les gueux et aussi ailleurs, le mensonge était une valeur.

Bobazon trompait par instinct, comme les autres boivent, mangent ou respire; il ajoutait à ce talent naturel la bonne et belle pesanteur, la gaucherie, la simplicité de cet âge d'or qui continue de florir dans les campagnes: il couronnait le tout par un égoïsme villageois robuste, ample, épais, c'était un gaillard bien armé.

L'assemblée des gueux était montée à un certain diapason. Il y avait agitation parmi les hôtes de la Grandesse, d'ordinaire si paisibles et si prudents. Bien des dames-jeannes avaient été vidées. Depuis quelques semaines, d'ailleurs, le vent soufflait aux aventures. Nous avons vu, sur le parvis de Saint-Ildefonse, l'élite de la confrérie barrer le passage aux alguazils et protéger la fuite de Mendoze conduit par le marquis de Pescaire.

Le grand Gafedado eût blâmé cela.

Il est certain, en outre, que, depuis la veille, Séville tout entière était dans un courant de bizarres événements. Les nouvelles les plus incroyables allaient et venaient; le pouls de la cité battait la fièvre.

Les gueux participaient à ce trouble de la santé

politique ; ils avaient de plus leur fièvre particulière : la menace d'expulsion suspendue sur leurs têtes et leurs franchises abolies ; ce n'était pas l'envie de se révolter qui leur manquait ; ils eussent voulu seulement se révolter à couvert et faire une guerre où l'on ne fût point obligé de se battre.

Malgré leur excitation et malgré l'habitude qu'ils prenaient, bien malgré eux, de ne plus s'étonner de rien, les paroles de Mazapan produisirent sur eux un effet extraordinaire.

— Le duc de Medina-Celi est Esteban d'Antequerre ! avait dit le paralytique.

Chacun savait que Mazapan, Gabacho et d'autres qui n'étaient point encore revenus avaient été mandés, ce matin, dans la maison de Pilate.

— O mes frères ! s'écria le premier picaros ; dans tout le cours de ma longue carrière, je n'ai rien vu de pareil.

— Que croire ?... commença Caparrosa.

Notre Bobazon l'interrompit d'un geste fier, et dit avec son sourire le plus important :

— Vous aurez bien d'autres surprises avant qu'il soit peu, mes maîtres... Moi, je savais cela depuis longtemps.. Mangez et buvez : nul ne peut dire si nous ne faisons pas ici notre dernier repas.

Escaramujo commençait à prendre de l'orgueil en songeant que ce remarquable personnage était son pays et son cousin. Du reste, Bobazon prêchait d'exemple. Il avalait les morceaux en double et caressait à chaque instant son verre.

Ce n'est pas qu'il fût sans inquiétude, il sentait

parfaitement qu'autour de lui s'agitaient des menaces dont il n'avait point le secret, mais la position qu'il prenait le mettait à l'abri des vulgaires surveillances, et il espérait, en payant d'effronterie, franchir aisément la barrière qui le séparait de la liberté.

— Si Medina-Celi est Esteban d'Antequerre, reprit-il la bouche pleine, Esteban d'Antequerre est Medina-Celi... comprenez-vous cela?

— Pas le moins du monde, répliqua Picaros, ou que le ciel me punisse!

— C'est pourtant bien simple, fit Escaramujo qui éprouvait le besoin de soutenir son illustre parent à tout hasard.

Bobazon le regarda en face et dit gravement :

— Si tu comprends, parle, je te le permets.

Escaramujo, confus et pris à l'improviste, balbutia quelques mots inintelligibles.

— Apprends à respecter ceux qui sont au-dessus de toi, lui dit Bobazon avec sévérité. — Qui d'entre vous a vu le Saint-Esteban?

Tous nos gueux du parvis Saint-Ildefonso répondirent par l'affirmative. Ils l'avaient escorté la veille au soir, en grande pompe, depuis la place de Jérusalem jusqu'à l'Eldorado. Ils l'avaient installé dans la maison du roi, avec tous les honneurs dus à sa haute dignité.

— Quels ordres vous a-t-il donnés? demanda encore Bobazon.

— Ordre de chercher partout dans Séville, répliquèrent en même temps Raspadillo et Moscatel, un jeune gentilhomme du nom de Ramire de Mendoze.

Bobazon contint un mouvement de surprise. Pour lui, l'énigme se compliquait.

— J'ai eu ce Ramire de Mendoze à mon service, dit-il cependant sans rien perdre de son assurance ; le saint Esteban savait-il que les munitions de guerre sont à la barbacane ?

— Silence ! fit Caparrosa effrayé.

— La paix, toi-même, jeune homme !... Il est enfin temps que nos frères soient instruits de ce qui les regarde.

Il y eut un grand tumulte autour de la table, les gueux voulaient savoir. Un autre tumulte sembla répondre du dehors, au moment précis où notre Bobazon eût été fort embarrassé pour compléter ses révélations. La foule qui remplissait le puchero s'agita soudain en tous sens, les bannières balancées flottèrent, tandis qu'un cri unanime montait vers le ciel.

— Au saint Esteban ! au saint Esteban !

Le jour allait baissant. La masure qui portait le nom de Maison du Roi venait de s'illuminer, annonçant ainsi, nous ne dirons pas le retour, mais la présence du lama de la gueuserie. De même que personne ne l'avait vu sortir, nul ne pouvait affirmer qu'il était rentré : sa demeure donnait signe de vie, et cela suffisait pour que la ferveur de ses sujets éclatât en bravos et en acclamations de toute sorte.

La foule se porta immédiatement vers cet alcazar vermoulu, tandis que l'aréopage du Gaspacho entourait notre Bobazon et le sommait de compléter ses révélations. Mais il n'eut pas besoin de se mettre en frais d'astuce, les diversions lui tombaient, Dieu merci ! de toutes parts.

Une fanfare, sonnée par des trompettes, retentit avec fracas du côté de l'ancien pont-levis et domina du premier coup les clameurs de la foule.

En même temps un bruit sourd et lointain arriva de la ville. Ce n'était pas le tonnerre, car les étoiles commençaient à briller sur toute l'étendue du ciel pur.

— On se bat déjà ! murmura Caparrosa tout blême.

— Des décharges de mousqueterie ! ajouta Domingo qui avait été soldat.

Bobazon se sentit venir la chair de poule. On naît diplomate. La guerre n'était point son fait.

— O mes amis ! s'écria d'un ton dolent le centenaire Picaros, avons-nous vu le dernier de notre confrérie ?

Quelques-uns appelèrent aux armes d'une voix tremblante.

La fanfare prolongeait ses notes batailleuses. On voyait briller le cuivre des clairons à la lueur de six torches qui précédaient une troupe de soldats de la garde. Derrière les soldats, une nuée noire d'alguazils se montrait.

Rendons justice aux alguazils : ces fonctionnaires ne semblaient pas beaucoup plus rassurés que les gueux.

Bobazon tremblait, il est vrai, mais il était de ceux qui gardent leur présence d'esprit dans la peur. Depuis le commencement de la bagarre il avait l'œil au guet, cherchant un trou où se cacher. En cherchant il put voir quelque chose d'étrange. Un élément nouveau s'introduisait peu à peu dans la cohue épouvantable des mendiants de Séville. Cela se faisait sans bruit, et les membres de la confrérie eux-mêmes ne s'en doutaient point, occupés qu'ils étaient de leurs terreurs.

Les nouveaux venus étaient généralement des gens de forte taille, portant feutres rabattus et vastes manteaux. Ils allaient par groupes de trois à quatre. Partout où ces groupes passaient, les lumières s'éteignaient. Ils arrivaient de différents côtés et se massaient à mesure aux quatre angles du hangar.

Les soldats du roi s'arrêtèrent à une vingtaine de pas du Gaspacho. On vit les alguazils déborder à droite et à gauche, puis la colonne s'ouvrit, livrant passage à un homme à cheval, revêtu du costume des magistrats de l'audience andalouse.

La lumière des torches, qui seule désormais éclairait la place, frappait d'aplomb sa face jaune et bilieuse.

La physionomie de cet homme rentrait dans le caractère général que nous avons essayé de faire ressortir. Cet homme avait peur.

Il était connu, car son nom, répété à voix basse, fit le tour de la place.

— L'oïdor Pedro Gil! murmura le premier, Caparrosa stupéfait.

— L'ancien intendant de Medina-Celi!

— L'âme damnée du comte-duc.

Les trompettes firent silence.

Un second cavalier, qui portait sur son pourpoint noir une écharpe rouge et or, fit caracoler sa monture et vint se placer au devant de Pedro Gil.

— Édit royal! prononça-t-il d'une belle voix de basse-taille, en agitant au-dessus de sa tête un parchemin auquel pendaient des lacs de soie.

— Oh! oh! cria Maravedi, et ce fut la première parole de résistance, voici le gros boucher Trasdoblo devenu héraut de Sa Majesté! Dépêce-nous l'édit royal, maître tueur de moutons!

Quelques rires timides s'élevèrent, poussés par des enfants et des femmes. Les hommes n'étaient point en humeur de plaisanter.

— « Au nom du roi! mugit Trasdoblo sur un signe de l'oidor, — considérant que les mendiants, vagabonds des deux sexes, gens sans aveu, non soumis à l'impôt, bouches inutiles et fainéants de toute sorte, réunis en association, sous le nom de gueux de la confrérie andalouse, se seraient portés hier à des actes de rébellion contre notre autorité royale, brisant des poteaux à nos armes et souillant de boue les pancartes revêtues de notre souverain sceau ;

« Considérant que ladite association, tolérée trop longtemps par notre clémence, accueillait ainsi par un séditieux mépris un acte de miséricordieuse longanimité ;

« Par l'avis de nos conseillers ordinaires et sous l'approbation des membres du très saint-office :

« Ordonnons auxdits mendiants, vagabonds, etc., se donnant à eux-mêmes la qualification de gueux, à leurs femmes, à leurs enfants et généralement à tous ceux qui, vivant de l'aumône, ne pourront pas justifier d'une incapacité réelle et radicale de faire usage de leurs corps pour un travail utile, de vider, dans les six heures qui suivront la proclamation du présent édit, les lieux par eux occupés dans l'enceinte de notre cité très loyale et très héroïne... »

Un violent murmure interrompit ici le héraut Trasdoblo, Bobazon, profitant de ce mouvement, se glissa prestement vers la force armée, afin d'offrir ses loyaux services à l'autorité.

Pedro Gil commanda aux clairons de sonner une fanfare; mais au moment où ses hommes approchaient leurs instruments de leurs lèvres, une fusillade vive et bien nourrie retentit aux portes mêmes de l'Eldorado.

— O mes amis! s'écria Picaros, on veut nous exterminer!

— Nobles seigneurs! fit Bobazon, qui étendit ses deux bras vers l'oïdor, je ne suis pas avec ces misérables... ils m'avaient privé traîtreusement de ma liberté!

— Un coup d'espingole à cet audacieux bandit! ordonna Pedro Gil, croyant à une attaque. Le soldat qui était le plus proche de lui obéit et mit en joue. Bobazon tomba aussitôt foudroyé, non par l'explosion de l'arme à feu, mais par la frayeur.

Le coup partit cependant. Les balles du tromblon se dispersant en éventail, frappèrent çà et là quelques victimes. Une lueur s'alluma dans la nuit; un coup de mousquet sembla faire écho à l'espingole, et le soldat roide mort aux pieds de Pedro Gil. En même temps, un concert d'effroyables clameurs, mêlées d'explosions et de bruits de ferraille, se fit entendre à la fois vers la ruelle par où Bobazon avait pénétré dans la Grandesse et vers l'ancien pont-levis qui avait livré passage à Pedro Gil. C'était un luxe de cliquetis comme cela se fait au théâtre, pour figurer une bataille.

Et de toutes parts on criait maintenant :

— Aux armes ! aux armes ! Il y avait, en vérité, des gueux que tout ce fracas et toute cette fumée de poudre avaient émoustillés. Raspadillo brandissait un broc vide en poussant par habitude les cris inarticulés qui composaient son rôle muet.

Domingo avait trouvé une épée : don Manoël Palabras, drapé dans sa souquenille, prenait tour à tour les plus nobles poses et prononçait des discours qui n'étaient pas entendus. Il parlait de mourir en gentilhomme, comme il avait vécu.

Maravedi, Barbilia, Conejo et les autres enfants, braves comme l'ignorance du danger, se faisaient arme de tout et harcelaient déjà les soldats. Les femmes, plus vaillantes encore que les enfants, se massaient au premier rang, défiant et insultant les envahisseurs de leurs foyers.

Les hommes à chapeaux rabattus et à longs manteaux bruns se tenaient immobiles et silencieux.

— Victoire ! criait-on du côté de la ruelle ; à mort le comte-duc !

Du côté du pont-levis :

— La ville est à nous ; les fueros et la reine !

Auprès de l'oïdor Pedro Gil se tenait un soldat de haute taille, dont le feutre à plume noire encadrait un pâle et sévère visage. Depuis le moment où la fanfare avait éclaté pour la première fois, celui-là n'avait pas prononcé une parole. Vous

oussiez dit une statue, sans le rayon de feu qui
luisait dans son œil. Une barbe longue et noire,
où la lueur des torches éclairait quelques poils
blancs, couvrait le bas de sa figure. Quand les
cris de « vive la reine! » commencèrent à se faire
entendre, ce soldat eut un sourire.

— Regagnons la porte, dit Pedro Gil; haut les
torches! notre besogne est finie.

— Je crois plutôt qu'elle commence, ami oïdor,
murmura le soldat.

Un flot tumultueux se pressait, en effet, entre le
Gaspacho et le pont levis.

— Dans quel guêpier nous sommes-nous fourrés! grommela l'oïdor, dont les regards cherchaient à percer l'obscurité; je ne vois ici personne des nôtres.

— Holà! les gueux! cria un grand gaillard vêtu
théâtralement, et qui, sortant des rangs de la
foule, s'élança d'un bond jusque sur la table, des
mouquets, des espingoles! j'ai derrière moi douze
cents bons garçons qui suivront leur Cuchillo
jusqu'à la mort!

— Vive Cuchillo! vive notre Cuchillo! clama
la cohue.

— Bien, mes amis! bien, mes enfants! Si je
voulais, ils feraient de moi un roi d'Espagne.

— Veux-tu être roi, Cuchillo?

— Non, mes mignons, j'aime mieux mon métier... Vive le roi Philippe! A bas son ministre!
qui a voulu me chasser de Séville, moi, l'amour
des braves Andalous.

— Vive le roi! A bas le ministre!

Cette autre foule qui arrivait par la ruelle, du

côté de l'hôpital, était maintenant en vue. Elle se composait de gitanos en guenilles, de pêcheurs, de portefaix qui se ruaient, criant :

— Bragance! Sandoval! La reine!

— Nous avons bu l'argent de France et d'Angleterre!

— A mort les perroquets du roi!

— Les fueros! A l'Alcazar! nous partagerons le trésor royal!

Bobazon se rapprocha instinctivement de celui qui avait émis cette idée ingénieuse.

— Par mon patron! l'ami, dit-il; tu es un bon Espagnol; je m'attache à ta fortune!

Le portefaix à qui Bobazon s'était adressé lui serra la main de confiance.

— Est-ce que tu sais pourquoi nous sommes ici, toi, pataud? lui demanda-t-il.

Mais un tapage assourdissant se fit :

— Trahison! trahison!

— Les miquelets entourent la Grandesse.

— On nous a pris ici comme dans une souricière!

— Des armes! des armes!

L'accompagnement de ce tumulte consistait en de sourdes rumeurs qui allaient et venaient, coupées par de lointaines détonations.

On se battait, mais où? mais qui? mais quel était le but de cette révolte? ses chefs, ses soldats?

En France, le cardinal Richelieu repoussait énergiquement toute solidarité avec les rebelles catalans qui formaient le noyau des ennemis domestiques du gouvernement de Philippe IV; en

Angleterre, le duc de Buckingham désavouait les prétendus agents qui attisaient, à l'aide de belles et bonnes guinées, les discordes de la péninsule ; en Portugal, Jean de Bragance, roi chevaleresque et conquérant de sa couronne, eût dédaigné assurément de semblables menées.

En Espagne, enfin, les Sandoval, éloignés de tout courant politique, vivaient dans une retraite absolue ; la reine Elisabeth de France, consolée des enfantines infidélités de son seigneur et maître, ne songeait point, nous l'affirmons, à élever drapeau contre drapeau.

Le peuple... on peut dire qu'en Espagne surtout le peuple n'était pas né aux passions de la vie politique. Le mot révolution ne s'appliquait qu'aux curiosités de l'histoire grecque ou romaine. Le peuple ne savait ni ne voulait.

Il n'y avait donc point de prétendant ; ni prétendant en chair et en os, ni peuple qui eût la volonté de s'affranchir.

Chose bizarre ! à toute révolution il faut cependant un drapeau.

Chose grave ; à cette échauffourée peut-être ne manquait-il qu'un drapeau pour devenir un ouragan politique, renversement, cataclysme.

Nous savons d'avance le secret de la comédie. Nous savons que tout un écheveau d'intrigues personnelles, aveugles, puériles, grossièrement ineptes, effrontément égoïstes, étendait son réseau sur ce pays novice et vierge encore de toute résistance.

Nous savons que l'étranger travaillait la passion publique à l'aide d'agents de bas ordre, faciles à désavouer dans l'occasion; nous savons que les haines de cour étaient violemment excitées, et qu'il y avait sous jeu de ces bonnes vengeances castillanes, patientes, sauvages, implacables et insatiables.

Nous savons, en outre, que le ministre était abhorré universellement, et qu'il avait pour système de ne reculer devant rien pour se maintenir au pouvoir.

Peut-être n'était-il pas inutile de remettre le lecteur en présence de ces faits pour qu'il pût comprendre le mécanisme de cette bagarre, où tout est en dehors de nos mœurs, où rien ne s'explique par des motifs ou des passions qui soient nôtres.

Toute cette foule composée d'éléments hétérogènes, venait là poussée par des colères légitimes, mais aveugles. Le levain des mauvais conseils fermentait; l'or travaillait; les mesures perfides, prises par le comte-duc à l'instigation de Moghrab, étaient tombées comme un flot d'huile sur un incendie allumé déjà.

De toutes parts les récriminations se croisaient: l'impôt augmenté, les lieux de plaisir fermés, les tréteaux abattus, les gueux chassés de leur capitale, n'était-ce pas assez pour chauffer l'émotion générale jusqu'au transport?

Séville, en ce moment, ne songeait plus au titre de *cité très loyale* qui la rendait jadis si fière; son peuple et ses bourgeois dansaient à l'envi le branle tumultueux de l'émeute.

Le comte-duc triomphait, dès le début, de cette foule qui poussait contre lui des cris de mort.

Il y avait déjà du sang dans la poussière, mais

ce sang inerte ne criait pas vengeance. Aucune solidarité n'existait entre ces hurleurs qui brandissaient leurs armes ou enrouaient seulement leurs larynx comme on fait un métier. Les blessés se plaignaient sans écho; les morts, car deux ou trois morts étaient couchés çà et là dans la poudre du Puchero, n'excitaient aucun souci.

Le sentiment général était une excitation curieuse et fiévreuse. On ne savait quoi.

Cette attente et cette curiosité dominaient en ce moment la terreur même de nos gueux. Ils reprenaient courage et montaient sur les bancs afin de voir. Ç'aurait pu être une armée par le nombre et par la force, ce n'était qu'un troupeau.

A voir la multitude de têtes qui se montraient successivement, sortant de dessous les tables, on pouvait mesurer la valeur morale de cette cohorte où les femmes seules et les enfants avaient bravé la bourrasque à visages découverts.

Les gens du roi, conduits par l'oidor Pedro Gil, n'essayaient point de se dégager, bien qu'une double et formidable masse les séparât des deux issues : c'étaient tous de vieux soldats mercenaires à tournures de bandits. En faisant usage de leurs armes, ils auraient opéré une trouée en un clin d'œil.

Mais de même que l'émeute n'attaquait point, se bornait à pousser des cris épouvantables et à décharger çà et là quelque vieille espingole en l'air, de même aussi le seigneur Pedro Gil ne semblait point disposé à se mettre en défense.

Des deux parts on avait fait son devoir : c'était besogne accomplie; il ne restait plus qu'à se croiser les bras.

Tout à coup, les diverses couches amies ou ennemies qui composaient la cohue se prirent à osciller comme une mer. Quatre énormes charrettes venaient d'entrer dans le Puchero par l'ancien pont-levis. Elles étaient conduites par des paysans à la mine sombre, des femmes déguisées en villageois. En apparence, elles ne contenaient que de la paille, mais personne n'y fut trompé, car le pillage commença aussitôt.

Cuchillo, agile comme un tigre, s'élança d'un bond sur la roue de la première charrette et en atteignit le sommet. En un clin d'œil les bottes de paille furent dispersées, laissant à découvert l'acier des mousquets et des tromblons.

— Approchez, Andalous libres et vaillants! s'écria-t-il : voici de quoi conquérir toutes les Espagnes!... Qui veut être armé chevalier de la main de Cuchillo, le brave des braves?

— Moi, moi, moi! répliquèrent mille voix.

Pedro Gil se tourna, plus pâle qu'un mort, vers ce soldat à la taille héroïque qui était derrière lui.

— Moghrab! murmura-t-il, est-ce toi qui a fait cela?

— Oui, répondit le soldat.

— Pour qui donc travailles-tu?

— Laissez faire, prononça froidement l'africain, dont le geste péremptoire annonça qu'il ne donnerait pas d'autre explication.

— Si tu m'as entraîné dans un guet-apens, gronda Pedro Gil, malheur à toi! Clairons, sonnez! il est temps de faire retraite.

Moghrab croisa ses bras sur sa poitrine. Il

regardait d'un air à la fois curieux et calme le pillage des armes.

— Ces ours vont-ils mordre quand ils se sentiront des dents ? fit-il en se parlant à lui-même.

Sa main levée arrêta les clairons qui allaient exécuter l'ordre de l'oidor.

— Attendez ! dit-il en s'adressant à ce dernier, dont la terreur arrivait à son comble, nous jouons ici la grande partie... Votre main tremble, c'est à moi de tenir le jeu !

L'aspect de la foule avait changé ; les craintes de l'oidor n'étaient point chimériques. Au milieu des incidents grotesques qui marquaient la distribution des armes, on sentait poindre dans cette populace je ne sais quel sentiment de virilité.

L'arme fait l'homme souvent, comme l'habit fait le moine, en dépit du proverbe. Ces cliquetis de fer qui grinçaient parmi les rires et les huées faisaient vibrer dans ces poitrines des fibres inconnues. Ce n'était pas encore du courage, c'était déjà de la férocité. Pêcheurs, portefaix, gitanos étaient travaillés depuis longtemps déjà par une sourde propagande, depuis si longtemps que d'elle on ne prenait au sérieux que ses réaux.

Tous ces pauvres gens, qu'ils travaillassent un petit peu pour vivre ou qu'ils se livrassent à quelqu'une de ces mille industries, espagnoles par essence, qui résolvent le problème de la végétation humaine dans l'oisiveté parfaite, pouvaient être considérés comme ayant atteint la suprême période de la démoralisation politique.

Rien n'avait pu tendre en eux la corde du patriotisme. Ils ne savaient pas ; nul précédent ne leur avait fait une expérience. Ils allaient à l'aveugle, croyant jouer ceux qui les payaient.

Les clameurs se faisaient plus mâles. Cuchillo, avec sa taille d'athlète, semblait un demi-dieu, à la lueur des torches. Par saint Jacques ! ceci n'est pas plus extraordinaire que bien d'autres choses : ce Cuchillo eût fait un beau roi d'Espagne !

Et nos gueux ! ces proscrits qu'on venait de chasser de Séville, ces poltrons floffés à qui le son des trompettes faisait venir la chair de poule, il fallait les voir se draper dans leurs guenilles et s'essayer de bonne foi aux plaisirs de la rodomontade ! Ils avaient cru les mousquets plus lourds à porter que cela, ils se voyaient trois ou quatre mille vagabonds contre une cinquante de miquelets.

Chacun d'eux se disait : On pourra toujours se mettre derrière quelqu'un. Dans certains cas, c'est là le courage.

Escaramujo avait un mousquet ; la Brigida le regardait d'un air attendri. Caparrosa avait une espingole. La plus barbue de toutes les nymphes de la Grandesse, une Galicienne connue sous le nom de l'Infante, et qui avait l'honneur d'être l'épouse légitime de Mazapan, protégeait depuis six mois la faiblesse de Caparrosa. La forte Brigida n'était qu'une caillette auprès de l'Infante. L'Infante eut des larmes dans les yeux en voyant son favori, malgré son sexe et sa jeunesse, supporter le poids d'une arme si lourde.

— Je te ferai un rempart de mon corps ! lui dit-elle.

Gabacho, réveillé, Mazapan, dégrisé, faisaient l'exercice; Picaros, en dépit de son grand âge, secouait un tromblon de taille colossale. Don Manoël Palabras n'avait qu'un pistolet, mais son ami Gingibre manœuvrait une arquebuse à fourche qui semblait un canon de rempart.

Bobazon s'était fait distributeur de tonnerres. Sa politique consistait à se mettre sans cesse en avant pour arriver le premier aux portes par où l'on peut sortir. Après avoir offert franchement ses services à l'autorité, il servait la révolte du meilleur de son cœur. Cuchillo l'avait déjà distingué dans la foule et lui adressait de temps en temps d'amicales félicitations.

— Holà! Domingo! beau blond, dit Cuchillo en sautant bas de la charrette, où il ne restait plus rien que de la paille, tu dois être le palefrenier du roi des gueux! Amène-moi un cheval! je veux monter un superbe coursier pour mener tous ces braves soldats à la victoire!

— Je suis un homme libre, toréador, répondit le nègre, et non pas un histrion tel que toi!

— Pas de querelle, ô mes enfants! conseilla Picros.

— Micaja est digne d'être montée par un connétable, s'écria Bobazon, et Pepino vaut mieux encore que Micaja!... Noble Cuchillo, je les ai amenés tous deux de l'Estramadure, et je vous les offre de grand cœur!

— Tu nous les a vendus, estremeno! acclamèrent les gueux.

— En ces circonstances solennelles, répliqua

Bobazon, le bien de chacun est à tous... Tenez, général.

— Il offrait déjà la bride de Pepino au toréador, ajoutant à part lui :

— Si les gens du roi reprennent le dessus, je dirai : « Voyez quelle bête fourbue et boiteuse j'avais fournie à ce brigand, afin qu'il se cassât le cou ! »

— Vive Cuchillo ! hurla un cœur formidable, dès que la tête du toréador parut au-dessus de la foule. Il se pavana un instant sur sa monture, heureux et glorieux comme tous les comédiens qui parviennent à jouer un bout de rôle hors du théâtre ; puis, enflant sa voix, il commanda :

— En bataille, sur deux lignes ! Les pêcheurs et les portefaix au premier rang ! les gueux ensuite ! le reste à l'arrière-garde !

— Vive Cuchillo ! clama la cohue.

Bobazon enfourcha gaillardement Micaja. Il s'était donné à lui-même un brevet d'aide de camp aussi valable que celui de son général en chef.

Celui-ci était serré de près par son armée enthousiaste.

Il avait un terrible succès. L'énorme Infante l'admirait ; oubliait pour lui Escaramujo.

La plus belle moitié de la corporation des gueux partageait les impressions de ces deux fortes femmes. Les hommes, battaient des mains, criant victoire par avance, et les enfants poussaient d'aigres clameurs.

Au commandement de : En avant ! marche ! lancé par Cuchillo et répété officieusement par

Bobazon, toute cette masse hétéroclite se prit à moutonner comme une mer agitée. Le général, emporté par le flot, avait grand'peine à garder les arçons. Tout le monde se précipitait à la fois vers l'ancien pont-levis, qui était l'issue la plus large.

— Où allez-vous? demanda tout à coup une voix métallique et vibrante qui domina le tumulte comme un son de cor.

Chacun s'arrêta court, car personne ne s'était adressé cette question. Cuchillo lui-même tourna sa belle tête insolente vers l'endroit d'où la voix était partie. Il aperçut le groupe des gens du roi, auxquels, en vérité, il ne songeait déjà plus.

— Parbleu! s'écria-t-il, nous allions oublier cette séquelle!

Ces personnages à longs manteaux bruns, dont nous avons déjà parlé plusieurs fois, formaient maintenant un groupe serré derrière les soldats. Ils étaient toujours immobiles et muets. Ils reculèrent de quelques pas, en voyant Cuchillo piquer droit à l'escorte de l'oidor.

Celui-ci, plus mort que vif, balbutiait :

— Qu'as-tu fait, Moghrab? imprudent ou traître, tu as attiré sur nous la colère de ces sauvages!

Moghrab, puisque c'était lui, sous ce costume de miquelet qui faisait ressortir les robustes beautés de sa stature, se plaça sans mot dire au-devant de l'escorte. Cuchillo arrivait, souriant, mais le sabre levé.

— Allons! gueux, mes amis, disait-il; ceux-ci étaient venus pour vous chasser de chez vous... je vous les donne.

— Seigneur Cuchillo, fit Pedro Gil qui tira son

épée d'une main mal assurée, ne me reconnaissez-vous point ?

— Je te connais pour un coquin, oidor! répliqua le coureur de taureaux ; pour un espion adroit, pour un menteur effronté! Sus! les gueux!... Je vais frapper le premier coup!

Il brandit son sabre. Moghrab fit un pas et le prit par la jambe. D'un geste violent il le jeta à bas de son cheval.

— A mort! à mort! vociféra la foule.

Cuchillo se releva furieux et revint d'un bond sur le prétendu soldat, qui ne prit pas même la peine de dégainer. Il évita le choc du toréador, et l'envoya rouler à dix pas dans la poussière.

Bobazon crut devoir aussitôt vider les étriers. Il ne lui plaisait plus de rester en vue, du moment que les cartes se brouillaient ainsi.

— A mort! à mort! répétait la cohue, qui avait ouvert un large cercle autour du soldat.

Celui-ci repoussa Pedro Gil, qui cherchait à le retenir en lui disant à l'oreille :

— Moghrab! Moghrab! ne les irrite pas!

Il vint se poser au milieu du cercle.

— Or çà, grotesques, reprit-il de cette voix sonore et tranchante qui se faisait entendre par dessus tous les bruits, quelle comédie pensez-vous jouer ce soir?... Depuis quand les marionnettes entrent-elles en danse avant que la main du maître n'ait tiré leurs fils? Avez-vous oublié le prix payé et les clauses du marché? A votre compte l'argent vous tombait-il des nuages? Vous êtes un nombreux troupeau, et cela vous donne de l'orgueil ; mais combien faut-ils de chiens de berger pour mener des milliers de moutons, et combien de loups pour les étrangler?

Il fit un signe. Les soldats du roi se mirent bruyamment au port d'armes. En même temps, un faisceau d'étincelles partit du coin où s'étaient réunis ces inconnus à manteaux sombres et à larges feutres rabattus.

C'étaient les feux d'une vingtaine de longues rapières dégainées toutes à la fois.

— Voilà ce que j'appelle un digne seigneur! s'écria Bobazon; ne vous le disais-je pas tout à l'heure, mes bons frères? Vous ne voyez pas plus loin que le bout de votre nez!

— Ici! fit l'Africain, comme s'il eût parlé à un chien.

Bobazon, flatté de cette distinction, se hâta d'approcher.

— As tu vu ton jeune maître? lui demanda Moghrab tout bas.

— Son fantôme... seigneur... commença Bobazon.

— La paix! cherche-le. Tu seras récompensé si tu le trouves... Quand tu l'auras trouvé, tu lui diras : « Il vous est ordonné, de la part de ceux qui ont droit sur vous, de ne point vous mêler de tout ceci! »

— Il suffit, seigneur, répliqua Bobazon, qui s'inclina humblement.

Il avait pu reconnaître, cette fois, le sorcier de la maison du forgeron dans la rue de l'Infante.

La foule, cependant, restait abasourdie de la double mésaventure de Cuchillo, son héros. Les divers éléments qui la composaient ne demandaient pas mieux que de mettre bas les armes. Les velléités belliqueuses de ce troupeau, comme Moghrab l'avait si bien désigné, n'avaient jamais été bien sincères. On commença à entendre de tous côtés des paroles de capitulation.

— Qu'on nous laisse en repos, disaient les gueux, nous sommes des gens de paix !

— O noble guerrier ! ajouta le sage Picaros dans son style le plus doucereux, nos règlements, respectables par leur antiquité, nous défendent de prendre les armes... Si le grand Gafedado revenait à la lumière, il nous blâmerait sévèrement.

— Qu'on ne nous fasse point de mal ! interrompirent les pêcheurs, baladins, portefaix et gitanos ; nous regagnerons nos maisons.

— Et l'argent reçu, misérables ! s'écria Moghrab ; nous ne sommes pas ici pour vous arrêter, mais pour vous conduire. Mort et sang ! le premier qui recule sera pendu haut et court, c'est moi qui vous le dis !... Que tous ceux qui ont le mot d'ordre sortent des rangs !

Ils furent cinq ou six à obéir : Caparrosa pour les gueux, Cuchillo pour les baladins, Ismaïl pour les gitanos, etc.

— Ce n'est pas toi qui est le roi des gueux ? demanda Moghrab à Caparrosa.

— Je ne le suis pas encore, répondit ce dernier fièrement.

Pedro Gil murmura, en se penchant vers l'Africain :

— Le roi des gueux est Esteban d'Antequerre... celui que nous avons fait duc de Medina-Celi.

— Et où est-il ton duc de Medina-Celi ? interrogea encore Moghrab, qui fronça le sourcil.

— A la maison de Pilate, pour l'affaire du comte de Palomas.

Moghrab frappa du pied avec impatience.

— Il nous eût fallu ce drapeau! gronda-t-il entre ses dents.

— Les titres se volent, mais non point le cœur, prononça derrière eux une voix lente et grave.

L'Africain tressaillit de la tête aux pieds. Pedro Gil, étonné, se retourna. Ils se trouvèrent tous deux en face d'un homme de haute taille, à la figure calme et fière. Il avait le front découvert, et son manteau, rejeté sur ses épaules, ne cachait rien de ses traits.

A son aspect, Trasdoblo, qui s'était assis indolemment sur un des bancs du Gaspacho, se dressa de sa hauteur comme si un ressort eût détendu malgré lui ses jarrets. Une convulsion rapide agita les muscles de sa face, puis il retomba sur son banc, inerte et anéanti.

L'attitude nouvelle de la foule avait complètement rassuré Pedro Gil, qui se prit à sourire en adressant à l'inconnu un regard amical.

— C'est notre Esteban! dit-il tout bas à l'oreille de Moghrab. Tu l'appelais, le voici!

Moghrab et le nouveau venu étaient posés en face l'un de l'autre. C'était des deux côtés la même taille noble et riche, la même prestance chevaleresque; seulement le visage de l'Africain disparaissait derrière les bords de son vaste feutre, tandis que celui de l'Espagnol s'éclairait vivement aux lueurs des torches.

Dans l'ombre qui couvrait les traits de Moghrab,

8.

ses yeux s'allumèrent, jetant de fugitives lueurs. Il ne parlait plus, perdu qu'il était dans une sorte de contemplation.

— Étrange ! murmura-t-il enfin, comme la veille, lorsqu'il avait vu pour la première fois Esteban, au sortir de l'Alcazar. Dieu, dit-on, n'a pas fait deux feuilles d'arbre pareilles; comment deux créatures humaines peuvent-elles se ressembler ainsi ?

La foule s'agitait, curieuse et avide du spectacle promis par cet incident. Les uns sérieusement, les autres par raillerie, se prirent à crier :

— Vive le saint Esteban, roi des gueux !

Le nouveau venu resta impassible.

— Seigneur, demanda-t-il en s'adressant à Moghrab, que voulez-vous au duc de Medina-Celi ?

— Sa voix aussi, pensa tout haut l'Africain.

— C'est moi qui l'ai mis au fait, dit Pedro Gil, non sans fierté; il comprend son rôle à merveille.

Moghrab passa sa main sur son front comme pour chasser le rêve importun qui voulait s'emparer de lui.

— Seigneur, répondit-il, je veux demander au duc de Medina-Celi si son bon plaisir est de nous suivre à l'Alcazar.

— A l'Alcazar ! répéta le nouveau venu en fronçant le sourcil.

Puis, changeant de ton subitement :

— Mon bon plaisir, dit-il, est de vous y précéder.

— Hein ! fit l'oidor, quel aplomb ! comme il tient son emploi !

— Je marche toujours le premier, poursuivit le prétendu Medina-Celi.

— Même à la révolte?... prononça tout bas Moghrab.

— Seigneur, repartit l'autre avec calme, j'étais tout jeune quand je passai le seuil de ma prison ; me voilà presque un vieillard, et c'est à peine si j'ai l'expérience d'un jeune homme. Il faut voir pour savoir... Je veux voir de mes yeux, et de tout près, ce que c'est qu'une rébellion.

Le regard de Moghrab, perçant et fixe, s'arrêta de nouveau sur lui. Ce fut, cette fois, l'affaire d'une seconde. Moghrab baissa les yeux en disant :

— Seigneur Esteban, nous nous retrouverons... je cherche un homme.

Le Medina lui rendit un salut roide et fier.

Moghrab se tourna vers la foule, et, enflant tout à coup sa voix, qui atteignit les coins les plus éloignés du Puchero :

— Enfants! dit-il, vous pouvez être braves : il n'y aura ni morts ni blessés. Les soldats du roi qui gardent le palais sont à nous comme ceux qui vont marcher avec vous.. Le comte-duc ne trouvera pas un Espagnol pour le défendre... En avant donc! et souvenez-vous du cri de l'Espagne : « Mort au favori! Sandoval et Medina-Celi! Les fueros jurés par le roi! » Que chacun des chefs prenne la tête de sa colonne, et en avant!

— En avant! répéta Pedro Gil.

Sur un signe de lui, les clairons entamèrent une brillante fanfare. Trasdoblo s'était relevé pour reprendre son rang. Il s'arrêta pétrifié parce que le doigt de Medina-Celi venait de toucher son épaule.

— Tu t'est vanté, tueur de bœufs, lui dit tout bas le saint Esteban; le lion ne tombe pas à l'abattoir.

— Monseigneur... balbutia le boucher.

— Silence !... Ton mensonge me sert... si tu te rétractes, tu es mort !

— En ligne, saint Esteban !... Au saint Esteban de porter la bannière de la confrérie !

Les gueux entouraient leur roi, allègres et pleins d'ardeur, depuis qu'ils savaient qu'on n'aurait point de coups à échanger. Le saint Esteban prit la bannière, et aussitôt Picaros s'écria d'un ton pénétré :

— O mes amis! depuis le temps du grand lépreux, notre étendard n'a pas été en si bonnes mains !

— Suivons le saint Esteban ? il va reconquérir nos privilèges.

Les trompettes sonnaient. La cohue sortait en tumulte par l'ancien pont-levis. Il y avait un entrain général. Les torches secouaient leurs flammes rougeâtres, dont les lueurs vacillantes éclairaient tour à tour les bannières des diverses confréries. On s'excitait mutuellement ; les fanfaronnades se croisaient. C'était une vraie fête que cette émeute. Bobazon, cependant, allait de droite et de gauche, tâchant de savoir où le roi don Philippe avait coutume de serrer ses économies.

Tout de suite après avoir franchi l'entrée de la Grandesse, Pedro Gil enfourcha un cheval qui l'attendait, et partit au galop.

Les rues étaient désertes, malgré l'heure peu avancée ; les boutiques étaient closes. C'est à peine si l'on apercevait de temps à autre la lumière d'une lampe derrière les jalousies abaissées. Au lointain, quelques clochers tintaient le tocsin.

Pedro Gil ne rencontra pas une âme entre la Grandesse et le palais de l'Alcazar.

Le palais, brillamment illuminé, faisait contraste avec la morne obscurité de la ville basse. La place située au-devant de la porte principale était pleine de soldats bivaquant aux flambeaux.

Par les deux battants ouverts du grand portail, on voyait d'autres soldats dans les cours.

Pedro Gil se fit reconnaître au guichet.

— Quelles nouvelles ? lui demandèrent les officiers groupés devant le corps de garde.

— Mauvaises ! répondit l'oïdor ; la ville est au pouvoir des révoltés... Tenez-vous prêts à mourir pour défendre le roi !

Les gentilshommes agitèrent leurs épées, appelant l'émeute pour la pourfendre.

Quelques-uns échangèrent des signes furtifs avec l'oïdor, qui prit en toute hâte le chemin des appartements du comte-duc.

IX

LA COUR DE L'ALCAZAR

Des appartemements du comte-duc on entendait le son joyeux des instruments qui formaient l'orchestre du roi. On dansait chez le roi, qui donnait fête à sa belle inhumaine, la marquise Santa-Maria. Ce n'était pas ignorance de l'état de la ville ; l'émotion populaire durait depuis la brune et faisait assez de bruit pour que les oreilles tintassent. Mais Almanzor, premier perroquet, vous l'a répété à satiété, Philippe était grand.

Philippe avait dit, en ouvrant le bal par une courante française, avec sa non pareille marquise :

— Il suffit au lion de secouer sa crinière pour disperser des nuées de moucherons.

Le lion, c'était lui, Philippe le Grand.

Tous nos jeunes seigneurs, habitués du Sépulcre, déclarèrent le mot splendide et faillirent se pâmer.

Don Vincent de Moncade et Juan de Haro, marquis de Palomas, manquaient au bal du roi.

Dans les appartements du comte-duc il y avait une réunion plus grave. Tous les membres actifs du gouvernement, qui avaient suivi la cour dans le voyage d'Andalousie, étaient là présents. On y voyait le connétable de Castille ; l'amirante Jean Sforce, à qui Philippe III avait donné le marquisat de Tarragone ; don Bernard de Zuniga y Alcoy, président de l'audience d'Andalousie ; don Pascual de Haro, commandant des gardes et autres.

Ils avaient tous la tête haute dans leurs fraises empesées, le regard sévère et le front soucieux. Le vieux Zuniga tenait à la main une lettre ouverte qu'il venait de lire.

Cette lettre annonçait que des bandes armées, à la tête desquelles marchaient des gentishommes masqués, s'étaient emparées du faubourg de Triana et de deux forteresses, aux cris de « vive le roi! vive Sandoval! A mort le comte-duc! »

— Messeigneurs, continua le vieillard d'une voix dolente, personne ne peut mettre en doute mon dévouement pour le comte-duc, c'est un génie de premier ordre, et j'ai l'insigne honneur d'être son oncle maternel; mais, enfin, il faut bien se rendre à l'évidence : le peuple espagnol paraît las de sa domination.

— Et ce n'est pas d'aujourd'hui! ajouta le connétable de Castille, ennemi personnel du comte-duc!

— Certes, commença Alcoy d'un ton hypocrite, je ne puis être suspect d'hostilité envers Son Excellence, qui a épousé ma propre fille...

— Nous sommes tous ses parents, messeigneurs! interrompit don Pascual de Haro; nous sommes tous ses serviteurs et ses amis. Pour ma part, je ne m'en cache pas, car j'ai la loyauté du soldat; mais dans le cœur d'un Espagnol il est quelque chose de plus fort même que l'amitié ou que les liens du sang.

— *Mas el rey que la sangre!* prononça emphatiquement Alcoy, c'est la devise du noble et malheureux Hernan de Medina-Celi.

— En conséquence... reprit le connétable de Castille.

— Bien malgré nous, intercala le marquis de Tarragone.

— Moi, d'abord, s'écria le vieux Zuniga dans un élan ministériel, je ne quitterai mon poste qu'avec la vie!

— Que nous ont fait les Sandoval, après tout? demanda le connétable.

— Et ce vertueux et infortuné duc de Medina-Celi? appuya le président de l'audience.

— N'est-il pas juste, ajouta don Pascual, que notre sainte et vénérable reine ait enfin sa part d'influence?

— Certes, certes, certes, fit par trois fois Bernard de Zuniga : d'autant mieux que Sandoval, Medina-Celi et Sa Majesté la reine sauront respecter les positions acquises.

— Et même les améliorer, si l'on s'y prend adroitement, dit Alcoy.

— En conséquence... conclut pour la seconde fois le connétable.

— Pas n'est besoin de mettre ici les points sur les *i*, noble seigneur, interrompit encore Alcoy ; nous sommes d'accord, grâce à Dieu! Le même patriotisme nous anime. L'important était de bien nous entendre, afin de suivre sans reproche et sans peur une voie commune. Je me permets donc de résumer l'état de la question : Le soleil se couche. Dieu seul peut l'arrêter dans son déclin... et nous ne sommes que de simples mortel.

Il y eut un sourire sous toutes ses moustaches grisonnantes; les mains se touchèrent! le pacte était conclu.

Puis toutes les physionomies redevinrent austères et graves, parce que la porte venait de s'ouvrir à deux battants. C'était l'annonce officielle de l'arrivée du comte-duc.

La hallebarde, en effet, sonna sur les dalles du couloir, mais au lieu du pas moelleux et doux de l'homme civil, on put entendre un cliquetis d'éperons. Chacun des assistants se mit à prêter curieusement l'oreille, et distingua dans le corridor ce bruit de ferraille qui accompagne la marche du soldat.

On n'eut pas le temps de se recorder. Le comte-duc, droit, sombre et hautain, parut sur le seuil. Il portait une cotte de mailles par dessus son pourpoint noir, et sous son feutre on pouvait distinguer les bords étincelants de sa calotte d'acier.

Il vint jusqu'au milieu de la chambre du conseil. Ses yeux brillaient parmi la brune pâleur de sa face. Les grands d'Espagne qui l'entouraient avaient tous la tête inclinée et attendaient, pris d'une vague inquiétude.

— Seigneurs, dit le comte-duc avec une sourde emphase, les siècles futurs parleront de cette soirée. Il y a encore en ce monde des vertus dignes de l'ancienne Rome. Ma femme est mourante, seigneurs, et ma fille est aux mains d'un ravisseur infâme...

— Que dites-vous, seigneur, s'écria Alcoy, dont les entrailles de père s'émurent.

— La vérité, don Baltazar... Prenez exemple sur moi : je fais taire la voix du sang, et je ne songe qu'à mon devoir.

Il y avait, certes, en tout ceci, un appareil théâtral, mais il y avait aussi je ne sais quelle sévère grandeur. C'était bien l'Espagne drapée dans son manteau héroï-comique; c'était bien la gasconnade sérieuse des Goths devenus rhéteurs.

— Seigneur, insista le président de l'audience, je vous supplie de m'apprendre...

9.

— Moi, je vous ordonne de vous taire, don Baltazar; les affaires de l'État avant tout! Par les cinq plaies de notre Sauveur! la postérité saura ce qu'était le premier ministre de Philippe IV! Tout est en ordre : mes notes sont claires et précises! j'ai mis, avant de revêtir cette cuirasse, la dernière page de mon manuscrit au net... Le roi danse, messeigneurs ; il fait bien, car Dieu a mis près de lui, pour être son bon ange et sa sauvegarde, une forte intelligence et un grand cœur... Vous autres, vous conspirez, je le sais; je n'en ai point souci.

Un long murmure protesta contre cette accusation.

Le comte-duc avait gagné son siège, placé sur une estrade élevée de deux marches. Il s'assit. Tous les autres demeurèrent debout.

— Les rebelles ont la ville, prononça-t-il avec un redoublement de solennité. Ils crient : « La reine! Sandoval! Medina-Celi! » Vous me croyez bien embarrassé, messeigneurs... Mais il se trouve que j'ai fait la paix avec Elisabeth de France, que Sandoval est à mes genoux, que Medina-Celi a recouvré sa liberté par mes soins...

Quelques regards furtifs furent échangés entre les grands d'Espagne.

— Vous ne saviez pas cela, messeigneurs, reprit le comte-duc; vous avez cherché vos alliances trop loin. Si long que soit le bras du cardinal de Richelieu, il ne peut nous atteindre... Et cet efféminé de Buckingham s'est joué de vous. Tout cela se trouvera déduit dans mon immortel mémoire : *Nicandro o antidoto contra las calumnias...*

— Que Votre Grâce daigne nous écouter! dit le connétable véritablement inquiet.

— Mon illustre gendre...... commença Alcoy.

— Mon bien-aimé, mon vénéré neveu! balbutia le vieux Zuniga qui tremblait pour la signature.

— Etiez-vous d'accord? demanda brusquement le comte-duc, aviez-vous achevé le partage de mes dépouilles?... Ce jeune comte de Palomas aurait fait un bon ministre de paille!... Vive-Dieu quelle aubaine après mon administration intègre! Ne répliquez pas! Le chapitre est écrit : c'est un des plus curieux de l'ouvrage... Ah! ah! il vous faut des sorciers, mon oncle!... Ah! ah! mon beau-père, vous faites évader des prisonniers d'Etat! vous! président de cour souveraine!

N'est-ce pas que cet oidor Pedro Gil est un adroit coquin? N'est-ce pas que l'Africain Moghrab fait de merveilleux calculs et soulève à son gré le voile qui recouvre l'avenir?... L'oidor Pedro Gil m'appartient, mes bons parents et amis. L'Africain Moghrab est à moi; le comte Palomas lui-même, ce fou qui joue à l'esprit fort et qui se damne à copier les damnés de comédie. Juan de Haro est entre mes mains un jouet, une marionnette... Croyez-moi. Je suis plus terrible pour ce don Juan que la statue du commandeur!... Je le tiens : c'est par ma volonté, c'est pour ma puissance et pour ma gloire que cette grande fortune des Perez de Guzman va tomber dans son escarcelle vide, et que ce grand nom de Medina-Celi va peser sur ses épaules débiles... Vous frémirez quand vous lirez les paragraphes de mon livre où mon plan de conduite est tracé, vous vous direz : « Se peut-il que Dieu ait créé une intelligence si nette et si lucide! se peut-il surtout que nous l'ayons un instant méconnue! »

— Je nie, pour ma part!... s'écria le connétable.

— Sur l'espoir de mon salut!... interrompit Alcoy

— J'offre le combat à quiconque oserait soutenir... commença don Pascual.

— O mon cher neveu! déclama le vieux Zuniga, qui avait de vraies larmes dans les yeux, se peut-il qu'on nous ait noircis dans votre esprit? Nous sommes tous à vous, corps et âme, mon neveu. C'est ce sentiment commun d'affection qui est notre lien. Nous nous unissons en vous, laissant de côté notre intérêt personnel qui nous touche bien moins que votre propre intérêt... Et si je savais qu'il y eût parmi nous un traître, sainte Trinité! fût-il mon père ou mon fils, je le livrerais au bourreau...

Tous ceux qui étaient là s'associèrent par leur silence et leur attitude à cette énergique protestation.

Le comte-duc eut un sourire : chose rare et qui donnait à sa physionomie une étrange expression de sarcasme.

— Vive Dieu! prononça-t-il en baissant la voix, Judas ne serait pas bienvenu dans cette assemblée d'apôtres!... Ceci sera dans mon livre, mes amis et parents; le fait me semble trop curieux pour que je le passe sous silence. Je dirai que mon regard, éblouissant comme le soleil, a clos d'un même temps toutes vos paupières; je dirai que le son de ma voix vous a rendus muets, et que pas un seul d'entre vous... pas un seul, est-ce vrai? n'a osé soutenir le feu de ma prunelle.. .. Faites-moi place, je vous prie, messieurs; je me rends près du roi... Quand il en sera temps, un geste de ma part étouffera ces clameurs populaires...

On entendait dans les rues qui avoisinaient la place un grand bruit et de confuses rumeurs.

— Un souffle de mes lèvres, poursuivit le comte-duc, dispersera ces multitudes aveuglées, comme le vent d'automne chasse devant lui les feuilles détachées des arbres... Je vous défends de me suivre!

Il traversa la salle de ce pas mesuré et processionnel qui lui était particulier. Son hallebardier frappait le sol devant lui à intervalles égaux. Avant de franchir la porte qui devait le conduire à l'appartement royal, il se retourna et promena son regard satisfait sur toutes ces têtes inclinées.

L'étrange et naïve vanité qui était le principal caractère de cette nature si complète rayonnait franchement dans ce regard.

— Insensés! murmura-t-il avec une commisération sincère, insensés qui n'avez pas craint de lutter contre le premier, contre l'unique homme d'Etat de ce siècle!

Il n'ajouta rien, mais il se promit *in petto* de consigner cette sortie dans son livre, pour la postérité spécialement.

A peine les deux battants de la porte furent-ils

retombés sur lui, que tous les fronts se relevèrent. Les physionomies changèrent, et, certes, il ne resta rien du respect d'emprunt dont chacun s'était imposé la grimace; mais l'inquiétude persista. Le comte-duc, pour être un géant de théâtre, n'en dominait pas moins très réellement tous ces pygmées.

Nos grands d'Espagne se regardèrent, craintifs et déconcertés.

— Après tout, dit le vieux Zuniga, en secouant sa tête vénérable, il est bien rare que mon expérience soit en défaut. J'ai toujours marché avec mon neveu. Nous sommes unis, tous les deux, comme l'épée et la garde... Souvenez-vous, messeigneurs, que je vous ai constamment prémunis contre certaines intrigues.

— Morbleu! cousin, s'écria don Pascual de Haro, quel besoin aviez-vous de nous prémunir? Suis-je un séditieux?...

— Peut-on penser, ajouta Alcoy, que j'aie pu oublier un instant l'intérêt de ma fille bien-aimée?

— Nous sommes avec lui, conclut le connétable de Castille, inséparables comme l'écorce de l'arbre. Que voulions-nous? Ce qu'il veut. Et puisqu'il daigne avoir la même idée que nous, dussions-nous lui sacrifier quelques subalternes...

— Bonne idée! interrompit le président de l'audience; le choix est fait, l'oidor Pedro Gil!

— Bravo! fit don Pascual.

— Je n'ai jamais eu confiance en cet homme, déclara Zuniga.

Un éclat de rire court et sec se fit entendre

derrière Leurs Seigneuries, qui se retourneront en sursaut. Au seuil de la porte par où le comte-duc avait fait naguère son entrée solennelle, un homme était debout.

La lumière des lampes éclairait vivement sa carrure large et trapue, tandis que son visage disparaissait dans l'ombre portée par les abat-jour.

Il n'y eut là personne qui ne tressaillit en reconnaissant Pedro Gil sortant des appartements du premier ministre.

— Illustres seigneurs, dit Pedro Gil en gardant malgré le ton grave qu'il prenait, un sourire narquois sous sa moustache, je n'ai rien entendu. Je venais annoncer à Vos Excellences que leurs ordres ont été ponctuellement exécutés. Les corporations ont pris les armes, réclamant leurs fueros et la chute du favori de Philippe IV... Dix mille hommes entourent le palais...

— Pour ce qui me regarde, balbutia le vieux Zuniga, j'ai toujours compté fortement sur lui.

— Et ces dix mille hommes, interrompit don Pascual, sont aux ordres du comte-duc?

— Et nous sommes trahis; ajouta le président de l'audience.

La menace était sur toutes les figures. Pedro Gil, gardant son air à la fois humble et insolent, fit quelques pas à l'intérieur de la chambre.

— Messeigneurs, dit-il sans se troubler, il se passe à Séville un fait politique curieux qui n'a point de précédent, que je sache. La révolution est accomplie si quelque main s'élève pour lui offrir un drapeau. Cherchez un drapeau, vous allez avoir toute une armée de soldats dévoués et fidèles... La haine de ce qui est a suffi pour mettre au vent les épées : mais, pour les diriger, il faut montrer ce qui sera... Ces pauvres gens qui parcourent les rues savent-ils bien ce qu'ils veulent? Vous ne le croyez pas... Savez-vous bien ce que vous voulez vous-mêmes?... Chacun de vous en particulier oui; vous tous réunis en corps, non !

Telle est l'enseigne où est logée l'Espagne, messeigneurs. Depuis le premier ministre du roi, — allons plus haut et plus loin : depuis le roi lui-même jusqu'au dernier gueux de la confrérie, chacun tire à soi, chacun songe à soi, chacun s'isole en sa propre ambition, grande ou petite.

— Où veux-tu en venir, maraud? demanda rudement le commandant des gardes.

— A vous dire en toute humilité, seigneurs, répondit l'oïdor, que j'ai travaillé un peu pour moi-même... Le comte-duc est mon patron comme vous êtes mes patrons : je suis le serviteur de tout le monde.

Mais, continua-t-il en enflant sa voix pour dominer le murmure qui s'élevait, vous auriez tort de croire que j'ai trahi l'un pour l'autre : vous pour le comte-duc, ou le comte-duc pour vous.

Mon vrai patron, c'est moi, seigneurs... le comte-duc se vante et s'abuse en disant qu'il me tient, comme vous vous abusiez en me jugeant votre esclave. Je ne suis à personne, sinon au plus offrant... Etes-vous assez riches pour m'acheter, moi qui vaut dix mille têtes?

Ayant ainsi parlé, il se dirigea vers la fenêtre ouverte donnant sur la cour d'entrée.

— Il a trompé mon neveu comme nous tous, dit le vieux Zuniga avec une évidente satisfaction, c'est un garçon intelligent et capable !

Le président de l'audience arrêta don Pascual qui faisait mine de s'élancer vers l'oidor.

— Laissez-moi, s'il vous plaît, traiter cette affaire, cousin, dit-il.

Puis, s'adressant à Pedro Gil :

— Quelles sont tes prétentions ?

— Un grand d'Espagne pour ma Gabrielle, la moitié des biens de Medina-Celi, et la présidence de l'audience de Castille. Ne marchandez pas ! je vous donne en échange tout ce qu'avait le comte-duc, car, si je veux, dans dix minutes il sera proscrit ou mort !

— Et qui nous prouve la vérité de tes affirmations ? demanda Alcoy qui avait la pâleur des fiévreux.

— La preuve sera terrible, seigneurs !

Pedro Gil étendit la main pour prendre la lampe qui reposait sur la table, il la plaça en dehors de la fenêtre et l'agita par trois fois.

C'était un signal convenu sans doute, car une clameur formidable enveloppa aussitôt le palais. On eût dit que toutes les rues voisines, prises d'assaut tout à coup, servaient de théâtre à une bataille désespérée. Une décharge eut lieu en même temps qui abattit l'étendard royal arboré au-dessus de la porte des Bannières.

Et cependant on criait :

— Vive le roi ! vive le roi !

Mais, comme dans l'enceinte de la Grandesse, une foule d'autres cris venaient à la traverse.

— Les fueros d'Andalousie !
— Honneur aux Catalans libres !
— La reine et Sandoval !
— Le bon duc ! Nous voulons Medina-Celi !

Nos hommes d'État se précipitèrent aux fenêtres. Les deux battants de la porte des Bannières s'ouvraient déjà sous l'effort tumultueux des assaillants, et la cohue armée faisait irruption dans la cour. C'était un flot pressé, surmonté de drapeaux flottants, de piques pavoisées et de canons de mousquets.

A la tête de l'émeute était ce soldat aux formes athlétiques que nous avons vu chez les gueux en compagnie de l'oïdor. Celui-ci le reconnut d'un coup d'œil et sa physionomie s'éclaira, tandis que le nom de Moghrab venait à ses lèvres. Mais une expression d'inquiétude remplaça cette joie passagère lorsqu'il vit se former, à droite de la porte d'entrée, un groupe composé de personnages aux longs manteaux bruns, dont les visages invisibles disparaissaient sous les larges bords de leurs sombreros.

Ceux-là aussi étaient naguère dans le Puchero des gueux. A qui appartenaient-ils ?

Les troupes commises à la garde de l'Alcazar étaient rangées au-devant de la galerie des Ambassadeurs, où avait eu lieu le festin royal, et dont les fenêtres-ogives étaient encore éclairées ; officiers et soldats demeuraient immobiles.

— La bataille peut être sanglante... murmura Alcoy.

— Mes chers amis et parents, balbutiait le vieux

Zuniga tout tremblant, que va-t-il résulter de tout ceci ?

— Il n'y aura pas de bataille, prononça froidement l'oïdor.

Comme pour démentir ces paroles, le capitaine de la compagnie des trabucaires du roi dégaina et prononça d'une voix retentissante le commandement de : Haut les armes !

La compagnie était de cent hommes, tous soldats d'élite, choisis parmi les plus beaux et les plus braves des corps mercenaires. Son chef, don Philippe de Gama, était filleul du roi, et passait pour un officier résolu.

Le soldat au feutre ombragé d'une plume noire qui semblait commander les rebelles, et que personne parmi nos hommes d'État ne reconnaissait pour l'Africain Moghrab, brandit la grande épée qu'il tenait à la main et s'élança en criant :

— En avant, mes fils ! Longue vie au roi ! Mort au favori !

— Par la Passion de Notre-Seigneur ! gronda le connétable, je crois que ce coquin d'oïdor a dit vrai : ceux-ci ne sont pas avec le comte-duc.

— De la prudence, Seigneurs ! prononça tout bas Alcoy.

Le vieux Zuniga n'avait pas besoin de ce conseil. Il se tenait droit et roide derrière la saillie de la croisée, prêt à glorifier la victoire, de quelque côté que la victoire penchât. Car c'est la victoire qui disposait de la signature.

Toutes les apparences semblaient être pour les insurgés. La foule, conduite par Moghrab, avait gagné d'un seul élan les trois quarts de la première cour. Les miquelets, le corps des gardes napolitaines et la garde espagnole s'étaient débandés franchement, sans même attendre le premier choc. Officiers et soldats avaient disparu sous les galeries : il n'y avait ni morts ni blessés sur les dalles.

Seulement, la cohue, enivrée de ce premier succès, prenait une attitude plus menaçante et enflait à chaque instant sa voix pour demander la tête du comte-duc.

— Venez donc la chercher, manants ! fit le capitaine des trabucaires en prenant au collet le plus mutin de ceux qui déjà l'entouraient. Nous voici cent braves garçons contre dix mille coquins ; c'est plus qu'il n'en faut de moitié !... En avant ! soldats du roi !

Il terrassa son homme d'une main, et de son autre main qui tenait son épée il fendit le crâne d'un pêcheur de Triana, dont le pistolet menaçait sa poitrine. Ce fut le premier sang versé.

Le peuple fondit tête baissée sur les trabucaires, qui firent une décharge générale de leurs mousquets, et la cour se joncha de cadavres. Tous les coups portaient dans cette foule.

Un long cri de détresse s'éleva. L'insurrection avait reculé, car un large espace vide restait entre les assaillants et les trabucaires du roi.

— Malédiction ! gronda Pedro Gil.

Puis il cria à pleine voix :

— Bravo ! fidèle Gama !

Les hommes d'État battirent des mains en se tenant aux coins des croisées, où la multitude ne les pouvait point apercevoir.

Les trabucaires rechargèrent leurs mousquets. Un grand mouvement se faisait dans l'intérieur du palais, où l'on entendait les cris des femmes effrayées.

— Chargez ! chargez ! cria l'oïdor.

Moghrab, à la tête de ce groupe de cavaliers qui suivait la foule sans s'y mêler, entraîna le gros des insurgés à une nouvelle attaque.

C'était un enfant vaillant que ce Philippe de Gama. Il fit mettre l'épée à la main à ses trabucaires, et cria, lui aussi : En avant ! Il y eut une bataille, cette fois, bataille acharnée, parce que les jeunes gentilshommes compagnons du roi faisaient feu par les fenêtres du premier étage et lançaient des grenades au beau milieu de la cohue.

— Le roi ! le roi ! cria-t-on aux croisées de la galerie des Ambassadeurs.

— Ferme ! ferme ! ordonna Pedro Gil.

Nos hommes d'État se consultaient tout bas derrière lui.

— De par tous les saints ! Messeigneurs, dit-il en se retournant brusquement, la partie est trop indécise pour que vous mettiez la main sur moi !

Don Pascual avait, en effet, la main levée. D'un commun consentement on avait résolu de s'emparer de l'oïdor et de le livrer en qualité de bouc émissaire.

— Je suis gardé à toutes les couleurs, reprit-il avec un sourire effronté ; — je vous préviens de cela ; et le comte-duc a ses raisons pour me croire plutôt que vous...

— Mais, voyez ! voyez ! ajouta-t-il en frappant

ses mains l'une contre l'autre avec triomphe ; voici celui qui est plus fort que nous tous... Bravo, Esteban ! bravo bon duc de Medina-Celi !... Le drôle a pris le palais à revers, et la puissance du comte duc est désormais de l'histoire ancienne.

Cet immense palais de l'Alcazar n'avait que deux portes, selon l'ordre établi dans les constructions mauresques, la porte des Bannières et la porte de la Chasse, la première à l'orient, la seconde à l'occident. Nos hommes d'État, suivant le doigt tendu de Pedro Gil, virent avec étonnement une autre foule sortir de la galerie des Ambassadeurs. Il fallait que ceux-là fussent entrés au palais par la porte de la Chasse.

— Ces misérables ont deviné la stratégie ! murmura don Pascual. Où allons-nous !

Et le connétable ajouta :

— L'Alcazar est pris ! La tête du comte-duc ne vaut pas un ducat !

L'armée des gueux, cependant, se déployait le long du cloître arabe qui fermait la cour d'entrée du côté du couchant. Le mouvement que les trabucaires avaient fait en avant laissait là un large vide qui fut comblé en un clin d'œil.

Philippe de Gama et sa petite troupe fidèle se trouvait désormais entre deux feux.

Le roi des gueux, le saint Esteban, sans arme et la tête découverte, occupait la gauche de sa cohorte. Il s'arrêta debout sur la première marche du grand escalier d'honneur. De là il dominait la mêlée. Malgré le tumulte effroyable qui remplissait la cour, il était impossible de n'être point frappé par la fière beauté de cet homme.

Quelque chose en lui disait qu'il avait le mystérieux pouvoir d'apaiser cette tempête. Ainsi se représente-t-on Neptune, calme au milieu de la folle orgie des flots, et muet avant de prononcer le mot qui va calmer les fureurs de l'orage.

Auprès du saint Esteban se tenait un jeune cavalier de riche taille, qui portait le harnois de guerre et l'épée nue à la main. Il était entré le premier, et, à l'instant où, dépassant la voûte, il avait aperçu les combattants, sa rapière avait sauté d'elle-même hors du fourreau.

Mais le saint Esteban l'avait retenu en disant :

— Attendez, mon fils, il n'est pas temps.

En ces moments, les secondes sont des heures. Tout ce que nous venons de raconter s'était passé avec une rapidité prestigieuse. Il s'était écoulé à peine quelques minutes depuis le commencement de la bagarre. Pour nos hommes d'État, placés devant une question terrible et qui changeait à chaque instant de face, c'était un siècle.

Ils regardaient encore cette cohorte des gueux sombre, innombrable, menaçante dans son immobilité, lorsque la maîtresse fenêtre de la galerie des Ambassadeurs s'ouvrit à grand fracas.

Aussitôt, de toutes parts, un cri s'éleva qui domina un moment le bruit du combat :

— Le roi! le roi! le roi!

— Faites votre cour, Seigneurs! dit Pedro Gil en riant; descendez au plus vite : il faut que Sa Majesté vous voie du bon côté sur le terrain!

Don Pascual et le connétable étaient déjà dans l'escalier. Les autres hésitaient.

— C'est un garçon capable, murmura le vieux

Zuniga, très capable!... Où tu iras, nous irons, ami Pedro Gil.

— Vous savez, ajouta le président de l'audience, quelle fortune nous vous avons promise... Où est, selon vous, le bon côté ?

— Hé ! hé ! fit l'oidor, il est utile d'avoir des connaissances partout.

Il adressa un signe familier au saint Esteban, qui inclina gravement la tête.

Le maréchal du palais parut sur le balcon, et prononça d'une voix altérée :

— Notre seigneur le roi !

En même temps, Philippe d'Espagne, en costume de bal, un peu défait, mais droit sur ses jambes et l'œil grand ouvert, se montra dans le cadre de la fenêtre entouré par quatre chambriers qui portaient des torches. Cela fit grand effet. L'Espagne est dévote à Dieu et à ses rois. La bataille s'arrêta court. Si la reine Élisabeth, qui était vénérée comme une sainte, se fût montrée derrière son époux, la foule se serait prosternée ; mais derrière le profil sévère de Philippe, ce fut le visage charmant et mutin de la marquise d'Andujar que chacun put voir, hardi et à la fois effrayé, demi-caché sous l'abri étincelant d'un riche éventail.

A gauche de la belle marquise se tenait le comte-duc, calme et fier, il faut bien le dire, autant que s'il se fût présenté, un jour de fête publique, devant une assemblée amie et prête à saluer sa venue par une triple salve d'acclamations. Il promena son regard froid sur la scène de désolation et de tumulte qui emplissait la cour ; on le vit parler à l'oreille du roi, qui fit un signe de consentement.

Les porteurs de torches s'effacèrent alors, et le comte-duc, revêtu de sa cotte de mailles qui brillait aux mille lueurs éparses de tous côtés, vint prendre place sur le devant du balcon.

— Par mon dernier jour! s'écria don Pascual en saisissant le bras de l'oidor, tu nous as trompés, coquin!... Le comte-duc est sûr de son fait, et nous avons tous joué cette comédie au profit de sa fortune! — Le comte-duc, en ce moment, se retournait vers la cour et disait :

— Plût à Dieu que je n'eusse point à saisir cette triste occasion de prouver à mon souverain quel est l'empire moral que j'exerce sur le peuple espagnol !

Il y avait un grand silence parmi les insurgés. La cohue pensait que le roi allait parler.

— Sauve qui peut, Messieurs! murmura le président de l'audience, notre place est auprès du comte-duc pour témoigner de notre inaltérable fidélité à sa personne.

— Bien dit! s'écrièrent tous nos hommes d'État.

Malgré la raideur de ses jambes, le vieux Zuniga retrouva, pour gagner la porte, une agilité de cerf.

— Point n'est besoin des bataillons de votre garde, Sire, répondit le comte-duc avec assurance. Ces traîtres demandent ma mort parce que seul vivant, je puis les contenir... Votre Majesté se souviendra du spectacle que son humble sujet va lui donner. Cette heure appartient à l'histoire. Que le roi daigne regarder un trait digne de Rome ou de Sparte. Je vais porter ma tête à ceux qui la réclament.

Philippe IV ne manquait point du courage des soldats. Il répondit, en dégainant sa rapière de cour :

— Eh bien ! nous irons avec toi !

Le balcon se vida.

— Sur ma foi ! murmura Pedro Gil, qu'un plus fin que moi devine le dénoûment de tout ceci !... Seigneurs, voici l'énigme du Sphinx ; malheur à qui n'en trouve point le mot !... Éludons, si vous m'en croyez ; ménageons Grecs et Troyens, afin de rester au moins debout...

Seigneur connétable, les miquelets sont parqués dans le grand patio... Seigneur don Pascual, la garde espagnole attend vos ordres dans la cour des Marionnettes... Faites du zèle à tout hasard. Et nous, Messieurs, à la suite du roi !... c'est de là que nous jugerons le mieux le coup.

Ce fut une déroute. Ces conspirateurs d'antichambre ne donnent jamais leur démission définitive ; mais rendons-leur cette justice qu'ils savent remettre bien gaiement leur drapeau dans leur poche.

Le comte-duc prit le pas sur le roi pour descendre le grand escalier. Sous le vestibule, il marcha seul en avant. Luna, Silva, Soto-Mayor et quelques jeunes seigneurs avaient tiré leurs épées et formaient autour de Philippe un bataillon sacré.

Quand la cour arriva au perron où se tenait le

saint Esteban, les trabucaires avaient pris la fuite, et le champ de bataille était complètement au pouvoir des envahisseurs. Il ne restait pas au palais un seul défenseur visible.

Le comte-duc se présenta le premier, hautain et grave. Soit qu'il eût véritablement en lui cette héroïque et grande faculté qu'on nomme le courage civil, soit qu'il se crût absolument sûr des agents qui avaient soulevé à son profit l'émotion populaire, il est certain que sa soudaine et fière apparition fit reculer la cohue qui se pressait déjà aux abords du perron. Les cris cessèrent. Cuchillo, troublé par la retraite de son armée, rabattit son feutre sur son visage et fit quelques pas en arrière.

— Venez! Sire, venez, prononça le comte-duc, qui croisa triomphalement ses bras sur sa poitrine.

Le roi s'avança escorté de ses fidèles.

Mais en ce moment le groupe conduit par le soldat à la plume noire déborda le front de la foule et marcha d'un pas réglé vers le vestibule. Le comte-duc eut un court tressaillement, et un tic nerveux agita sa lèvre. Son masque terreux ne pouvait point pâlir, mais ses paupières battirent, et le demi-cercle qui estompait le dessous de ses yeux se plomba.

— Que voulez-vous? dit-il en assurant sa voix et en prenant une pose plus arrogante.

— Ta vie, répondit Moghrab, dont le cimeterre dégainé lança une gerbe d'éclairs.

Il était au pied des degrés. Le saint Esteban se prit à descendre lentement les marches en tenant par la main le jeune homme à l'épée nue.

Il avait fait la moitié du chemin, lorsqu'une explosion retentit tout à coup dans la cour silencieuse.

Philippe de Gama, le jeune et brave commandant des trabucaires, tomba, le cœur traversé par une balle, au beau milieu de la cour, à la tête de sa compagnie. Nos hommes d'État s'arrêtèrent d'un mouvement et regardèrent l'oidor.

Celui-ci venait de se rejeter en arrière. La cour s'emplissait d'un vacarme véritablement infernal.

— Écoutez! fit Pedro Gil.

Une immense clameur éclatait.

— A mort le comte-duc! à mort! à mort!

Par un mouvement involontaire, et malgré la terreur qui les agitait, tous nos grands d'Espagne s'étaient rapprochés des fenêtres.

Le coup qui avait frappé ce brave enfant, don Philippe de Gama, était parti des rangs des gueux, mais ce n'étaient pas les gueux qui poursuivaient la bataille.

Chose singulière! c'était au moment même où les événements lui donnaient raison, que l'oidor Pedro Gil semblait pris d'un embarras subit et inexplicable.

Son regard était fixé sur les degrés où le saint Esteban dominait son armée, ayant toujours à ses côtés ce jeune cavalier à la grande épée nue. L'éclair de triomphe qui s'était allumé dans son œil allait s'éteignant.

Il ne répondit point lorsque le vieux Zuniga lui dit d'un ton d'entière soumission :

— Ami Pedro, soyez notre guide. Nous nous remettons entre vos mains.

Ses sourcils se fronçaient. Il semblait fasciné comme si une tête de Méduse se fût dressée là-bas devant lui.

La tête de Méduse, c'était le saint Esteban qui venait enfin de sortir de son inaction.

Un homme râlait sous le pied du roi des gueux, qui l'avait saisi à la gorge et le tenait sous lui terrassé. L'oïdor reconnut son affidé Caparrosa.

Caparrosa était le meurtrier du jeune capitaine. Sa main convulsive serrait encore la crosse du pistolet fumant. Il essayait de se dégager en poussant des cris qui n'étaient pas entendus, et refoulant d'un souffle haletant l'écume rouge qui s'accumulait autour de ses lèvres. Mais c'était un roc qui pesait sur sa poitrine écrasée. Le saint Esteban, immobile, touchait du doigt l'épaule du jeune cavalier qui lui parlait. Sa voix se perdait dans les mille fracas de la bataille.

Pourquoi le saint Esteban punissait-il cet acte qu'il aurait dû accomplir ou ordonner lui-même?... Le meurtre du jeune capitaine avait été le signal d'une attaque furieuse et générale. Tous les vagabonds, saltimbanques, gitanos, etc., commandés par le toréador Cuchillo, s'étaient rués à la fois sur les trabucaires, déconcertés par la mort de leur chef. En même temps, ce groupe mystérieux et sombre que commandait Moghrab, bien plus terrible que le gros de l'émeute, marchait en bon ordre vers le perron conduisant aux galeries où était le roi.

Et c'était un seul cri :

— A mort le comte-duc !

— Où donc sont les autres bataillons de notre garde ? demanda le roi que l'inquiétude gagnait.

— Merci de moi ! dit une voix dans la foule, le Maure en avait menti comme un chien !... Mon bon jeune maître don Ramire de Mendoze se porte au mieux et va vous le faire voir !

La voix grave et sonore du roi des gueux s'éleva, tandis que son geste impérieux appelait l'attention du soldat à la plume noire.

— Regarde-nous bien tous les deux, dit-il.

— Place ! fit Moghrab qui brandit son cimeterre.

Sous la visière de son feutre, on voyait la sombre et ardente lueur de ses yeux.

— Regarde-nous bien ! répéta le saint Esteban, pour arriver jusqu'à Philippe d'Espagne, il te faudra passer sur nos deux cadavres.

— Je n'en veux pas à Philippe d'Espagne ! s'écria l'Africain en colère. Place ! te dis-je.

Il fit un pas.

Le saint Esteban lâcha le bras de son jeune compagnon.

— Défends ton maître, fils de chevaliers ! ordonna-t-il d'une voix tonnante.

Et plus bas :

— Enfant ! gagne ici ton bonheur !

Ce fut comme le limier qu'on ne tient plus en laisse, ou comme le faucon dont le chaperon tombe. Don Ramire de Mendoze mit la pointe de sa lame aux yeux de l'africain. Celui-ci était en avant de sa troupe qui s'élança aussitôt pour entourer Mendoze. L'un des cavaliers de la sombre phalange distincte du gros de l'émeute, mais qui avait toujours suivi l'émeute, arriva le premier au bas des degrés, il se mit entre Mendoze et les assaillants.

Hara ajuijar a haron! murmura-t-il. Frère, me reconnais-tu ?

— Vincent de Moncade ! fit Ramire étonné.

Le bras du marquis de Pescaire arrêtait les desservidores.

— Frère, reprit-il, ne sois pas contre nous, et souviens-toi que je t'ai sauvé la vie.

— Je m'en souviens.

Moncade montra le saint Esteban de la pointe de son arme.

— Sur l'honneur de mon nom ! prononça-t-il, celui-là n'est qu'un vil imposteur !

— Celui-là est mon guide et ma loi, interrompit Mendoze ; arrière !

Moncade baissa la tête en disant :

— Que sa trahison retombe sur lui !... Cavaliers, à votre devoir !

Vingt épées entourèrent Mendoze. L'africain semblait être en proie à une émotion extraordinaire.

— Courage de lion ! murmura-t-il les yeux fixés sur Mendoze, dont le glaive étincelant était comme un rempart de feu.

— Regarde-nous bien ! répéta pour la troisième fois Esteban ; regarde-le bien tant qu'il est debout !

L'africain passa ses doigts tremblants sur son front, où la sueur froide perçait.

— Quel âge aurait ton fils ? murmura le roi des gueux à son oreille.

Moghrab se dressa de toute sa hauteur.

Il bondit en avant, car ses compagnons avaient déjà fait reculer Ramire. Son cimeterre tailla dans toutes ces rapières, dont plusieurs volèrent en éclats.

— Bas les armes, dit-il, l'heure n'est pas arrivée...

A droite et à gauche de la cour des fanfares éclatèrent. Le connétable de Castille et don Pascual de Haro parurent à la tête des gardes du roi. La porte des Bannières était maintenant trop étroite pour donner passage aux fuyards.

L'africain avait pris Ramire entre ses bras.

— Enfant, dit-il, au moment où ses cavaliers l'appelaient, ne me juge pas, je vengerai ta mère...

Il se mit à la tête des desservidores, qui se retirèrent fièrement et en bon ordre, tenant toujours les miquelets à distance.

Ramire restait là, étourdi et plongé en une sorte d'ivresse.

Quelqu'un le tira par son pourpoint ; il se retourna et vit Bobazon prosterné dans la poussière, qui essayait d'embrasser ses genoux. Ce bon garçon n'avait pas liberté complète de ses mouvements, parce qu'il avait fait un peu son tour d'Alcazar, et que ses poches trop pleines l'embarrassaient.

— O mon maître ! disait-il cependant avec des sanglots dans la voix, depuis deux jours je travaille pour vous gagner une honorable sépulture... Aurais-je pu garder sous mes yeux Micaja et Pepino, qui me rappelaient si cruellement votre souvenir ?... Je les ai vendus, seigneur Mendoze, et j'ai eu le malheur d'en perdre le prix dans cette bagarre... Il y a de nombreux malfaiteurs à Séville, seigneur Mendoze... Ce que j'ai vu me donne grande envie de retourner au pays.

Les miquelets et la garde espagnole vinrent se ranger en bataille devant le péristyle, où le roi tendit sa main au comte-duc en l'appelant son sauveur.

— Sire, répondit le ministre avec une orgueilleuse modestie, tout mon mérite est d'avoir eu cette idée d'enrégimenter les gueux de Séville. La postérité me tiendra compte de ce fait, je l'espère. Avec de la boue, j'ai fait de l'or.

Le roi passa, et la belle marquise, rassurée, lui dit à l'oreille :

— La postérité sera bien ingrate si elle ne s'occupe pas un peu de Sa Grâce à ses moments perdus.

Le roi sourit.

— Les criailleries de ces coquins, murmura-t-il, et leurs coups de mousquets auront éveillé Almanzor...

— Puis, travaillant, lui aussi, pour la postérité, il prit une pose chevaleresque et enfla sa voix pour ajouter :

— Messieurs, reprenons notre bal !

On enlevait les morts et les blessés dans la cour.

— Qu'on fasse venir près de moi, ordonna le comte-duc, le roi des gueux, Esteban, et ce jeune gaillard qui a si vaillamment tenu tête aux desservidores !

Une demi-douzaine de grands d'Espagne

s'élancèrent pour obéir à cet ordre. Chacun désormais faisait assaut de platitudes autour du ministre, rehaussé de dix coudées ; mais le saint Esteban et son aide de camp à la longue épée nue furent introuvables. Ils avaient disparu tous les deux.

Une heure après, les patrouilles parcouraient la ville tranquille et silencieuse. A la Grandesse, on faisait bombance aux frais de l'État. La charte des gueux, renouvelée et contre-signée par don Bernard de Zuniga, était affichée aux colonnes du Puchero. Ce jour devait marquer dans les annales de la gueuserie de Séville.

Pendant toute la soirée, le comte-duc eut plus de courtisans que le roi. La belle marquise lui sourit, le vieux Zuniga l'encensa. Tous nos hommes d'État, réunis autour de lui en phalange serrée, l'adorèrent comme un corps saint.

Vers minuit, il se retira pour ajouter à son manuscrit la page illustre qui devait raconter les événements de cette soirée. La duchesse l'attendait au seuil de son appartement.

— Ma fille, seigneur ! dit-elle seulement.

En quelques heures elle avait vieilli de dix années.

— Pendant que vous pleuriez, madame, répondit le comte-duc avec sévérité, j'agissais... Ce n'est pas à vos larmes que nous devrons le salut de ma fille.

La duchesse se pencha sur sa main et la baisa.

— Que Dieu vous bénisse, seigneur, murmura-t-elle.

Le comte-duc franchit le seuil de son cabinet

de travail et referma la porte ; il était seul. Il respira l'air à pleins poumons, et sa poitrine sembla s'élargir.

— C'est bon, le triomphe ! pensa-t-il tout haut.

Celui-là n'avait même pas besoin de perroquet. Il chantait lui-même l'hymne de ses grandeurs.

Cependant, avant de quitter son royal soupirant, la belle et inhumaine marquise glissa ce mot, barbelé comme la flèche d'un Parthe :

— Reposez-vous, Sire, sous la haute protection du comte duc !

Le roi se retira triste et soucieux. Avant de se mettre au lit, il dit à Michel Telles, secrétaire de ses ordres :

— Je veux que demain, à la première heure, Medina-Celi soit à mon chevet.

X

FUNÉRAILLES

On dansait et l'on jouait de la mandoline dans les profondeurs du Sépulcre. Maître Galfaros venait d'ouvrir sa mystérieuse croisée pour payer l'impôt honoraire.

Notre ami le sereno, somnolent et tranquille malgré les événements de la soirée, balançait sa lanterne au bout de sa longue hallebarde en criant la onzième heure et le beau temps.

Aucune lueur ne se montrait aux croisées de la

maison de Pilate donnant sur la place de Jérusalem, le silence le plus profond régnait derrière cette sombre façade, et tout y semblait dormir. Quand le sereno passa devant la grande porte, il mit son oreille au guichet... La cour était muette comme la façade.

Et cependant il y avait bien des yeux ouverts et bien des langues éveillées dans le palais des ducs de Medina-Celi. Si le crieur de nuit avait pu glisser un regard au travers des épaisses murailles qui bordaient les jardins, il aurait vu, que du sol au faîte, la vieille maison vivait et veillait.

Il y avait de la lumière chez le bon duc, il y avait de la lumière chez la duchesse Eleonor; il y avait de la lumière aussi dans le boudoir qui précédait la chambre à coucher de dona Isabel.

Au rez-de-chaussée et dans les galeries basses qui desservaient les logis des domestiques, nulle lueur ne se montrait : la conciergerie seule, occupée par les Nunez, montrait ses trois fenêtres éclairées. La porte en était grande ouverte, et, par cette issue, des chants sourds et monotones passaient.

Vous eussiez dit la psalmodie lente qui berce le sommeil des défunts avant l'heure des funérailles.

En entrant dans la salle large et haute qui formait le rez-de-chaussée de la conciergerie, un seul coup d'œil suffisait pour faire tomber tous les doutes. C'était, en effet, un deuil que l'on menait chez Catalina Nunez. Il n'y avait point, il est vrai, de cercueil, mais une toile noire enveloppait un corps étendu sur les dalles, et quatre cierges brûlaient à l'entour.

On ne voyait pourtant ni prêtre ni appareil de culte. Les assistants n'étaient point agenouillés.

Les assistants étaient au nombre de six : Nunez le père, ses trois fils, le vieil écuyer Savien et Catalina. Ce qu'on avait pu prendre du dehors pour une lente mélodie, c'était l'oraison funèbre du défunt, prononcée par Catalina.

Elle avait le front nu ; ses cheveux gris s'échappaient en mèches abondantes.

La lueur des torches éclairait puissamment cette tête énergique aux traits fouillés rudement où se résumait je ne sais quel lointain mélange des races arabe et gothique. Les cinq hommes debout et découverts, l'écoutaient avec une religieuse tristesse.

— Le père de celui-là, disait-elle en montrant du doigt le cadavre enseveli, était plus vieux dans la maison que nous. Mon père avait connu le père de son père... Ils venaient du pays d'Orient ; ils avaient traversé la mer avec nos maîtres. C'est le dernier ! Voyez, il était plus grand qu'un homme ! C'est de la race qui combat les lions et les tigres des déserts. Avant d'être chrétiens, les aïeux de nos aïeux faisaient place dans leurs tombes à leurs chiens et à leurs chevaux... Ce sont de nobles amis, et celui-là était noble entre tous ses pareils...

Ce que nous faisons n'est pas un sacrilège. Nous ne mettrons pas en terre sainte l'animal privé du baptême, nous ne planterons pas une croix au-dessus de sa fosse ; mais il aura une pierre avec son nom, et ceux qui aiment Medina-Celi l'accompagneront à sa dernière demeure.

10.

Elle courba la tête et passa le cierge qu'elle tenait de main en main, à son mari qui l'éleva gravement.

— La femme a bien dit, prononça le vieux Nunez qui avait des larmes dans les yeux; tu étais de la race de ceux qui vivent avec les conquérants, et tes fils sont morts avant toi... Medina-Celi n'est-il pas aussi le dernier de son nom? J'ai vu le père de ton père étrangler un assassin d'Afrique qui menaçait le sommeil de Perez Guzman... Chacun d'entre vous valait un chevalier... Nous te mettrons en terre avec ton collier et nous brûlerons ta cabane.

Savien prit le cierge et dit :

— Ton père était le roi des chasseurs de l'autre côté du détroit, il terrassait les panthères et gagnait les gazelles à la course... Tu as reconnu la bonne duchesse, Zamore, parce que tu étais un serviteur fidèle... Après quinze ans, combien d'hommes auraient gardé cette mémoire du cœur ?... Je n'offense pas Dieu en faisant comme les vieux guerriers de nos chants.

Les trois fils de Nunez reçurent la torche tour à tour et complétèrent ces adieux. C'était un spectacle touchant et grave. Sous les plis de la toile, le cadavre du noble animal dessinait vaguement de gigantesques contours. Il n'y avait là nul travestissement des choses saintes. Ce n'étaient que les funérailles d'un chien, mais ce chien avait été le compagnon du bon duc.

Une civière était préparée, sur laquelle on plaça le cadavre avec le collier d'acier poli timbré aux armoiries de Perez de Guzman. Les quatre Nunez prirent les quatre bras du brancard. Catalina et Savien se chargèrent chacun de deux cierges et le convoi silencieux traversa la cour. La cour communiquait avec le jardin par un passage voûté à trois rangs d'arceaux. Quand le cortège s'engagea sous cette voûte, Catalina crut entendre un septième pas résonner sur les dalles. Elle s'arrêta ; le bruit cessa.

— C'est l'écho, dit elle.

Mais ce n'était pas l'écho, car une ombre sortit du passage au moment où le cortège entrait dans les massifs.

C'était un personnage de haute taille, qui allait lentement et la tête inclinée.

Il se perdit à son tour sous les bosquets.

A peu près au centre de cette portion des jardins, qui restait depuis tant d'années inculte et sauvage, se trouvait une place vide qui marquait le point de jonction des anciennes charmilles, et qu'entouraient maintenant les pousses vigoureuses d'une forêt de buis ; c'était là que la fosse de Zamore avait été creusée.

Les restes du fidèle gardien de la maison de Pilate se glissèrent sur une planche inclinée. On avait tout dit. La mélancolie des assistants ne se traduisait plus que par leur silence. Au moment où le corps du pauvre chien toucha le fond du trou, chacun put entendre distinctement les feuilles sèches bruire derrière la muraille du feuillage.

Il y avait, depuis le matin, dans cette maison, je ne sais quelle vague attente.

Les événements menaçants ont leurs effluves

moraux qui font les pressentiments. Chacun avait bien reconnu le maître, lorsqu'il s'était montré à ses vassaux assemblés; personne ne concevait l'ombre d'un doute sur son identité; la duchesse Eleonor n'avait rien laissé transpirer de ses soupçons ni de ses angoisses, et pourtant un poids mystérieux était sur tous les cœurs.

— Avez-vous entendu? murmura Catalina.

Toutes les têtes firent un signe d'affirmation.

— Moi, voilà deux fois que j'entends, reprit la bonne femme.

— Ce soir, dit le fils Antonio, comme je revenais par la ruelle qui mène à l'abreuvoir d'Abdallah, j'ai ouï des voix de l'autre côté du mur.

— La duchesse est bien pâle! reprit Savien.

— Et toute cette journée, dona Isabel a pleuré, ajouta Catalina d'un air sombre.

Le fils Pascual jetait sur le linceul de Zamore les premières pelletées de terre.

Mais on ne songeait plus guère à Zamore.

— Ce fut ainsi, dit le vieux Nunez, le jour et la nuit qui précédèrent le grand malheur... Femme, t'en souviens-tu?

— Oui, répondit Catalina, je m'en souviens.

— Les buis parlaient, poursuivit le vieil homme; mais Zamore ne hurlera plus comme il fit pour annoncer la ruine de son maître.

— Savien, demanda tout à coup Catalina, avez-vous confiance en cette fille d'Estramadure qui est auprès de notre jeune senora?

— Non, répliqua le vieil écuyer, mais j'ai ouï dire que dona Isabel avait, depuis ce matin, une autre cameriste.

— Et savez-vous le nom de cette camériste, Savien?... c'est la fille de l'ancien intendant Pedro Gil.

— Puisque notre seigneur a fait des excuses au seigneur Pedro Gil! murmura le vieillard avec amertume.

Personne ne releva ce mot. Savien ajouta :

— Puisque notre jeune senora va prendre un époux...

— Fais vite, Antonio! ordonna brusquement la Nunez à celui des garçons qui jetait la terre ; quelqu'un rôde autour de nous...

Elle frissonna en ajoutant :

— J'ai froid et j'ai peur!

— Enfants, dit le père, comme pour secouer sa propre inquiétude, nous avons fait ce que nous devions pour ce vaillant ami... rien ne nous empêche plus de vous entendre... Que s'est-il passé au palais du roi?

— J'y étais, répondirent ensemble les deux fils aînés.

Antonio, le dernier, continua sa besogne, mais il dit aussi :

— J'y étais.

— A la nuit tombante, commença Pedro, l'aîné, les saltarines de l'hôtellerie de Saint-Jean-Baptiste sont sorties en chaise, et j'ai été voir cela... Elles jetaient des branches de myrte par les portières, disant que tous les vrais Espagnols devaient en mettre un brin à leur chapeau, en signe d'alliance avec les hommes libres de la Catalogne. En même temps, le Français et l'Anglais, qui ont donné tant d'argent aux méchants sujets de Séville, sont montés tous les deux à cheval pour aller le diable sait où !

Ils avaient une escorte de baladins et de gitanos qui encombrait la rue de Caballerizas. Personne ne les a inquiétés en route, bien qu'il y eût autant d'alguazils que de pavés.

Chacun parlait. Les femmes et les enfants étaient sur le pas des portes, criant qu'on allait mettre le roi prisonnier au château de Alcala.

Les uns disaient que la reine prendrait la couronne ; les autres, que Medina-Celi serait roi. D'autres encore criaient qu'il n'y aurait plus d'Espagne, et que le pays serait partagé entre la Hollande, la France et l'Angleterre. J'ai entendu de mes oreilles des gens qui criaient : « Vive don Juan de Bragance, roi d'Espagne et de Portugal ! »

— Et que faisaient les alguazils? demanda Savien.

— Les alguazils rabattaient leurs sombreros sur leurs oreilles, répondit Pedro, et se promenaient tranquillement les mains derrière le dos. Les bourgeois s'appelaient d'une fenêtre à l'autre pour aller voir la révolution qui était à la Grandesse... Le maréchal de la rue de l'Infante criait que Cuchillo allait être premier ministre. On parlait d'un mort que le comte-duc a arraché à la potence, de ses propres mains, pour chercher dans ses entrailles le nom du ravisseur de sa fille... On disait qu'à l'avenir sa litière serait traînée par des jeunes filles, et que les perroquets du roi se nourrissaient de chair humaine... A neuf heures, les pêcheurs sont passés en troupe avec leur bannière entourée de branches de myrte. Ils criaient : « A l'Alcazar ! à l'Alcazar ! »

Le maître alguazil du quartier Saint-Ildefonse a touché son chapeau pour saluer Gil Morena, qui conduisait la bande.

J'ai suivi les pêcheurs. J'ai demandé à Gil Morena : « Maître, que vas-tu faire à l'Alcazar ? » Il m'a répondu en riant : « Ce coquin de comte-duc est cause qu'il n'y a plus de poisson dans le fleuve.. »

Vous avez bien entendu tinter les cloches de toutes les paroisses ? Il n'y avait de gardé que le Saint-Tribunal et le palais du grand inquisiteur. Les portes de l'Alcazar étaient toutes grandes ouvertes.

— Mais il y avait donc trahison ? s'écria le vieux Nunez.

— Arrivé devant la porte des Bannières, reprit Pedro, j'ai aperçu maître Trasdoblo le boucher. Je lui ai mis la main sur l'épaule pour prendre langue, puisque c'est un voisin.

Il s'est retourné, blême et les yeux sanglants. Il m'a dit, oppressé comme un agonisant qui râle : « Non, non, je ne l'ai pas tué ; tu vas bien le voir ! Laissez-moi ! »

— Je l'ai rencontré ce matin, fit Catalina ; il avait le regard fou.

— Et de qui parlait-il ? demanda Savien.

— De notre seigneur Medina-Celi, répliqua Pedro, car il me l'a montré du doigt au même instant, debout et beau comme un dieu, sous la galerie des Ambassadeurs, dans la cour du palais.

Savien, le père et la mère, se regardèrent.

— Tu rêves, Pedro! fit Catalina.

Savien demanda :

— Quelle heure était-il?

— Aux environs de la dixième heure.

— Tu rêves! répéta la vieille femme; notre maître n'a pas quitté, ce soir, la maison de Pilate.

— Je l'ai vu à son balcon, reprit Savien, avec le muguet de cour qui doit épouser notre senorita.

— Je lui ai servi son vin et ses liqueurs, ajouta Nunez; et que Dieu me punisse si le muguet de cour ne boit pas mieux qu'une éponge!

— Voudriez-vous jurer que notre seigneur n'était pas au palais à dix heures de nuit? demanda Pedro gravement.

— Sur notre salut? repartirent les trois vieilles gens.

— Et moi, je jure sur mon salut qu'il y était! s'écria Pedro; je l'ai vu.

— Je l'ai vu! répéta Pascual, le second frère. Et qui donc eût empêché les desservidores d'arriver jusqu'à la personne du roi, si Medina-Celi ne leur eût pas barré le chemin!

Catalina et les deux vieillards se redressèrent involontairement. Cette idée que leur maître avait défendu le roi, seul contre une armée, les eût ébranlés si le doute avait été possible.

Pascual poursuivit :

— Seulement, il y a une chose que je n'ai pas comprise. Notre seigneur n'avait pas les habits d'un gentilhomme, et les gueux de Séville l'acclamaient, disaient : « Vive le saint Esteban, notre roi! »

Catalina haussa les épaules.

— C'est la vérité, dit Pedro.

— Vous êtes des enfants! dit la bonne femme; vous n'avez vu notre seigneur qu'une fois...

— Deux fois! interrompirent Pedro et don Pascual.

— Et, la seconde fois, nous l'avons examiné tout à notre aise, reprit l'aîné des garçons. C'était l'heure de la sieste. Nous allions, Pascual et moi, prendre le grain pour les chevaux. Pascual m'a dit : « La porte du caveau de Tarifa n'a plus de toiles d'araignée... La mère aura nettoyé tout cela pour la venue de la famille... »

Catalina rougit et murmura :

— Enfants, j'aurais dû le faire.

— Nous sommes entrés dans le cellier, continua Pedro : le cellier a cette grande brèche qui donne dans le vieil oratoire. Une lueur venait par là, quoique le caveau soit noir d'ordinaire. Pascual et moi, nous nous sommes glissés à pas de loup jusqu'à la brèche.

Le volet de la fenêtre grillée avait été enlevé. Un homme était assis sur la tombe du grand marquis. Cet homme était don Hernan de Medina-Celi, notre maître.

— Il priait!... fit le père.

— Non, il ne priait pas. Il s'occupait à une besogne étrange. Nous étions bien éveillés et nous étions deux. Nous l'avons regardé longtemps. Nous n'avons pas pu nous tromper.

— Mais à quel travail s'occupait-il donc, enfants? demanda la mère curieuse.

— Il avait devant lui une large feuille de vélin,

et sur le marbre de la tombe il avait éparpillé une multitude de petits morceaux de parchemin qui semblaient avoir été déchirés. Il disposait les fragments sur la feuille comme s'il eût voulu refaire un tout à l'œil de ses diverses parties. Il était muet ; son labeur l'absorbait. Quand sa tâche a été terminée, il a dit : « Dieu soit loué! rien n'y manque ! »

— C'est la vérité, fit à son tour Pascual.

Les vieilles gens échangèrent encore un regard. Il y eut un silence pendant lequel on entendait la terre lancée à intervalles égaux par la pelle du plus jeune des Nuñez.

— Il y a ici, pensa tout haut Savien, des choses qui sont au-dessus de notre entendement.

— Et toi, fils Antonio, demanda le père, n'as-tu rien vu?

Antonio essuya la sueur de son front et s'appuya sur sa bêche. C'était le plus grand et le plus robuste des trois frères. Il passait pour pauvre d'esprit; ceux-là ne mentent point; on avait foi en ses paroles.

— J'ai vu et entendu, répondit-il.

— Les mêmes choses que tes frères?

— Non... mais j'ai beau voir et entendre, moi, vous savez...

Il s'arrêta et poussa un gros soupir.

— Raconte-nous ce que tu as entendu et vu, Tonio, mon bien-aimé, dit la mère avec une compassion caressante.

— On ne voyait rien d'où j'étais, repartit Antonio. J'ai voulu passer la porte des Bannières, mais on m'a repoussé, parce que je n'ai pas su répondre quand on m'a demandé : « Qu'y a-t-il autour de l'écusson d'*azur aux trois éperons d'or?*... » Il fallait savoir cela pour être introduit... J'ai écouté... Je ne me souviens que d'une chose : ils disaient que le toréador Cuchillo allait épouser la reine...

J'ai porté un blessé sur mes épaules jusqu'à l'hôpital de la Merced... Personne n'a voulu me dire pourquoi on tirait des coups d'espingole... J'ai pris par les ruelles pour m'en revenir à la maison ; il y avait deux hommes qui marchaient devant moi. L'un tenait l'autre en laisse comme un chien... Quand ils ont passé sous le lumignon de Notre-Dame-de-Grâce, j'ai reconnu l'Africain dont la fille a de grands yeux noirs...

— Moghrab?... fit Catalina, qui se rapprocha, plus attentive.

— Moghrab... et j'ai reconnu aussi Trasdoblo le boucher. J'aurais cru Trasdoblo plus fort que ce Moghrab, et pourtant c'était Moghrab qui menait en laisse Trasdoblo... J'ai d'abord eu l'idée de jouer du bâton, car cela me fâchait de voir un infidèle molester un chrétien ; mais ils parlaient tout en cheminant, et j'ai entendu deux ou trois fois le nom de Medina-Celi, notre seigneur... Je me suis mis aux écoutes.

— Et qu'as-tu surpris, garçon? fit Catalina impatiente.

— Moghrab interrogeait, répliqua Antonio ; le boucher ne voulait pas répondre. En arrivant à la place où s'élève la fontaine de Cid-Abdallah, le boucher a fait mine de tourner à gauche pour rentrer chez lui. Moghrab l'a tiré en arrière, en lui disant : « Il faut que nous en finissions ici. » Trasdoblo a voulu résister ; aux lueurs de la lune qui se levait derrière les arbres de la maison de Pilate, j'ai vu briller une arme dans sa main ; mais Moghrab lui a saisi le poignet : le couteau est tombé, rendant un son clair sur les dalles de l'abreuvoir, et Trasdoblo a poussé un cri de douleur.

Moghrab venait de le terrasser aussi facilement que je renverserais, moi, un petit enfant ou une fillette, plus facilement peut-être, s'interrompit Antonio avec un frémissement, car la force qui est en lui vient, dit-on, de l'esprit du mal.

Quand Trasdoblo ne résista plus, Moghrab lui ordonna de s'asseoir sur la margelle du bassin. Il ramassa en même temps le couteau et le garda à la main.

— Si tu veux m'avouer franchement la vérité, lui dit-il, toute la vérité, cette bourse est à toi, elle contient cinquante pistoles... Si tu refuses de parler ou si tu mens, par le Prophète, je te jure que je vais te tuer !

Le boucher tremblait de tous ses membres.

Antonio poursuivit ainsi son récit :

— Pedro Gil me fera brûler vif au prochain auto-da-fé ! murmura le boucher Trasdoblo.

— Alors, s'écria l'Africain d'une voix altérée, mais je ne saurais pas dire si c'était par la colère ou par la joie, alors Medina-Celi n'est pas mort !

— Mort ! répétèrent les Nunez et Savien.

Et la bonne femme ajouta :

— Voici quelque chose de bien étrange !... Les deux seigneurs qui sont venus ce matin au lever de notre maitre, le président de l'audience de Séville et le commandant des gardes, s'entretenaient tout bas de ce même sujet en traversant la cour... Et je me souviens que don Balthazar d'Alcoy disait pareillement à don Pascual de Haro : « Je mettrais ma main au feu que Medina-Celi n'est pas mort... »

— On l'avait donc cru mort ? demanda Savien.

— Laissez parler mon garçon... Continue Antonio, continue !

Antonio était tout rouge d'avoir prononcé un si long discours.

— Eh bien ! reprit-il, le boucher trembla plus fort et balbutia :

— Nous étions sept, moi et six soldats mercenaires...

— Sept misérables contre Hernan ! s'écria l'africain ; je suis fou d'avoir cru cela ! Combien en a-t-il tué, coquin ? Ne mens pas, cette fois !

La lame du couteau brillait à deux pouces de la gorge de Trasdoblo.

— O mon doux seigneur ! s'écria ce dernier, que Dieu vous garde d'avoir un mauvais souvenir au fond de votre conscience ! C'est une chaîne entre les mains du démon, une chaîne qui vous tient captif et garrotté.

Ce Pedro Gil savait l'histoire de mon beau-frère, qui mourut violemment dans son logis de la rue de l'Amour-de-Dieu... Je n'avais rien contre le bon duc, mais Pedro Gil m'a dit : « Les yeux de l'inquisition sont fixés sur toi... » J'ai obéi bien à contre-cœur...

— Et notre maître nous a fait faire des excuses à ce brigand d'oïdor ! gronda Savien.

— Laissez dire le garçon !

Antonio continuait :

— Ce Trasdoblo est plus lâche qu'une femme, avec sa taille de géant... Il avait les mains jointes et les larmes aux yeux.

— Que le ciel me préserve du courroux de Medina-Celi ! a-t-il ajouté. Quatre mercenaires sont tombés sous son épée et les deux autres n'ont plus guère de sang dans les veines. Mais, au nom de votre prophète, seigneur Moghrab, ne perdez pas un malheureux ! ne dites pas à l'oïdor Pedro Gil que le bon duc est sorti vivant de nos mains !

— Si tu gardes ton secret toi-même, ne crains rien, a répondu l'Africain. Je serai muet.

Sa bourse est tombée aux pieds du boucher.

La lune glissait à ce moment un rayon entre les branches. Le rayon frappait en plein le visage de l'africain. Il me sembla que je voyais pour la première fois sa figure. Ses yeux étaient au ciel, comme si une prière s'échappait de son âme.

— Qu'est-ce donc ce Moghrab ?... murmura le jeune Nunez tout pensif.

— Est-ce tout, garçon ? demanda Catalina.

— C'est tout, répondit Antonio ; sauf une parole du coquin de boucher, qui a dit, quand l'africain est parti :

— Ils sont donc tous intéressés à ce que mon secret soit gardé !... Le Medina m'a ordonné aussi de me taire... et, sauf un coup de mon gourdin que j'ai déchargé sur sa tête avant de m'en aller...

Il ressaisit sa bêche et se remit à la besogne.

Chacun réfléchissait désormais. Aucune parole ne fut prononcée jusqu'au moment où Antonio, jetant sa bêche sur son épaule, dit :

— Voici ma besogne achevée.

Vieillards et jeunes gens reprirent silencieusement le chemin de la conciergerie, laissant les cierges allumés et plantés dans la terre.

Au bout de quelques pas, Catalina s'arrêta.

— Il y a du trouble dans mon pauvre esprit, dit-elle ; le chien est mort empoisonné.

— Il n'avait pas reconnu le Medina ! prononça tout bas Savien.

— Que se passe-t-il autour de nous ? fit le vieux Nunez.

Il allait poursuivre, mais un cri étouffé s'échappa de sa poitrine. Sa bouche resta béante et ses yeux grands ouverts. Sa main étendue montrait le massif où venaient de s'accomplir les funérailles de Zamore.

Un cri pareil s'étouffa dans toutes les gorges.

Chacun avait la même vision. Aux lueurs vives projetées par les cierges dans cette nuit profonde, une grande figure se montrait au travers des feuillages. C'était un homme de haute taille, vêtu d'un manteau de couleur sombre. Ses bras étaient croisés sur sa poitrine. Il avait la tête nue.

On apercevait distinctement ses traits nobles et fiers dans le cadre de sa longue chevelure.

— Medina-Celi ! balbutia Catalina.

— Notre seigneur ! firent les vieillards.

Pedro et Pascual dirent ensemble :

— C'est bien lui qui était au palais ?

A ce moment, la croisée du pavillon oriental de la maison de Pilate s'ouvrait bruyamment, laissant voir l'appartement du bon duc inondé de lumière. Le lustre éclairait une table couverte des luxueux débris d'un repas qui démentait splendidement la frugalité espagnole. Deux silhouettes se détachèrent sur le balcon.

— Notre seigneur! firent encore Savien et le vieux Nunez.

— Medina-Celi! répéta Catalina, dont les bras tombèrent.

Et les deux frères :

— C'est pourtant bien lui que nous avons vu ce soir!

L'autre, l'apparition du massif, avait incliné sa tête triste sur sa poitrine et s'enfonçait lentement dans les bosquets.

Sur le balcon, les deux silhouettes étaient en belle humeur : chacune d'elles tenait son verre à la main! leurs francs éclats de rire retentissaient dans la nuit silencieuse.

— De par Dieu! beau-père, disait le comte de Palomas, vous m'avez traité comme un ange!

— Eh! eh! mon gendre, répliquait le bon duc, ces quinze années de captivité m'ont laissé un appétit d'enfant!

— Je jurerais d'avance que nous nous entendrons à merveille.

— Nous serons les deux doigts de la main, mon gendre. Trinquons!

Leurs verres se choquèrent, rendant un bruit clair et métallique.

Le vieux Nunez serra le bras de Savien.

— Si j'étais seul ici, je me croirais fou, murmura-t-il.

— Que Dieu nous protège! fit l'écuyer en passant sa main froide sur son front en sueur; le chien avait reconnu la duchesse, pourquoi n'aurait-il pas reconnu le duc?

— Est-ce que vous croiriez?... commencèrent les jeunes gens.

— La paix! interrompit Catalina, qui fit le signe de la croix; les événements ne surprennent point ceux qui se tiennent prêts nuit et jour. Soyez ainsi, mon mari et mes enfants, afin que Perez de Guzman vous trouve quand il aura besoin de vous... Cette maison contient un étrange mystère...

Eleonor de Tolède, notre noble maitresse, m'a parlé ce matin, et ce soir seulement je devine le sens de ses paroles... Eleonor de Tolède m'a montré le portrait de Medina... Elle tremblait la fièvre... Fourbissez vos épées, les Nunez! Pour avoir le mot de cette énigme, il faudra peut-être une bataille?

XI

PRÉPARATIFS D'UN SIÈGE

§

— Mon Dieu! oui seigneur mon gendre, disait le bon duc qui avait roulé sa bergère jusqu'à la croisée pour jouir des brises fraiches de la nuit :

j'avais laissé Eleonor de Tolède jeune, accorte, rose, charmante ; j'ai retrouvé une respectueuse dame, frisant la quarantaine ; j'aurais dû m'attendre à cela...

— D'autant que, pendant quinze années, seigneur mon beau-père, vous aviez eu le loisir d'y songer mûrement.

— Eh bien ! oui... Mais les prisonniers restent jeunes... La vie retarde son courant, là-bas, derrière les murs épais de ces citadelles... Tel que vous me voyez, je m'éveille après un long somme et j'ai vingt-cinq ans, ni plus ni moins, comme au jour où je m'endormis.

Le comte de Palomas but une ample rasade.

— A la santé de votre adolescence, beau-père, dit-il en riant ; ventre saint-gris ! vous êtes un joyeux convive !

— Vous plairait-il, mon gendre, de parler un peu d'affaires.

— Je parlerai de tout ce que vous voudrez, beau-père, tant vous m'avez mis en bonne humeur.

— A merveille !... Ah ! quelle jolie famille nous ferons, mon gendre !

— Quand j'y pense, répliqua don Juan qui riait de tout son cœur, j'en ai les larmes aux yeux !

Le bon duc toussa et croisa ses jambes l'une sur l'autre en manière de transition aux choses sérieuses qui allaient se dire, puis il reprit d'un ton calme et rassis :

— Mon gendre, je voudrais savoir ce que vous prétendez en épousant Isabel Perez de Guzman, ma fille unique ?

— Je prétends me donner une femme jeune et charmante, un beau titre et la plus magnifique fortune qui soit en Espagne.

— Voilà qui est répondu admirablement !... Et, je vous prie, qu'offrez-vous en échange ?

— Mon amour, repartit don Juan d'un air goguenard.

— Après ?... fit sèchement le bon duc.

— Mon crédit à la cour...

— Après ?

— De par tous les diables ! voici que vous le prenez sur un singulier ton, seigneur !... Je suis le neveu du comte-duc !

— Moi, je suis un peu son parent, mon gendre. Ne vous fâchez pas et souvenez-vous que nous parlons affaires. Votre oncle m'a joué d'assez méchants tours autrefois.

— Il en a d'autres dans son sac, soyez certain de cela.

— Menacez-vous, mon gendre ?

— Du tout... Je parle affaires, pour obéir à votre fantaisie, beau-père.

Ils souriaient tous deux en se regardant. Il y avait vraiment de l'intelligence sur le joli visage du comte de Palomas. Quant au bon duc, la large régularité de ses traits grimaçait on ne peut mieux le scepticisme trop fin des physionomies diplomatiques.

— Pendant que nous soupions tranquillement, reprit ce dernier, avez-vous entendu ces bruits sourds et lointains qui semblaient venir de l'Alcazar ?

— J'ai entendu pour le moins une douzaine de

mousquetades, le tocsin, et je ne sais plus quoi... Cela ne vous a pas fait perdre un coup de dent, beau-père.

— Ni à vous une gorgée, mon gendre !... Touchez-la !

— De grand cœur... et ne nous disputons plus, puisque nous sommes deux parfaits philosophes.

Ils échangèrent une poignée de main, après quoi le bon duc prononça d'un accent pénétré :

— Une chose impie que ces guerres civiles !

— Une mauvaise comédie, plutôt ! rectifia le jeune comte avec dédain.

— Au commencement de notre souper, reprit le Medina, vous avez reçu une lettre, mon gendre ?...

— Et vous aussi, beau-père.

— La mienne parlait d'affaires politiques.

— La mienne également.

— La mienne disait que votre oncle respectable, le très puissant comte duc, branlait un peu dans le manche, passez-moi la trivialité expressive de ce mot.

— Je vous la passe, beau-père. La mienne disait : « La farce est jouée ; le roi en est le dindon ». — (Passez-moi donc l'irrévérence de ce terme). — Le comte-duc vient de monter au Capitole !

— Et la signature de cette lettre, mon gendre ?

— Lisez le nom qui est au bas de la vôtre, mon beau-père.

— Pedro Gil !... De qui se moque ce coquin ?

Don Juan alla prendre sur la table un flacon de rota et remplit le verre que lui tendait le bon duc.

— De vous, seigneur, répondit-il ; de moi, de tout le monde, et aussi de lui-même, sans qu'il s'en doute. Voulez-vous mon avis? Ne jouons pas au fin l'un contre l'autre ; nous avons essayé de nous griser mutuellement, c'était un tort.

Cartes sur table, ventre-saint-gris ! je ne sais point de si gros mots qui puissent écorcher ma bouche en les prononçant, mon oreille en l'écoutant... Avez-vous dessein de me vendre votre fille?..... Dites le prix bravement..... je vous écoute.

— En conscience, prononça le bon duc avec gravité, vous avez, seigneur don Juan, un mérite au-dessus de votre âge. Je ne regrette pas la fermeté que j'ai montrée ce matin à madame la duchesse en défendant vos intérêts. J'avais entendu parler de vous, et quelque chose me disait que vous étiez mon homme. Stipulons, puisque vous le voulez... En épousant Isabel Perez de Guzman, vous avez espéré un titre de duc et une fortune royale... Vous aurez tout cela après ma mort.

— C'est trop juste, interrompit le jeune comte.

— N'est-ce pas? mais je dois vous prévenir que je vivrai vieux.

— Dieu vous entende, beau-père.

— Très bien ! je ne parle même pas de certaines éventualités fâcheuses. On a vu des gendres fatigués d'attendre un héritage qui tardait trop à leur gré...

— Fi ! seigneur !

— Vous avez raison, il faut sous-entendre ces tristes côtés de notre nature humaine... J'ajoute seulement que, moi, je comprends tout, et que j'enverrais mon gendre à ses aïeux sans remords ni scrupules, s'il s'impatientait.

— A votre tour, menacez-vous, beau-père?

— Je joue cartes sur table, mon gendre, comme vous m'y avez engagé, sans crainte d'écorcher ma bouche ou vos oreilles... Arrivons à l'article de l'acte de mariage déchiré...

— J'y ai réfléchi.

— Voyons le résultat de vos méditations.

— Le voici : j'enlève tout de même.

— A vos risques et périls?

— Il n'y a ni risques ni périls... J'aime dona Isabel... En vérité, je me croyais à l'abri de ces maladies de jeunesse, mais l'amour est un petit dieu malin... Tous nos poètes l'affirment... Il a inventé un stratagème pour entrer dans mon cœur... Il a pris les traits de dame vengeance, sa cousine germaine...

— Je sais... Il y a un jeune gentilhomme d'Estramadure qui vous a mené rondement...

— Un superbe rustre!... Je lui fais l'honneur de le haïr. Si dona Isabel n'est plus l'héritière de Medina-Celi, c'est toujours une adorable fille qui ne déparera nullement la liste de mes maîtresses.

Le bon duc se redressa et mit ses deux poings fermés sur les bras de son fauteuil. Ses sourcils se froncèrent. Il prit cet air de dignité froide et hautaine, qui, en vérité, lui allait admirablement.

— Vous parlez de ma fille, seigneur don Juan, dit-il à demi-voix.

— Seigneur Hernan, répondit le comte de

Palomas, je vous demande pardon de bon cœur, mais vous m'aviez aidé à l'oublier.

— Peut être... fit le bon duc en se radoucissant, peut-être... Nous devisons librement... Les jeunes gens d'aujourd'hui ne savent pas rester en deçà de certaines bornes... Vive Dieu ! mon respecté père vous aurait fendu le crâne jusqu'aux épaules pour moitié moins d'audace.

Je vous pardonne, don Juan ; vous ne péchez que par la forme... les galantes manières s'en vont mourant. Nous savons faire pis que vous en gardant les apparences, mon gendre.

— Eh bien ! beau-père, faites-moi part de votre science. Je ne demande pas mieux que de garder les apparences en faisant pis.

Le bon duc rapprocha son fauteuil et prit une attitude de confidentielle familiarité.

— Posons la question sur son véritable terrain, dit-il ; de deux choses l'une : ou madame la duchesse abandonnera ses absurdes prétentions de résistance, ou elle continuera la guerre qu'elle m'a si imprudemment déclarée..... Est-ce bien cela ?

— Un dilemme parfaitement symétrique, seigneur.

— Dans le premier cas, dona Isabel est Medina-Celi comme moi, et vous devenez mon héritier légitime... Dans le second, dona Isabel n'est qu'une bâtarde, légalement parlant, et n'a aucun droit à mon héritage... Est-ce bien cela encore ?

— Admirable de logique !

— Eh bien ! mon gendre, il faut épouser dans les deux cas ; c'est indispensable, et c'est sans danger. Je le prouve. Ecartant la première corne du dilemme, qui ne présente aucune difficulté, j'arrive à la seconde qui semblerait militer contre le mariage avec une bâtarde... Mon gendre, je me sers toujours de ce titre parce que je suis certain de vous ramener à mon opinion... Ce qui vous effraye dans le mariage, c'est son indissolubilité. Intelligent et dépourvu de préjugés comme vous l'êtes, vous consentiriez à vous marier tous les jours, pourvu que chacune de ces unions fût brisée le lendemain... Est-ce vrai ?

— J'accorde cela.

— Eh bien! l'acte d'Alphonse IX, de 1258, *Si forte vir nobilis*, et le rescrit de Ferdinand IV, en date de l'an 1309, si je ne me trompe, *De nuptiis*, décident formellement votre cas; la seconde corne du dilemme vous met dans la position d'un époux trompé sur la personne : mariage nul, de par le droit castillan, de par les coutumes aragonaises, et aussi d'après le droit romain, mon gendre.

Don Juan regardait le bon duc avec stupeur.

— Peste! peste! peste! s'écria-t-il par trois fois; le comte-duc, mon oncle, n'est que bachelier de Salamanque, vous êtes docteur en droit, vous, beau-père!

— Attendez seulement, répliqua Medina-Celi, et vous verrez ce que quinze ans d'études solitaires peuvent donner à un premier ministre!

— Vous auriez l'espoir?...

Le duc mit un doigt sur sa bouche et tendit son verre.

— A boire, jeune homme! reprit-il. Le sage se

tourne du côté du soleil levant... On fait l'aumône à son parent; mais on pousse son gendre ; c'est la famille, c'est le grand pacte de la conservation des races ! Réfléchissez à tout cela, si vous êtes capable de réfléchir, et menez votre barque comme vous l'entendrez... Avez-vous votre sauf-conduit ?

— Signé du roi, répondit don Juan.

Le bon duc se leva comme un grand seigneur qui donne congé à un visiteur attardé. Il fit quelques pas vers sa chambre à coucher.

Malgré son étourderie effrontée, le comte de Palomas réfléchissait, en effet. Il était venu, croyant avoir meilleur marché de cet homme. Il se sentait dériver malgré lui, loin, bien loin de ses insolentes fanfaronnades de la veille. Ses compagnons de la maison du Sépulcre n'eussent point reconnu leur don Juan dans ce jeune homme au regard hésitant, à la tenue embarrassée.

— Bonsoir, beau-père, dit-il d'un ton qu'il voulait rendre léger; je vais enlever, épouser, divorcer... La lettre de César en trois infinitifs.

Au moment où il tournait la table, la porte donnant sur la galerie intérieure s'ouvrit brusquement, et la brune Encarnacion s'élança tout essoufflée dans la chambre.

Le duc était dans l'ombre à l'autre bout de la pièce.

— Enfin, je puis vous dire deux mots ! s'écria Encarnacion; j'ai cru que le seigneur duc n'en finirait pas de souper !... Versez-moi un verre de bon vin pour me remettre.

— Qu'est-ce donc, belle enfant? demanda le Medina-Celi en se rapprochant.

Ceci fut prononcé du ton le plus doux et le plus galant. Cependant, la senora Encarnacion laissa tomber le verre que déjà elle tenait à la main, et recula de quelques pas en chancelant.

Elle s'appuya au dos d'un fauteuil pour ne point tomber à la renverse. Son visage était devenu tout blême, et ses yeux agrandis se fixaient sur le duc avec un indicible étonnement.

— Je croyais, balbutia-t-elle, j'avais vu... seigneur don Juan, quelques gouttes d'eau fraîche, je vais me trouver mal !

Comme le jeune comte n'obéissait pas assez vite, ce fut le duc lui-même qui prit sur la table un verre et une carafe. Encarnacion, à son approche, se mit à frémir convulsivement. Son regard exprimait une épouvante folle.

Le bon duc lui servit d'échanson ; elle porta le verre à ses lèvres, mais ses dents claquèrent contre le cristal.

— Remettez-vous, mon enfant, dit paternellement Medina-Celi.

— Ventre-saint-gris ! fit don Juan avec brusquerie, assez de grimaces, ma belle ! Tu croyais me trouver seul ici. Pourquoi ? je n'en sais rien ; mais don Hernan n'est pas si noir que tu le penses... M'apportais-tu des nouvelles ? parle sans crainte : nous sommes d'accord, nous n'avons point de secret l'un pour l'autre.

Encarnacion but une gorgée avec effort et poussa un long soupir.

— Vous êtes, je crois, la suivante de dona Isabel, reprit le bon duc; n'ayez pas peur, je vous en prie, ma jolie fille. La terreur n'est pas le sentiment que je prétends inspirer aux dames...

Ces paroles encourageantes semblaient ne point rassurer la caméristre. Ses yeux se détournaient malgré elle, et les paroles s'étouffaient dans son gosier.

Il n'y avait point à s'y tromper : ce n'était pas une comédie, bien que d'ordinaire Encarnacion fût capable de jouer toutes sortes de comédies.

Don Juan, pour le coup, éclata de rire.

— Ventre-saint-gris! s'écria-t-il, voilà votre affaire trouvée, mon beau-père... et toi, fillette, si tu veux, ta fortune est faite!... Eleonor de Tolède a déchiré son acte de mariage. As-tu fait parfois ce rêve de t'entendre appeler madame la duchesse?

— Seigneur comte, dit sèchement le Medina, n'oubliez pas que je ne suis point habitué encore aux belles façons des jeunes gens d'aujourd'hui... Je me donnerais peut-être le ridicule de m'offenser de vos parols... Sachez seulement de cette aimable personne, je vous prie, quelle est la cause de sa frayeur.

Don Juan s'inclina avec une déférence moqueuse et reprit :

— Voyons, aimable Encarnacion, vous devez bien voir que le lion de cet antre est on ne peut mieux apprivoisé... Je suis un vieil ami, en voici un tout jeune... Qu'avez-vous encore à trembler? Auriez-vous rencontré dans les corridors, déserts à cette heure, une ombre, une apparition, un fantôme?

Les paupières de la soubrette battirent et sa tête ébaucha un signe affirmatif.

Le sourire galant du bon duc se glaça.

— Un fantôme ! répéta-t-il d'une voix légèrement altérée ; jeune fille, expliquez-vous.

— Et d'abord, demanda Palomas, par quel étrange calcul avez-vous cru me trouver seul dans l'appartement privé du seigneur duc ?

— C'est le fantôme... articula péniblement la soubrette.

La physionomie de Medina-Celi se rembrunit davantage.

— Ah çà! beau-père, s'écria don Juan qui l'examinait, vous le connaissez donc, ce fantôme ? ou tout au moins saviez-vous qu'il y avait un fantôme dans votre maison ?

C'était un terrain sur lequel il ne fallait point railler. Le sang monta au visage de Medina-Celi, tandis qu'il répétait d'un ton plein d'amertume :

— De mon temps, la mode n'était point à certaines plaisanteries. Nous n'étions pas des esprits forts... Nous ne faisions pas venir nos idées de France avec les plumails de nos feutres ou les dentelles de nos rabats... Interrogez la señora ; je désire être fixé... Vous entendez ; il m'importe de savoir précisément ce qu'elle a vu.

Don Juan retourna gravement vers la table, emplit un grand verre de vin de rota et le présenta à Encarnacion en disant :

— Vous avez beau être de méchante humeur, seigneur duc, voilà ce qu'elles entendent maintenant par ces mots : quelques gouttes d'eau. Vous allez voir comment on guérit les paralysies de la langue... Bois, belle petite !

Encarnacion lampa une ample rasade et fit claquer sa langue gaillardement.

— Eh bien! dit-elle en fixant sur Medina un regard clair et hardi, pourquoi m'en cacherais-je?... C'est vous que j'ai vu, seigneur.

— Comment! moi!

— Vous en personne! j'en ferais serment devant le saint tribunal!... et c'est justement parce que je vous ai vu que je suis venue ici, où je pensais rencontrer le comte de Palomas tout seul... car je ne croyais pas qu'un homme pût être double et se trouver à la fois en deux endroits différents.

— Voilà qui est clair! murmura don Juan qui continuait de railler.

Le duc avait la tête courbée sur sa poitrine. Il gronda entre ses dents:

— Infâme coquin de Pedro Gil!...

— Vous dites? demanda Palomas.

— Je dis s'écria le duc avec colère, que cette fille est folle à lier!

— Par ma sainte patronne! riposta Encarnacion qui avait recouvré toute la volubilité de sa langue, je ne sais pas, moi, si monseigneur a intérêt à me faire passer pour folle...

Qu'il le dise, je suis aux gages de la maison... mais il me semble que j'ai l'esprit présent, et je ne sens rien clocher dans ma cervelle... Je cherchais le comte de Palomas, qui a été poli et convenable avec moi ce matin; j'avais quelque chose à lui dire en particulier, et comme je savais qu'il dinait en compagnie de notre maitre, je me déterminais à le faire prévenir par un valet, lorsque...

Mais est-ce déjà si fou, ce que je vous dis là, messeigneurs ?

— Non, répondit don Juan, c'est très sage. Continue.

Le bon duc haussa une seconde fois les épaules. Son air devenait de plus en plus morose.

— J'étais dans le couloir qui longe l'appartement de madame la duchesse, poursuivit la soubrette; je veux mourir sans faire pénitence si je songeais au seigneur duc !...

Tout à coup une porte dérobée s'est ouverte..... une porte que je ne connaissais pas... J'ai trouvé cela tout simple... Je n'ai eu qu'une pensée, c'est de m'applaudir de l'heureux hasard qui me permettait d'entretenir seul à seul le comte de Palomas.

— C'était donc bien le seigneur duc ? fit don Juan, le sourire aux lèvres.

— Qui sortait de chez la duchesse ? Oui, répondit Encarnacion.

— Beau-père, prononça tout bas Palomas, la situation se complique et devient délicate.

— Ignoble coquin de Pedro Gil ! grommela le bon duc au lieu de répondre.

Il avait le sang au visage, et ses mains se fermaient malgré lui.

Il se leva brusquement et gagna le buffet, où se trouvait une sonnette qu'il agita avec violence.

— Fi donc, opina don Juan, j'espère que vous n'allez pas faire un éclat.

— Je vais faire tout ce que je voudrai, entendez-vous ! répliqua le bon duc en proie à un accès d'extravagante colère. Que le diable vous emporte tous tant que vous êtes!... Ne pouvait-on me laisser en repos dans mon trou?

— Au château de Alcala? commença Palomas.

— La peste vous étouffe!... Il s'agit bien du château de Alcala... Dès le premier moment, j'ai flairé tous ces tracas... je voulais refuser... Ah! s'interrompit-il en prenant sa tête à deux mains, si je sauve mes oreilles, ce scélérat de Pedro Gil sera pendu, j'en fais le serment!

Il se promenait à grands pas autour de la chambre.

— C'est tout de même bien étonnant... murmura la soubrette à l'oreille de don Juan.

Celui-ci lui fit un signe de se taire et demanda tout haut :

— Petite, qu'avais-tu donc de si pressé à me dire?... Je t'autorise à parler devant le seigneur duc.

— J'avais à vous dire, répliqua Encarnacion, qu'il est temps d'entrer en campagne... Dona Isabel vient de nous donner congé à toutes deux...

— A toutes deux?... répéta Palomas.

— A la fille de l'oidor et à moi, s'entend... Je crois que cette senora Gabrielle est une rusée commère... Et je crois aussi que le jeune estremeno... vous savez, votre rival, lui tient au cœur.

— Comment sais-tu cela?

— Comment sais-je le reste ?... Le seigneur Ramire a rôdé sous les fenêtres, et la fille de l'oidor a de grands yeux bleus qui parlent...

Un domestique entra et dit :

— Sa Grâce a sonné?

Le bon duc s'arrêta court dans sa promenade.

— Sa Grâce! répéta-t-il. Ah! le coquin!

Puis, s'adressant au domestique :

— Comment t'appelles-tu, toi?

— Votre Excellence m'avait si bien reconnu ce matin! Je suis Pedro Nunez...

— C'est bien!... tais-toi! on a perdu le respect dans cette maison qui est restée si longtemps sans maître... Par tous les saints! nous mettrons bon ordre à cela...

Écoute-moi et obéis, si tu tiens à ta peau! Tu vas sortir par la grande porte qui donne sur la place de Jérusalem... tu vas aller jusqu'au parvis de Saint-Ildefonse... là, à gauche de l'église, tu trouveras deux hommes déguisés en mendiants, tu diras : Saint-Esteban...

— Il se passe d'étranges choses dans la ville, murmura Pedro; si on allait me prendre pour un conspirateur!...

— Butor! je te chasse... Appelle un autre de mes serviteurs!

— Que Votre Excellence s'apaise! j'exécuterai de point en point les ordres qu'elle voudra bien me donner.

— Je te le conseille!... Les deux hommes viendront à toi; tu retourneras sur tes pas sans mot dire; ils te suivront. Tu les amèneras jusqu'ici... Va!

Pedro Nunez sortit courbé en deux.

— Beau-père... voulut dire don Juan.

— Je ne suis pas tombé si bas qu'on le pense, Seigneur comte, interrompit Medina en proie à une agitation fiévreuse; par les Sept douleurs! je me tiens encore ferme sur mes jambes... Faites vos affaires et marchez droit!... J'ai besoin d'être seul.

— Ah çà, insista le comte, quelle mouche vous pique?

Le bon duc lui montra la porte d'un geste impérieux.

— Allons! fit don Juan, gardant héroïquement sa belle humeur. Viens, petite : le seigneur duc a des moments d'humeur noire... C'est le produit de sa dure et longue captivité... A vous revoir, beau-père.

Il ceignit son épée, posa son feutre de travers et passa le seuil en adressant un signe familier.

Celui-ci, resté seul, se laissa tomber de son haut dans un fauteuil.

— Coquin de Pedro Gil! prononça-t-il pour la troisième fois sur un mode plus plaintif encore. Traître! scélérat! malfaiteur! Voilà dix ans! peut-être quinze ans... même davantage... que j'avais désappris à souffrir de l'estomac!... mes digestions se faisaient admirablement, mes nuits étaient tranquilles, je me levais le matin frais comme une rose. Eh bien! je sens que ce misérable dîner ne passe pas... J'ai reçu un coup... Et c'est pour de pareils soucis que j'ai abandonné ma bien-aimée besace... *Aurea mediocritas*, si jamais il en fut! je poignarderai ce Pedro Gil... je l'étranglerai de mes propres mains... je ne plaisante pas : il me faut une victime!

Il essuya son front en sueur et reprit :

— Medina!... un homme terrible?... qui aurait tué le Cid comme une mouche! Dieu vivant! dans quel pétrin m'a-t-on fourré! Un fantôme, a-t-elle dit! un fantôme qui rôde du côté des appartements de la duchesse!... Ce sont les spectres de chair et d'os qui me font peur, à moi!... S'il allait venir...

Il sauta sur ses pieds, leste comme un acrobate.

On venait de frapper tout doucement à la porte extérieure.

Le bon duc fit en courant le tour de la table, et jeta à la ronde ses regards effarés.

La porte s'ouvrit. Pedro Nunez rentra suivi de deux hommes déguenillés, mais qui portaient leurs loques avec cette fière crânerie des gueux de bon aloi.

Le duc, qui semblait avoir voulu se faire de la table un rempart, les regarda d'un air satisfait. Son visage bouleversé reprit un peu de calme.

— Ce Gabacho est un solide gaillard, dit-il en les toisant de l'œil, et ce Picaros a des épaules de taureau, malgré ses cent ans!

— Entrez, mes bons amis, reprit-il tout haut, et toi, maraud, va t'en!

— Entends-tu, maraud, appuya Gabacho, qui drapa d'un geste superbe les débris de son manteau.

Pedro Nunez se hâta d'obéir et courut à la conciergerie, où le conciliabule des bons serviteurs était encore assemblé. Il raconta son aventure.

— Hommes, dit Catalina, bourrez les espingoles!

Dans la chambre du bon duc notre paire de gueux faisait son entrée.

— Comment cela va-t-il, depuis ce matin? demanda Gabacho.

— O toi, que j'ose appeler mon maître et mon ami ! ajoutait le centenaire Picaros, que toutes les bénédictions du ciel descendent sur ta vénérable tête !... Tu as sauvé aujourd'hui l'antique monarchie espagnole, et quoique je ne comprenne pas bien comment tu es à la fois Medina-Celi et Esteban d'Antequerre...

— Que chante celui-là ? gronda le bon duc, dont le front se rembrunit encore une fois.

Gabacho déposa son bâton dans un coin et se mit bravement à table.

— Vous êtes le libérateur des gueux de Séville et l'ange gardien de Philippe IV, dit-il. On vous aurait fait quelque joli cadeau, si vous étiez resté dans la cour de l'Alcazar.

Il chargea son assiette de tout ce qui était à sa portée, et se versa un large verre de vin.

Puis il poursuivit la bouche pleine :

— On ne parle que de vous dans la ville... et ceux qui savent un peu la politique ne sont pas embarrassés pour dire le fin mot... Vous avez pris le nom et les habits de saint Esteban pour dépister le comte-duc...

— Moi !... fit le bon duc dont les yeux s'écarquillaient, j'ai pris le nom et les habits de saint Esteban ! Par le calvaire, vous me ferez perdre la raison !

Picaros étendit la main.

— Maître, dit-il avec douceur et noblesse, et très illustre duc ! J'ai bien vu que tu étais un peu exalté quand tu as assommé ce pauvre Caparrosa, qui croyait bien faire en brûlant la première amorce... Tu aurais pu frapper moins fort !

— J'ai assommé Caparrosa! grommela le bon duc.

— Il était de la jeune école et ne respectait pas assez les anciens, reprit Gabacho après avoir vidé son verre; mais le roi des gueux n'a pas droit de vie et de mort sur ses frères. Voyons, Picaros, à table!

Le bon duc pressa ses tempes à deux mains.

— Il y a donc un effronté misérable, commença-t-il, qui a osé joué ce rôle de roi des gueux et voler le nom de saint Esteban!...

— Comment! comment! s'écrièrent à la fois Picaros et Gabacho.

— Quel temps! quel siècle! fit le Medina, en proie à une sincère et profonde indignation; quelles mœurs!... que reste-t-il de sacré?... Un duc qui s'abaisse à voler un pauvre malheureux mendiant!

Gabacho eût certes étouffé s'il n'avait saisi un flacon et bu à même.

Picaros poussait des exclamations de tragédie :

— O ciel! qu'entends-je?... En croirai-je mes sens?...

Le bon duc donna sur la table un coup de poing qui fit sauter assiettes, verres et bouteilles.

— L'oidor Pedro Gil était là, n'est-ce pas? dit-il, comme si un trait de lumière l'eût frappé tout à coup.

Les deux gueux de la vieille école répondirent affirmativement.

— Je comprends tout! s'écria le bon duc; c'est une nouvelle machination de ce démon incarné !

Le Medina est roi des gueux, pendant que le ro
des gueux est...

— Ah çà! interrompit Gabacho, sommes-nous
malade?

— O mon maître très illustre! ajouta le centenaire Picaros, avec respect, est-ce que la tête
déménage?

— Levez-vous! ordonna le duc d'une voix tonnante; voici le moment venu de mourir pour la
défense de votre roi!

Gabacho repoussa son assiette, tandis que
Picaros voûtait instinctivement son échine et ramenait ses épaules en dedans. Cet héroïque destin
semblait leur répugner également à l'un et à
l'autre. Gabacho fit un faux pas vers la porte,
Picaros en risqua deux.

— Restez! commanda le bon duc; toutes les
issues sont gardées. Si vous franchissiez le seuil
de cette salle, je ne donnerais pas un maravédis
de votre vie.

Ils s'arrêtèrent tous deux, frissonnants et tremblants sur leurs jambes. L'idée leur vint peut-être
de résister : ils étaient deux contre un. Mais ce
diable d'homme avait des épaules d'hercule, et la
façon dont il avait traité Caparrosa dans la cour
de l'Alcazar donnait la chair de poule à nos
braves.

Le bon duc, au contraire, grandissait. Son agitation prenait des tournures épiques. Il avait la
tête haute, le regard sombre et fier. Sa parole
lente retentissait pleine d'emphase. Ses gestes
eussent embelli une scène de tragédie.

— Votre silence est pour moi plus éloquent que

de longs discours, dit-il ; je suis content de vous voir dans des dispositions pareilles. Du reste, je n'espérais pas moins de votre dévouement : vous êtes l'élite et la crème de la gueuserie andalouse. Barricadez ces portes ! roulez des meubles contre ces fenêtres ; je ne vous cache pas que nous allons soutenir un siège...

— O mon maître bien-aimé ! insinua Picaros, ma prudence peut être utile dans le conseil, mais s'il s'agit d'un coup de main...

— Tais-toi, rusé compère... Tu ne connais pas ta propre valeur !

— Du diable si je suis bon pour semblable besogne ! dit à son tour Gabacho ; n'avez-vous point des valets pour soutenir vos sièges ou livrer vos batailles ?

— La paix ! tu te ravales !... Voyons ! à l'œuvre, ou je ne réponds plus de rien !

Les deux portes qui donnaient accès au dehors furent d'abord fermées à double tour, puis assujetties au-dedans à l'aide de deux barres de fer.

Nos deux braves y allaient mollement et le bon duc suait sang et eau pour aiguillonner leur paresse. On parvint cependant à rouler de gros meubles devant les fenêtres, qui furent en outre solidement recouvertes de leurs volets. Medina-Celi inspectait les travaux et mettait parfois la main à l'œuvre.

— Demain, il fera jour, disait-il cependant ; que nous parvenions seulement à passer la nuit sans encombre, tout est sauvé... Soyons fermes, mes enfants... Vous savez si j'ai du crédit à la cour.

Demain vous serez à votre choix, bourgeois de Séville ou fonctionnaires publics, car je ne sais pas mettre de bornes à ma reconnaissance.

— Y a-t-il des fonctions publiques où l'on n'ait rien à faire ; demanda Gabacho.

— Parbleu!... Du neuf! Nous sommes à bout de nos peines!

— Moi, soupira Picaros, j'aimerais une retraite paisible, non loin des fraîches rives du fleuve, avec un verger modeste, des gazons fleuris et quelques animaux domestiques pour animer le calme de cet asile.

— Tu auras tout cela! Du cœur à la besogne! Dieu vivant! Vous êtes d'honnêtes âmes! Nous voici dans une forteresse! toutes les issues sont closes!

Il se frotta les mains en contemplant d'un air satisfait son appartement barricadé.

— Aux armes, maintenant!

Pour le coup, Gabacho et Picaros échangèrent des regards qui parlaient ouvertement de révolte. Mais le bon duc était à l'une de ces heures où l'on ne connaît pas d'obstacle.

Il saisit d'une main le faux aveugle, de l'autre le centenaire de quarante ans, et les entraîna tous les deux, bon gré, mal gré, au pied d'un magnifique trophée qui ornait l'une des encoignures de sa chambre à coucher.

Il y avait là l'épée du grand marquis de Tarifa, la hache d'armes de Guzman le Bon, une zagaie conquise sur Boabdil au siège de Grenade, un cimeterre ayant appartenu au farouche Muley ; il y avait des armes à feu gigantesques et des hallebardes faites pour être maniées par des Titans. Le duc se jeta sur cet amas d'engins destructeurs comme sur une proie. Il arracha plutôt qu'il ne prit deux hallebardes; il saisit des cimeterres et des épées à deux mains. Il choisit deux espingoles grosses comme des canons de huit livres de balles.

— Tenez! criait-il en même temps, la sueur au front et l'éclair dans les yeux : pensez-vous que la garnison soit au dépourvu? Mort du Sauveur! mes camarades, nous mettrons de la mitraille dans les deux tromblons... assez de mitraille pour foudroyer un bataillon! Ah! ah! de par le Calvaire! ils n'ont qu'à venir!... Prends ce cimeterre, Picaros... Crois-tu qu'il y ait beaucoup de soldats comme toi dans l'armée de Philippe IV?... Prends ce kangiar et aussi cette pique, au nom de tous les saints!... Glisse ces deux poignards à ta ceinture, Gabacho! Sais-tu que tu es encore vert? A toi cette bonne lame de Tolède, avec cette miséricorde et cette hache d'armes! Munis-toi, par dessus le marché, de cette espingole, et vise à l'estomac, mon garçon... et tire vaillamment la languette!...

Moi, je vais revêtir cette cotte de mailles. J'aurai pour combattre au besoin ce casse-tête, cette épée castillane et ces deux pistolets évasés. Ventre-Mahon! cet abject coquin d'oïdor ne se doute pas de ce que je lui prépare!...

— C'est donc Pedro Gil?... commença Picaros.

— Demain, mon ami, demain! interrompit Medina au comble de l'exaltation; êtes-vous armés de toutes pièces?... A vos postes! Par saint

Michel Archange ! le roi d'Espagne n'a qu'un gentilhomme étendu en travers de la porte de sa chambre à coucher... moi, j'en aurai deux... et de fiers garçons ! j'e j par l'espoir de mon salut éternel !

Il les prit tous deux par la main et les tint à distance pour les passer en revue, armés qu'ils étaient de pied en cap. Puis il les ramena dans la salle où avait eu lieu le souper.

— Un flacon à chacun, continua-t-il en joignant le geste à la parole, mais n'en abusez pas ! Gardez vos mains libres et votre esprit présent... Toi, Gabacho, à gauche ; toi, Picaros, à droite... Restez debout ou couchez-vous, cela m'est bien égal. Vous êtes intéressés à vous garder, car le danger est commun... Bonne nuit, mes enfants, je vais dormir tranquille.

Il repassa la porte qui communiquait avec la salle à manger, et se garda de la fermer.

Puis tenant à la main sa lampe, il fit le tour de sa chambre à coucher, tâtant partout les lambris et les tapisseries, pour se bien convaincre qu'il n'y avait point d'issue secrète.

— Demain, il fera jour, répétait-il tout haut ; nous verrons si le roi paye ses dettes !

Mais tout bas, en revêtant la cotte de mailles qui devait protéger son sommeil, il ajoutait :

— Demain, je prends la clef des champs... Le coquin de Pedro Gil se débrouillera comme il pourra. Dieu vivant ! je crois que j'ai eu de l'ambition pendant vingt-quatre heures ! Esteban, mon ami, l'ambition perd les hommes... Soyez matinal demain, videz la cassette du bon duc dans votre bosace, décampez comme un joli garçon et allez goûter quelque part, en Navarre ou en Galice, le repos qu'ont mérité vos vertus !

Il se jeta tout cuirassé sur le lit, et dit à ses gentilshommes de la chambre, qui buvotaient pour se consoler :

— Veillez, mes braves... une nuit est bientôt passée !

XII

LA FILLE DE L'OÏDOR

C'était derrière ces fenêtres où brillait doucement, au travers des carreaux, la gaze blanche des draperies. En levant les yeux vers ces fenêtres, les cinq Nunez et le vieux Savien avaient dit :

— Notre senorita fait la prière du soir ; que Dieu garde le plus doux de ses anges !

Il y avait une lampe sur un guéridon massif de vieux style espagnol. Les lambris, tapissés de cuir largement historié et doré, renvoyaient par place la lumière discrète.

De grands vases rouges en terre de Tétuan se rangeaient en demi-cercle sur quatre ou cinq lignes superposées et formaient une odorante colline d'arbustes en fleurs.

Par les portes ouvertes, on apercevait d'une

part la blanche retraite de dona Isabel, dont les croisées donnaient sur la place de Jérusalem, de l'autre le corridor conduisant aux appartements de la bonne duchesse.

Il était tard, aucun bruit ne montait plus de la ville endormie. A l'intérieur, le silence n'était coupé, à de longs intervalles, que par le cri des gonds rouillés et ne sachant plus virer sur leur axe. Toutes les portes allaient ainsi se fermant tour à tour. Il y avait déjà du temps que les pas du dernier valet attardé avaient éveillé l'écho sonore des galeries.

Dona Isabel était demi-couchée sur un lit de repos, au pied des arbustes fleuris. Sur la table, on voyait son livre d'heures ouvert et montrant les riches enluminures de ses marges, quelques feuillets de musique, et sa broderie où les fils de métal chatoyaient parmi les suaves couleurs de la soie.

Le costume de dona Isabel n'était point celui qui convient à pareille heure. Au lieu des vêtements légers et flottants qui laissent le corps libre pour le repos du soir, elle portait un juste de velours noir agrafé du haut en bas, sur lequel s'ouvrait un corsage à la turque, noir aussi, mais relevé par une garniture de microscopiques boutons en argent ciselé. Sa basquine longue se retroussait sur le côté, retenue par un lac de rubans, et découvrait ses petits pieds, chaussés de brodequins montants.

Une résille à mailles serrées emprisonnait l'abondante richesse de ses beaux cheveux, et se cachait à demi sous un énorme voile de dentelle dont les plis doubles se drapaient au loin sur le divan.

Ainsi s'habillaient les nobles voyageuses au temps de Philippe IV. Les coches et autres moyens de transport qui commençaient à se montrer en France étaient encore inconnus en Espagne. On n'allait en carrosse qu'à la condition d'avoir pour escorte un bataillon de valets armés jusqu'aux dents, et une avant-garde de piqueurs-pionniers pour écarter les roches, abattre les buissons et combler les fondrières.

Les routes ne se distinguaient de la campagne abrupte que par la fréquence des pièges à mules creusés par les soins des bandits de grand chemin.

Un métier presque aussi recherché que celui de gueux ou d'Alguazil !

Le plus court et le plus sûr était encore de voyager à dos de mulet ou à cheval. Quand on échappait aux mille embarras de la voie, on pouvait livrer bataille aux voleurs, ou marchander avec eux le droit de passage. Ces deux sortes de dangers une fois évités, il n'y avait plus qu'à composer avec l'hermandad, protectrice de la sécurité publique.

On citait des gens hardis et heureux qui avaient rapporté ainsi de Grenade à Séville ou de Madrid à Valladolid tous leurs membres, toute leur peau et une certaine portion de leurs bagages.

Mais on n'en citait pas beaucoup, et quiconque bouclait sa valise de voyage donnait son âme à Dieu après avoir fait son testament.

A l'autre extrémité de la chambre, debout et appuyée contre le haut dossier d'un fauteuil armorié, se tenait une jeune fille à la taille frêle et charmante, qui semblait attendre et rêver. Celle-là était dans l'ombre. La lampe trop éloignée n'envoyait à son visage que de faibles et vacillants reflets. On distinguait cependant sous sa coiffure de dentelle noire les masses abondantes et bouclées d'une merveilleuse chevelure blonde.

Elle était immobile. Vous l'eussiez prise pour une ravissante statue, sans les battements de son sein, qu'un soupir contenu soulevait par intervalles.

Un coup unique et retentissant sonna à l'horloge, dont le balancier patient grondait dans son armoire d'ébène.

— Onze heures et demie! murmura Isabel.

— Vous appelez, Senora? demanda l'autre jeune fille, qui sembla s'éveiller en sursaut.

Les sourcils noirs de la belle Medina se froncèrent, tandis qu'elle tournait son regard vers sa compagne.

Je vous avais ordonné de suivre Encarnacion, dit-elle, pourquoi êtes-vous près de moi?

La jolie blonde quitta l'appui du fauteuil, baissa les yeux et ne répondit pas.

— C'est Gabrielle, je crois, qu'on vous nomme, reprit la Medina dont la voix s'adoucit; allez vous reposer, ma fille; vos soins me sont désormais inutiles, et je désire être seule.

Au lieu d'obéir, Gabrielle fit quelques pas vers la table. Elle entra ainsi dans le cercle de lumière que rabattait le chapeau de métal suspendu au-dessus de la lampe.

Vous eussiez reconnu alors le riant et doux visage de la fille de Pedro Gil.

Seulement il y avait sur son front d'enfant un nuage de mélancolie.

— Ne m'a-t-on point trompée ? pensa tout haut la Medina. Est ce un espion qu'on a mis à mes côtés, sous prétexte de me donner une suivante ?

Gabrielle avançait toujours.

Elle vint ainsi, d'un pas calme et lent, jusqu'au pied du lit de repos. Elle s'arrêta ; puis, fléchissant un genou elle baisa la main de la Medina.

— J'étais une toute petite enfant, murmura-t-elle, quand mon père m'éloigna de lui pour me renfermer au couvent de Badajoz.

Et pourtant, je me souviens des hautes tours de Penamacor, du grand jardin plein d'ombre et de touffes de fleurs bleues qui se balancent à la brise des soirs, le long des rives de la Mabon.

Dona Isabel la regarda avec étonnement.

— Et je me souviens de vous aussi, noble Senora, poursuivit la fille de l'oidor comme si elle eût éprouvé un plaisir mêlé de tristesse à remonter ainsi le cours des années. Je me souviens de vos bontés et de vos caresses... Vous aviez un an de plus que moi : c'est beaucoup à cet âge... Pendant bien longtemps je n'avais qu'à fermer les yeux pour revoir votre angélique sourire... Vous, au contraire, vous avez oublié tout de suite la pauvre enfant que vous pariez comme une poupée et que vous aimiez comme un de vos jouets...

— Gabrielle, murmura la Medina, dont la mémoire s'efforçait, je me souviens bien... je pleurai quand on m'enleva ma Gabrielle.

Les larmes vinrent aux yeux de la fille de l'oïdor.

— Vous êtes bonne, Senora, dit-elle ; Dieu me garde d'accuser mon père... mais je sais qu'il vous a fait du mal, je sais qu'il vous hait... et moi je vous aime.

Cette dernière parole fut prononcée d'un ton si sincère et si doux, que la belle Medina ne put s'empêcher de sourire.

Mais ce fut un éclair. Elle tourna la tête et demanda :

— A quel propos me parlez-vous ainsi, ma fille ? Je suis lasse aujourd'hui, et je ne sais pourquoi j'ai une grande tristesse dans le cœur...

— Vous ne savez ?... répéta Gabrielle avec une inflexion de voix étrange.

Ses yeux, demi-clos et longs, fendus, étaient fixés sur ceux de la Medina, qui reprit sa posture nonchalante.

Il est des heures où quiconque veut entrer dans votre secret vous est suspect. Et certes, dans cette maison, la fille de l'oïdor n'était pas la première venue. Son nom seul et les liens étroits qui l'unissaient à Pedro Gil devaient faire naître le soupçon.

Isabel dissimula ses méfiances derrière un geste de fatigue et dit à Gabrielle :

— Plus tard, mon enfant, nous reprendrons cet entretien ; mais, en ce moment, je n'ai qu'un besoin : être seule, afin de reposer.

— Appellerai-je Encarnacion pour votre toilette de nuit, senora ? demanda Gabrielle.

La Medina frappa du pied avec colère.

— J'ai parlé, prononça-t-elle sèchement, je suis habituée à être obéie.

Gabrielle s'inclina avec respect.

— Il ne me reste plus qu'à m'éloigner, dit-elle ; mais que ma noble maîtresse me pardonne ; cet entretien ne sera jamais repris... nous sommes à la dernière heure... plus tard, il ne sera plus temps !

Les yeux de la Medina interrogeaient malgré elle.

— Vous avez dit tout à l'heure, poursuivit Gabrielle : « J'ignore pourquoi j'ai la tristesse dans le cœur... » Moi, je le sais...

— Vous ! s'écria Isabel.

— Hélas ! Senora, moi aussi, je suis triste, bien triste... Hier, je ne savais que sourire, aujourd'hui j'ai pleuré... je pleurerai tous les jours et je ne sourirai plus... Mais ne craignez point que je vous fasse ici l'histoire de mes peines...

Il s'agit de vous. Vous ne savez, c'est vrai... mais vous vous sentez au bord d'un danger profond comme un abîme. La bonne duchesse, votre mère, vous a quittée ce soir en vous disant : « Tiens-toi prête... »

— Comment sais-tu cela, jeune fille ? demanda Isabel qui tremblait.

— « Tiens-toi prête, » répéta Gabrielle au lieu de répondre ; « tu partiras cette nuit. » Vous avez demandé le but de ce voyage... Et depuis que vous avez l'âge de parler et de penser, vous ne vous souvenez point d'avoir adressé à votre douce et tendre mère une question qui soit restée sans réponse... Pourtant elle a froncé le sourcil, et sa bouche a prononcé ces paroles sévères :

« Ne peux-tu avoir confiance et obéir?... » Or, vous avez un secret, Senora, et votre mère l'a surpris aujourd'hui même...

— Tu m'épiais déjà?

— J'étais la troisième, et ce n'était pas vous que je cherchais.

La voix de Gabrielle se fit plus sourde en laissant tomber ces dernières paroles.

Isabel avait les yeux baissés. Elle les releva avec une sorte de terreur farouche.

— Nous étions seuls tous trois... murmura-t-elle.

— Vous vous trompez, senora ; ils étaient deux de l'autre côté de la haie de buis...

Vous avez craint un châtiment, reprit-elle, car aimer est un crime, et votre secret, c'était de l'amour... Mais depuis que la noble Eleonor de Tolède vous a parlé avec cette rudesse austère, vous l'avez revue, et sur son visage pâli vous n'avez trouvé que miséricorde et douceur.

Vous avez passé deux longues heures auprès de son lit de souffrance ; vous avez suivi les progrès de la fièvre. Vous l'avez entendue qui disait : « Mon Dieu ! ne m'appelez pas à vous encore ; ces deux enfants ont besoin de moi!... »

— Tu étais là, jeune fille ! interrompit la Medina dont la paupière brûlante essayait de retenir une larme ; penses-tu que ma bien-aimée mère soit en danger de mourir?

— Dieu la sauvera, senora ; j'ai fait un vœu...

— Toi, un vœu !... Pourquoi t'intéresses-tu à ma mère?

Gabrielle eut un sourire mélancolique et charmant.

— Nous étions deux amies, là-bas, dit-elle, dans la maison de mon père... Deux sœurs plutôt, car j'aurais donné mille fois ma vie pour Aidda... Son père, comme le mien, menait une existence mystérieuse.

Ne vous étonnez plus, Senora, si j'ai pu soulever devant vous certains voiles ; on ne s'inquiétait point de moi parce que j'étais une enfant ; on parlait : j'ai souvent écouté d'étranges choses... Mais c'est d'Aidda, ma compagne, que je veux vous entretenir... Nous restions ensemble tant que durait le jour, et Dieu sait où allaient nos longues causeries... Un soir, je me souviens de cela, ma sœur était triste et toute pâle. Nous vînmes à causer d'amour, sujet toujours nouveau, thème inépuisable, surtout pour celles qui n'aiment pas encore et qui bravent en riant le péril inconnu. Je ne sais comment cela se fit, la mélancolie d'Aidda fut plus forte que ma gaieté. L'entretien s'assombrit. J'avais déjà le cœur serré, quand Aidda me demanda : « Que ferais-tu, toi, Gabrielle, si tu aimais et si tu étais trahie ? »

— Comment puis-je savoir, répondis-je, puisque je n'aime pas!

— Ne devines-tu point ce que c'est que la jalousie ?

— Si fait, ma sœur ; il me semble que c'est un mal cruel.

— Cruel... oui... bien cruel! répéta par deux fois Aidda dont les yeux noirs lançaient de lugubres éclats.

Elle me demanda encore :

— Tu te représentes bien une rivale ?

— Certes.

— Une rivale heureuse?...

J'eus comme un frisson dans le cœur. Aïdda poursuivit :

— Si tu avais devant toi ta rivale... heureuse, Gabrielle, que ferais-tu?

— Je ne sais... et toi?

— Moi, repartit froidement Aïdda, que je n'avais jamais vue ainsi, car ses prunelles brûlaient comme deux flammes au milieu de sa face livide ; moi, je la torturerais avant de la tuer !

Dona Isabel se souleva sur le coude. De vagues lueurs s'allumaient dans ses yeux.

— Cette Aïdda est fille de Maure? dit-elle.

— Fille de Maure, mais chrétienne... Depuis que j'existe, Senora, je n'ai point rencontré d'âme plus loyale et plus généreuse que celle d'Aïdda, ma sœur ; mais elle m'aime... Moi qui n'aimais pas encore, je lui pris les deux mains et je lui dis : « Moi, ma sœur, je la fuirais victorieuse... si je la voyais vaincue ou menacée, je crois que ma colère tomberait... »

— C'est que vous n'aimiez pas... murmura dona Isabel ; si vous aviez aimé...

— J'aime, prononça doucement la fille de l'oidor.

— Et vous rétractez vos paroles?...

— Et je les répète, Senora... je n'aimerai qu'une fois...

— Écoutez... elle est bien courte l'histoire de mon pauvre cœur... Elle commença hier, elle s'est terminée ce matin... Je l'ai vu, je l'ai adoré ; j'ai eu de lui un baiser sur le bout de mes doigts, avec un sourire... Ce sourire et ce baiser feront tous mes souvenirs; ma vie n'aura eu qu'un jour. Mes radieux espoirs se sont évanouis en naissant, toute mon existence a vécu l'âge d'un rêve, quand j'ai compris qu'il ne pouvait m'aimer...

— Son cœur est à une autre? demanda Isabel, intéressée à son insu.

— Tout son cœur!... et cette autre est si fort au-dessus de moi!... Mais revenons à mon vœu, Senora. Je voulais mourir... la pensée de ma mort séchait déjà mes larmes, lorsque je vis la bonne duchesse, votre mère... Je devinai le deuil qui emplit cette demeure, et je promis à Dieu de supporter ma souffrance s'il ramenait le bonheur dans la maison de la fiancée de don Ramire de Mendoze... »

— Ce serait lui! s'écria Isabel en se redressant stupéfaite.

— Le jour où mon vœu sera exaucé, vous ne me verrez plus, Senora. Je disais à ma sœur Aïdda : « Je la fuirai victorieuse. » Ce que j'ai dit, je le ferai... Je sais un couvent silencieux et profond comme une tombe... Vous serez victorieuse, dona Isabel Perez de Guzman : je vous fuirai.

La Medina était Espagnole. Cette race vit d'orgueil. Il y eut je ne sais quelle nuance de fierté déplacée dans le compatissant regard qu'elle tourna vers Gabrielle.

Toute rivalité implique comparaison; il lui déplaisait d'être dans un des plateaux de la même balance avec la fille de l'oïdor.

Ce fut l'affaire d'une seconde. La véritable noblesse de son cœur reprit bien vite le dessus. Elle tendit sa main à Gabrielle, qui la porta une seconde fois à ses lèvres.

— Vous êtes généreuse et bonne, ma fille, dit Medina, j'ai confiance en vous, malgré le nom que vous portez... Apprenez-moi ce que vous savez... Aussi bien l'heure passe, et peut-être les desseins de ma mère ont-ils changé.

Gabrielle secoua la tête d'un air de doute.

Le premier coup de minuit tomba du clocher de Saint-Ildefonse.

Un son de guitare vibra au loin. Il semblait partir des bosquets.

Dona Isabel se leva tremblante.

— C'est lui! dit Gabrielle, qui essaya de sourire, mais dont la douce voix chevrota.

— Vous saviez qu'il devait venir?

— Je le savais...

— Si ma mère venait maintenant!... dit Isabel, inquiète.

— Elle va venir... Le signal n'est pas pour vous; il est pour Eleonor de Tolède.

— Pour ma mère? Au nom du ciel, parlez! je ne vous comprends pas.

Au lieu de répondre, la fille de l'oidor tendit l'oreille vers la fenêtre ouverte, et se mit à écouter attentivement. Du côté de la place de Jérusalem, le cri du veilleur de nuit mourait au lointain; vers le jardin, c'était au contraire le silence.

Mais de même qu'on aperçoit vaguement dans l'obscurité, si complète qu'elle soit, le mouvement et la forme des objets, de même parmi le silence le plus profond, l'oreille saisit parfois des vibra-

13.

tions sourdes et confuses, — des fantômes de sons, si l'on peut ainsi dire.

Ce n'était pas aux soupirs de la brise nocturne balançant doucement le feuillage des lauriers-roses que Gabrielle prêtait ainsi une oreille attentive.

— Il y a plus de deux chevaux, murmura-t-elle, et il n'est pas seul dans le jardin!

— Je vous en prie... insista Isabel, expliquez-vous!

Elle va venir! répéta la fille de Pedro Gil; elle a tardé jusqu'à cette heure, mais il faudra bien qu'elle parle.

C'étaient les murs d'un cloître qui vous faisaient peur, n'est-ce pas, senora? Le silence de la bonne duchesse vous épouvantait... Elle va venir plus tremblante que vous, non point pour menacer et pour supplier... Elle va venir, elle a entendu le signal : don Ramiro vous attend...

L'expression de la physionomie d'Isabel changea brusquement. Tout l'orgueil de sa race brilla dans son regard fixe et froid.

— Quel rôle jouez-vous ici, jeune fille? prononça-t-elle avec dédain.

— Vous m'avez interrogée, senora. Je vous réponds que votre noble mère a choisi Mendoze pour votre protecteur... Ce voyage est un enlèvement...

Les deux mains d'Isabel pressèrent ses tempes.

— Et c'est ma mère!... commença-t-elle.

Puis, se reprenant et retrouvant toute sa fierté :

— Tu mens!... Tu es la fille du serviteur infidèle... Je devine derrière tes tromperies quelque misérable trame... Tu as feint d'aimer et de te sacrifier pour conquérir tout d'un coup ma compassion et ma tendresse... Nos ennemis t'ont dit : « Elle est jeune, elle est éprise : tu n'auras pas de peine à l'entraîner, si tu lui jettes pour appât le nom de Mendoze... » Ils n'ont oublié qu'une chose, c'est le nom que je porte... Je suis la Medina-Celi, ma fille ! Va leur dire que ma noblesse est un rempart contre la trahison.

Le vent des nuits apportait un second accord de guitare.

— Va! répéta Isabel ; ils attendent en vain..... Si ma mère chérie venait elle-même en ce moment me confirmer tes paroles, je dirais que Dieu l'a frappée et qu'elle a perdu la raison !

Gabrielle avait croisé ses bras sur sa poitrine. Ses yeux charmants exprimaient une sorte de respectueuse pitié.

— Et si vous n'étiez plus la Medina-Celi? prononça-t-elle si bas qu'Isabel eut peine à l'entendre.

Les yeux de celle-ci s'ouvrirent tout grands, et une pâleur mortelle envahit son visage.

Une voix sourde et brisée s'éleva vers la porte de l'appartement de la bonne duchesse.

— Ta mère n'est pas folle, disait-elle, et ta mère t'ordonne de partir... Tu n'es plus l'héritière des ducs... Tu es la fille d'une pauvre femme trop faible pour défendre son enfant.

Isabel essaya de se mettre sur ses pieds, mais elle retomba paralysée.

Son œil distendu se fixait sur le seuil où Eleonor de Tolède, livide comme une morte et appuyée des deux mains aux montants de la porte, se tenait debout.

— Enfant, reprit celle-ci avec effort, j'ai donné ma gloire pour ton salut... j'ai déchiré le contrat qui me faisait la femme légitime du premier gentilhomme du royaume, afin de garder sur toi mon autorité de mère qui te protège et te couvre... si Dieu me punit, je demande à sa miséricorde que le châtiment ne me vienne pas par toi.

— Ma mère ! ma mère ! balbutiait Isabel, dont les sanglots éclataient, n'ajoutez pas un mot. Je vous crois et je vous bénis !

La duchesse voulut lui tendre ses bras, mais elle chancela dès qu'elle n'eut plus l'appui des montants de la porte. Isabel s'élança pour la soutenir.

— Si tu me crois, et si tu me bénis, ma fille, poursuivit Eleonor de Tolède, en couvrant de baisers le front que la senorita cachait dans son sein, il faut m'obéir, car l'heure presse. J'ai mis longtemps à venir de ma chambre à coucher jusqu'ici.

— C'est donc bien vrai ce qu'elle me disait ? murmura Isabel en montrant la fille de l'oidor.

La duchesse, épuisée par l'effort qu'elle venait de faire, fut quelques secondes avant de répondre. La fièvre tachait de rouge ses joues blêmes. Dans les mains d'Isabel, ses mains se glaçaient et brûlaient tour à tour.

— Cette jeune fille ?... dit-elle enfin : ma pauvre tête est bien faible, et il me semble parfois que mes idées s'égrènent comme les perles d'un collier dont le fil serait rompu... cette jeune fille m'a remis une lettre signée d'un nom bien cher et qui me dit d'avoir confiance... La Vierge sainte aura pitié de nous, mon Isabel... Le pavé, la poussière des chemins, tout vaut mieux pour toi que cette maison déshonorée et maudite. N'ai-je pas entendu le troisième signal ?

— Vous l'avez entendu, noble dame, répondit Gabrielle, qui avança de quelques pas, tenant la mante et l'aumônière d'Isabel.

Eléonor de Tolède colla ses lèvres sur le front de sa fille.

— Il faut partir, dit-elle ; je l'ai jugé : c'est un cœur loyal. Porte-lui le baiser de sa mère, car je l'ai déjà nommé mon fils...

Adieu, toi qui aurais été l'amour de mon Hernan ! adieu, trésor de mon cœur ! Mon cerveau est en feu et parfois d'éblouissantes espérances me bercent comme une ivresse. Va-t'en, je t'en prie, je te l'ordonne...

— Je vous guiderai jusqu'à votre lit, ma mère, dit Isabel dont les joues s'inondaient de larmes ; — vous chancelez...

— Va-t'en, mon âme chérie ! pas une minute de plus sous ce toit qui appelle la foudre !... Je regagnerai mon lit sur mes genoux et sur mes mains. Va-t'en... et sois bénie comme tu es aimée !...

Elle fit un signe. Gabrielle jeta la mante sur les épaules de sa jeune maîtresse, et l'entraîna.

Dona Eléonor tomba prosternée. Ses mains jointes et frémissantes se tendirent vers le ciel, pendant qu'une muette prière montait de son cœur et s'étouffait avant d'arriver à ses lèvres.

La nuit était chaude et orageuse. La lune à son premier quartier déclinait au couchant, entourée de petits nuages tumultueux. Vous eussiez dit une blanche barque, sans mâts ni voilures, qui fendait, poussée par une force invisible, les vagues amoncelées au devant de sa proue d'argent.

Le vent se plaignait dans les arbres du jardin de Pilate. A de larges intervalles, le lion blessé de la fontaine de Cid-Abdallah laissait choir une goutte d'eau qui tombait dans le bassin de marbre en rendant un son grave.

La ville dormait. On entendait par bouffées rares et lointaines — et c'était la seule voix de la cité — cette grêle et sempiternelle harmonie qui passait, toutes nuits durant, par les fentes des croisées closes de la maison du Sépulcre.

Chez maître Galfaros, c'était comme chez le roi : on dansait, malgré l'émeute et les arquebusades.

Le terrain poudreux qui entourait l'abreuvoir de Cid-Abdallah était désert. Nulle lueur n'apparaissait aux fenêtres de la maison de Trasdoblo, située derrière les grands appentis où ronflaient les bœufs destinés au sacrifice.

Au milieu de cette silencieuse solitude, deux hommes vêtus de lambeaux aux couleurs bizarres et tranchantes débouchèrent par la ruelle qui rejoint la place de Jérusalem en tournant autour de la maison de Pilate. Nous connaissons cette voie pour l'avoir suivie le matin de ce jour, en compagnie de Bobazon, le bon serviteur, conduisant Pepino avec Micaja, et pleurant son jeune maître.

Nos deux hommes étaient faciles à distinguer,

malgré l'ombre qui descendait des terrasses de
Pilate. Ils tranchaient en brun sur le sol blanchâtre, et nous eussions pu les reconnaître pour
ces deux étranges créatures aux mouvements de
chacals qui s'étaient glissées vers l'abreuvoir
pour enlever les sacs de son, en même temps que
la fameuse litière portée par deux jeunes filles, sortait des ruines du quartier incendié.

Cette nuit, comme le jour précédent, ils allaient
à pas de loup, flairant au vent et s'arrêtant l'oreille
contre terre pour écouter.

— Passe à gauche de la fontaine, dit Ismaïl en
arrivant aux abords de l'abreuvoir; moi, je vais
aller à droite... J'ai trouvé parfois des chrétiens
endormis sur le marbre.

— Les chrétiens se méfient, répondit Sélim,
l'autre gitano; nos femmes sont maigres, et les
petits mourront de faim.

Ils tournèrent en rampant l'immense auge de
pierre : deux couleuvres roulant dans la poussière
eussent fait plus de bruit.

— Personne! gronda Sélim.
— Personne! répéta Ismaïl.

Et tous deux :
— Les chrétiens se méfient!

Ils s'assirent côte à côte sur la margelle du
bassin. Leurs jambes, longues et maigres, portaient leurs genoux à la hauteur du menton.
Ismaïl reprit :

— Ce Trasdoblo est fort comme un taureau.
— Et il a beaucoup de serviteurs, ajouta Sélim.

Il y eut un silence. Sélim se dit avec un gros
soupir :

— J'ai vu trois de nos frères au gibet de la barbacane !

— Faut-il rentrer encore les mains vides ! grommela Ismail, dont les dents claquaient.

Tous deux se levèrent. Ces gitanos, plus poltrons que des lièvres, volent toujours et ne volent qu'en tremblant.

Ismail et Selim se reprirent à ramper dans la direction de l'établissement de Trasdoblo.

— Est-tu bien sûr que le caillou est entré dans la gâche ? demanda le premier, chemin faisant.

— Je voudrais être aussi sûr d'emmener un bœuf sans encombre jusqu'à Triana, répondit le second ; le pêne ne peut plus s'engager... il n'y aura qu'à pousser...

Ils arrivaient à l'enclos.

Ismail se colla au mur, à gauche de la porte ; Selim, à droite. Tous deux grelottaient par cette nuit tiède.

— A toi ! murmura Ismail.
— A toi ! riposta Selim.
— Puisque tu as mis le caillou...
— Puisque tu n'as encore rien fait...
— Lâche ! fainéant !
— Bête inutile !

Leurs dos voûtés se redressèrent, et des couteaux brillèrent dans leurs mains.

Mais ces sauvages ne frappent que les désarmés. Quand chacun d'eux vit que son adversaire était sur ses gardes, la colère de chacun d'eux tomba ; les lames disparurent sous les guenilles.

— Si tu me tuais, frère, dit Ismail hypocritement, ta femme et tes enfants auraient-ils à manger pour cela ?

— Et toi, frère, repartit Sélim, connais-tu quelqu'un qui voulut t'acheter ma peau ?

Ils se rapprochèrent de la porte et collèrent ensemble leurs oreilles, habituées à saisir au loin le plus imperceptible son. Aucun bruit n'éveilla leur défiance.

— Allons ! firent-ils en même temps.

Et tous deux poussèrent la porte d'un commun effort.

Il n'y avait pas besoin de cela. Le battant libre roula sur ses gonds, et nos gitanos, entraînés par leur élan, firent une demi-douzaine de pas à l'intérieur de l'enclos. Une masse noire qui formait une sorte de mur derrière la porte s'ouvrit pour les laisser passer.

Sélim râla sous une main robuste qui lui écrasait la bouche ; Ismaïl ne put jeter qu'un cri de détresse.

Ils gisaient déjà bâillonnés dans la poussière.

— Bonne aubaine pour la potence ! dit une voix dans cette sombre cohorte qui était redevenue immobile.

— Chut ! fit une autre voix ; le signal est donné, là-bas, dans le jardin ; nos amoureux vont venir d'un moment à l'autre... Pas un mot, si nous voulons les avoir !

— Un accord de guitare ! reprit la première voix qui raillait ; ces provinciaux sont tous des poètes !...

— Silence, au nom du diable ! seigneur comte !

Mais le seigneur comte avait fait diète de paroles trop longtemps, à ce qu'il paraît, son bavardage rentré l'étouffait.

— Oidor, demanda-t-il, as-tu mis deux ou trois flacons de Rota dans les valises ?... La première heure du voyage sera triste, et nous aurons grand besoin d'un peu de gaieté.

Parmi les alguazils, car cette noire armée, en embuscade derrière l'enclos de Trasdoblo semblait entièrement composée d'alguazils enveloppés dans leurs manteaux de nuit, il y avait un grand et fort gaillard, dont le sombrero rabattu dépassait tous les autres feutres. Il sortit des rangs et mit sa main sur l'épaule de celui qu'on appelait seigneur comte.

— Don Juan de Haro, dit-il froidement, c'est moi qui ai vu ta fortune dans les astres, j'ai fait de toi, bâtard sans nom, un grand d'Espagne... Laisse-là ton épée : je suis Moghrab.

— Ah ! ah ! fit le jeune comte en riant, c'est toi, sorcier, qui as prédit à don Bernard de Zuniga, mon vénérable oncle, que je serais favori du roi ?

— C'est moi... Et je ne t'ai pas encore demandé mon salaire.

— Païen, mon ami, grand merci pour le crédit que tu me fais !... mais ta main est de plomb, retire-là !

— Don Juan de Haro, poursuivit Moghrab, chaque parole de ceux qui ont le don de prophétie est une gageure... S'il ne faut que te bâillonner pour t'empêcher de jeter à terre follement le gain assuré de notre partie, je te préviens que je suis ici le maître, et que le bâillon d'un gitano peut servir à un comte.

— Oses-tu bien mécréant!... s'écria Palomas furieux.

Mais il sentit les rangs des alguazils se former autour de lui, et Pedro Gil lui dit à l'oreille :

— Celui-là fait toujours plus qu'il ne promet. Il est l'homme du comte-duc... et que serions-nous sans le comte-duc?

Palomas murmura une menace, puis se tut.

Ce profond silence, rompu depuis quelques secondes, régna de nouveau autour de l'abreuvoir.

Mais nous ne pourrions plus ajouter le mot solitude. Il y avait désormais un témoin curieux et attentif sur la place qui entourait la fontaine.

Au cri de terreur poussé par Ismaïl le gitano, la poterne du jardin de Pilate, située juste en face des hangars de Trasdoblo, avait tourné doucement sur ses gonds. Dans l'entre-bâillement, une tête ronde et chevelue s'était glissée, explorant le terrain à l'aide de deux gros yeux inquiets.

Le corps trapu et court auquel appartenait cette tête ronde restait dans le jardin. Une de ses mains, large comme un battoir, tenait une miche de belle taille sur laquelle s'étalait une bonne tranche de lard; autour de l'autre main, deux bridons de cuir s'enroulaient.

— Que diable est-ce cela, Micaja, mon garçon? disait-il tout bas; as-tu entendu, Pepino?... Mais allez donc voir! Les deux bêtes gloutonnes se bourrent d'herbe et de camomille comme si elles n'avaient pas mangé depuis trois jours!... Ma parole! on aurait juré qu'ils égorgeaient un homme ici près... Méchant endroit que cette mare ! mauvais pays que cette ville ! j'en ai vu assez pour souhaiter d'aller ailleurs !...

Il prêta l'oreille. L'enclos du boucher empêchait les voix d'arriver jusqu'à lui. Cependant, de temps à autre, notre homme percevait un sourd murmure.

— Jamais je n'ai connu d'animaux pour faire un bruit pareil en mâchant leur nourriture ! reprit-il avec mauvaise humeur; y a-t-il besoin de tant de tapage pour avaler du foin vert ? Voyons, Pepino ; tu es l'aîné, donne l'exemple à Micaja et mange honnêtement. M'entendez-vous jouer des dents, moi qui ai pourtant bon appétit ?

Ces réprimandes, appuyées de deux coups de pied, donnèrent à penser à Pepino, doyen d'âge, et au jeune Micaja. Ils allèrent brouter un peu plus loin. Notre Bobazon mit alors tout son corps en dehors, et posa son chapeau de travers pour former un cornet acoustique.

Mais Moghrab venait de traiter le seigneur comte de Palomas à peu près comme Bobazon en avait usé avec ses deux bêtes, et il avait obtenu le même résultat.

On ne faisait plus aucun bruit dans l'enclos du boucher. « — Je me serai trompé, pensa notre paysan d'Estramadure : j'ai martel en tête et je crois sans cesse entendre ou voir des choses extraordinaires. L'expérience aurait dû cependant me guérir... Cet étourneau de Mendoze se porte aussi bien que moi, et je l'ai pleuré pour mort... Oh ! oh ! si jamais je prends femme, là-bas de l'autre côté de Badajoz, j'aurai de quoi raconter aux petits enfants. Saint Jacques de Compostelle! la drôle de bagarre, dans cette cour du palais!... et encore dans le quartier des gueux!... Y a-t-il beaucoup de gens d'esprit qui s'en seraient tirés aussi bien que moi?... Foin des pleutres qui se noient dans leur crachat!... Moi je n'ai qu'un tour dans mon sac; c'est de faire l'homme d'importance quand je sens le roussi... mais le tour est bon, et si jamais j'en ai l'occasion, j'en ferai voir au roi... Et pourquoi non?... l'enfant joue avec le gland qui deviendra un chêne...

Il coupa une bouchée de miche épaisse de quatre doigts et la graissa de lard avec sensualité, puis, la bouche pleine et réprimant un malicieux éclat de rire :

— Le Mendoze m'a dit : « Il me faut deux bons chevaux; tiens, voilà quarante pistoles... » Où prend-il son argent, ce mignon? Dieu le sait. Il est peut-être moins nigaud qu'il n'en a l'air... Trinité sainte! c'est Micaja qui a été content quand je l'ai tiré de ce taudis... et Pepino, donc!... J'en avais le droit, puisque j'avais vendu ces deux pauvres amis à la confrérie des gueux et que je fais partie de la confrérie... et quand à Mendoze, mon maître, s'il n'est pas content, c'est qu'il n'a pas de cœur : on aime toujours à retrouver d'anciennes connaissances.

Bobazon frappa tout doucement sur le boursicot qui pendait à sa ceinture, en dedans de ses chausses.

— Cela s'arrondit! prononça-t-il avec un inexprimable accent de tendresse: cela se pelote... c'est le pain de mes vieux jours et le bien-être de toute ma petite famille!...

— Tiens! tiens! s'interrompit-il, voilà bien ce qu'ils diront tous, là-bas, Félix, Bonifaz, Zaime, Benito, Crabron, Cristina, Genuefa et dame Carlotta, la duègne de notre défunt alcade : « Tiens! tiens! voici le seigneur Bobazon qui a fait fortune à la cour! Il a de quoi acheter tout le pays, le seigneur Bobazon! Il est jeune encore et bien tourné... quelle fille noble aura la chance de devenir la senora Bobazon? »

A quelques cent pas de lui, sous l'impénétrable couvert des bosquets de Pilate, un accord de guitare vibra fortement.

Il eut un sourire dédaigneux et haussa les épaules.

— Non, non, non, dit-il par trois fois, ce n'est pas moi qui ferai la folie de tomber amoureux..... J'ai l'exemple de mon maître Mendoze, qui est devenu le roi des nigauds depuis que l'amour lui a tourné la cervelle... Mon père disait : « Les écus courent après la première pistole... une aubaine en appelle une autre ». Depuis que j'ai fait ce bon marché au pays, les douros pleuvent dans mon sac... Voici Pepino et voici Micaja! je les ai vendus trois fois chacun, quoiqu'ils ne m'aient rien coûté... mais la plus innocente des femmes me vendrait à mon tour. Je resterai garçon.

Il préparait en ce moment la dernière tranche de sa miche et la dernière bouchée de son lard, avec le même soin sensuel qu'il avait mis pour les premières. Ce fut avec un plaisir nouveau qu'il les engloutit dans sa large bouche.

— J'en connais diantrement qui se reposeraient

maintenant, reprit-il ; la soirée est chaude et j'ai sommeil... Mais j'ai aussi de la besogne ; il faut que je sache un peu ce qui se passe ici près... Bien m'en a pris déjà d'écouter et de voir... Un secret est comme un lièvre dont il suffit d'entrevoir le bout de l'oreille... Je n'ai pas un seul de leurs secrets, moi, j'ai mes poches pleines de bouts d'oreilles. Broute, Micaja ; prends ton repas, Pepino. S'il arrivait malheur à mon jeune maître, je vous revendrais demain... Faites-vous de belles panses, mes bijoux, pour augmenter d'autant le magot du seigneur Bobazon !...

Il passa les bridons dans la fourche d'une branche morte, et s'enfonça dans le fourré, à pas de loup.

En quittant l'Alcazar quelques heures auparavant, Mendoze s'était absolument refusé à prolonger la reconnaissance entamée par le fidèle Bobazon. Bobazon, toujours docile, essuya ses larmes et suivit son maître à distance. Mendoze et le saint Esteban, roi des gueux, étaient sortis ensemble par la porte des Bannières. Ils marchèrent longtemps côte à côte, dans les rues étroites et sombres qui entouraient alors le palais des Césars.

Ils avaient profité du tumulte pour s'éloigner inaperçus. Ils évitaient la foule qui suivait les grandes voies en repassant bruyamment les faits de la soirée.

Nous n'avons pas besoin de dire que notre Bobazon était tout oreilles, mais chaque fois qu'il essayait de se rapprocher, la voix sonore et grave du roi des gueux lui ordonnait de se tenir au large.

Les deux compagnons s'entretenaient d'ailleurs tous bas. Bobazon, malgré sa bonne envie, ne put saisir que les derniers mots de leur conversation.

— Ami Mendoze, disait le saint Esteban, les voiles vont tomber et vous ne resterez pas longtemps dans les nuages... L'homme qui vous a renié ce matin vous tend la main ce soir et vous appelle son fils chéri ; n'essayez pas de trouver le mot de cette énigme. Vous êtes de ceux qui ont leur étoile au ciel... Le danger est autour de vous, mais vous avez bonne âme et bon bras... Souvenez-vous que le père de celle que vous aimez n'a que six mots dans sa devise : *Mas el rey que la sangre!*...

La voix du sang vous parlera bientôt peut-être ; écoutez la voix de l'honneur... allez à votre devoir et que Dieu vous garde !

Le saint Esteban disparut à l'angle d'une ruelle, et Mendoze revint vers Bobazon. Celui-ci put remarquer que son jeune maître était en proie à une grande agitation. Il n'osa interroger, bien que les paroles de la devise si connue lui donnassent fort à supposer.

Il était tard. Mendoze, pensif et comme absorbé, suivait au hasard la rue où le saint Esteban l'avait quitté, lorsque le carillon sonna onze heures de nuit.

— Dans une demi-heure, dit-il en s'arrêtant brusquement, il faut que tu sois avec deux bons et forts chevaux à la poterne du jardin de Pilate qui donne sur l'abreuvoir de Cid-Abdallah. Tu trouveras la poterne entr'ouverte; tu feras entrer tes chevaux et tu attendras.

L'or chantait dans la poche de Mendoze; Bobazon tendit la main et reçut une poignée de pistoles.

C'était, en son genre, un esprit droit, à qui l'idée venait tout d'une pièce. Il partit en courant pour témoigner son zèle. Au détour de la rue, il s'arrêta net et se mit à marcher doucement, allure qui convient aux méditations fécondes.

Micaja! Pepino! pauvres exilés des fraîches prairies que verdit le cours sinueux de la Mabon, vous dormiez dans un coin du Puchero, près de vos mangeoires vides, le flanc sur la terre dure recouverte de quelques brins de paille! vous rêviez sans doute aux gras pâturages de l'Estramadure; vous hennissiez au souvenir de ces plaines immenses où les juments foulent indolemment l'herbe humide et longue!

Deux coups de pieds vous éveillèrent. Vous connaissiez ce langage et ces caresses. Vous vous dressâtes sur vos jambes maigres avec une docilité résignée, et vous tendîtes vos têtes tristes, que Bobazon coiffa du bridon volé en même temps que vous-mêmes.

Les gueux buvaient et festoyaient à l'autre bout du Puchero, célébrant la victoire de la confrérie réintégrée dans ses droits et privilèges.

Bobazon regretta sincèrement sa part du festin, mais le devoir avant tout! Il monta sur Pepino et tint Micaja par la bride. A ceux qui lui demandèrent: « Où vas-tu? » il répondit d'un ton de mauvaise humeur:

— Les chevaux sont comme les hommes, ils ont besoin de manger. Pensez-vous que des bêtes pareilles, habituées à être choyées, peuvent se passer de l'abreuvoir?

Une fois hors de l'enceinte de la Grandesse, il prit le trot et put arriver à l'heure dite à la poterne qui était entr'ouverte. Il entra et attendit.

Mendoze devait être là, sous le couvert ; Bobazon le sentait ; mais il n'acquit une certitude qu'après le douzième coup de minuit tinté aux horloges des alentours. Ce fut alors seulement que le premier accord de guitare résonna sous les bosquets.

— Nous y voilà ! pensa Bobazon en tirant son souper de sa poche. Jusqu'au cou dans la chevalerie ! Je suis l'écuyer de don Quichotte... Songeons à nous entretenir l'estomac en attendant notre île !

Il y avait entre les signaux de longs intervalles. Ce fut seulement quand son repas fut fait, solidement et à loisir, que notre Bobazon songea à satisfaire sa curiosité intéressée.

Dès les premiers pas qu'il fit sous le couvert, la chair de poule lui vint, parce qu'il entendit autour de lui les feuilles sèches bruire. La nuit était fort noire sous ces épais ombrages, mais de temps en temps la lumière de la lune argentait quelque étroite éclaircie. Bobazon se guidait par la connaissance sommaire qu'il avait prise du terrain dans la matinée, en regardant par la grille ouverte sur la rue. Il cherchait à tâtons ce pavillon mauresque d'où partait une large route qui descendait vers la maison de Pilate. Mais la nuit change singulièrement l'aspect des lieux accidentés et boisés. Au bout de trois minutes, le prudent Bobazon errait à l'aventure.

Au bout de cinq minutes, il eût été incapable de retrouver son chemin pour regagner la poterne. Ce fut du reste ce qu'il essaya car la frayeur le talonnait sérieusement. Il croyait entendre tout autour de lui des pas qui s'étouffaient dans la mousse, et mille voix étranges lui envoyaient de loin leurs murmures. A chaque instant il ouvrait la bouche pour demander : Seigneur Mendoze, est-ce vous?

La terreur paralysait ses lèvres. Ce n'était peut-être pas Mendoze.

Bobazon ne chantait plus d'antiennes à la mémoire de son père, ce partisan éclairé de la curiosité; la curiosité, source de sa fortune, commençait à lui paraître pleine d'inconvénients et de dangers.

Un drame allait se passer dans ces mystérieuses ténèbres; il le savait. Quel drame? A chaque pas son pied pouvait tomber dans l'embûche préparée. Ses yeux éblouis voyaient briller dans le noir des yeux brûlants et de froides épées. Il éprouvait par avance l'angoisse d'un homme qu'on bâillonne et qui se tord sous les poignards levés.

Qu'était-il venu faire dans ces bosquets maudits?

Une lueur perça tout à coup le feuillage, puis deux, puis quatre.

Tout donne la chair de poule a qui a commencé de trembler. Les dents de Bobazon claquèrent convulsivement.

Elles étaient immobiles, ces lueurs, et formaient, de loin, une sorte de carré long. Bobazon les vit un instant portées par quatre pénitents affublés des sinistres costumes des auto-da-fés ; — puis elles marchèrent, pour lui, tenues en main par des femmes en deuil. — C'étaient des cierges de funérailles, — puis encore Bobazon vit au dessus les longs chandeliers noirs des messes du deuil.

Il n'osait plus ni avancer ni reculer.

Les feuilles crièrent ; le vent coucha les quatre flammes qui pâlirent. Une ombre noire et de taille gigantesque se dessina vaguement dans l'obscurité. Elle s'arrêta derrière les quatre flambeaux. Bobazon distingua une longue figure livide ; puis l'ombre passa lentement, éclairée par les quatre flammes qui se relevaient.

Elle venait droit à Bobazon, qui se jeta à plat ventre sous un buisson, cachant sa tête dans les feuilles. Il ne voyait plus l'ombre, mais il entendit son pas grave et mesuré qui devenait à chaque instant plus distinct. L'ombre approchait, l'ombre était là, si près que Bobazon faillit mourir en sentant les plis de son manteau qui frôlaient sa jambe en passant.

Puis le pas s'éloigna comme il était venu, et le silence régna de nouveau.

Les quatre cierges brûlaient toujours.

Tout à coup le bruit d'une porte qu'on ouvre vint jusqu'aux oreilles de Bobazon. Il se releva sur ses genoux, et découvrit, au travers des branches dépouillées d'un lenstique tué par les lianes, la ligne carrée de la maison de Pilate.

Une silhouette se détacha : une femme vêtue de

blanc, qui étendit ses deux bras comme pour bénir.

Le rond lumineux d'une lanterne sourde se montra en même temps au rez-de-chaussée et descendit le perron.

Cette fois Bobazon eut dans tout son corps grelottant une bonne sensation de chaleur. Il n'y avait plus là rien de fantastique ni de surnaturel. Femmes qui sortent la nuit rentrent dans le domaine rassurant de la comédie. Bobazon avait reconnu deux femmes enveloppées de mantes noires.

C'était une affaire d'amour. Il comprenait la présence de Mendozo, la poterne entr'ouverte, les deux chevaux et même le signal. Restaient, il est vrai, ces quatre flambeaux qui continuaient de briller patiemment, et l'ombre au long manteau ; mais ces deux femmes, avec leur lanterne sourde, égayaient la situation.

C'était pour Bobazon la première lueur de l'aube, devant laquelle fuient toutes les nocturnes épouvantes.

Bobazon se cacha derrière un gros arbre, sûr qu'il était de retrouver son chemin à l'aide des belles aventurières. Il se sentait, ma foi ! tout gaillard, et surprenait en lui-même des pensées presque galantes.

Dans tous les bons contes, l'écuyer participe plus ou moins aux honneurs amoureux du chevalier errant. Si le maître courtise la maîtresse, le valet s'entend avec la suivante.

L'une de ces charmantes coureuses de nuit était sans doute la camériste de l'autre. Bobazon frotta ses deux grosses mains, oubliant les réflexions morales et philosophiques qu'il avait faites en dévorant sa miche graissée de lard.

Les deux mantes noires se dirigèrent d'abord vers le massif où brûlaient les quatre cierges ; mais, au lieu de passer auprès tranquillement, comme avait fait le fantôme, elles se détournèrent en pressant le pas.

— Elles ont peur, se dit Bobazon, qui eut un petit frisson par contre-coup ; il y a plus d'une histoire sous jeu dans ce diable de bosquet !

Les deux femmes effrayées allaient à travers bois. Au moment où Bobazon craignait de les perdre de vue, l'œil de la lanterne sourde brilla à vingt pas de lui, et il n'eut que le temps de faire le tour de son arbre.

Elles passèrent. Il y en avait une qui marchait péniblement et qui semblait prête à défaillir. L'autre la soutenait et lui disait : Courage !

Bobazon les suivit dès qu'elles furent dans le sentier. Malgré les précautions qu'il prenait, elles se retournèrent plusieurs fois au bruit de ses pas.

La lanterne sourde s'éteignit tout à coup, et Bobazon entendit la voix de Ramiro qui disait :

— Me voici. Rassurez-vous, dona Isabel, vous n'avez plus rien à craindre.

— Oh ! oh ! pensa Bobazon, c'est la Medina-Celi !... Ce Mendoze, avec son air timide !... S'il gagne cette partie-là, je ne donnerais pas ma place pour cent mille réaux !

Un rêve l'éblouissait comme une fusée, qui éclate tout à coup. Il se voyait au beau château de Peñamacor, comme un rat dans un fromage taillant, rognant et enflant son boursicot d'heure en heure ; il était intendant : c'était une bénédiction.

Il n'eut pas le loisir de savourer longtemps ces délicieux espoirs. Mendoze avait entraîné Isabel vers la poterne.

— Nos chevaux sont ici, dit-il.

Et presque aussitôt après, il appela :

— Bobazon ! Bobazon !

— Présent, maître ! répondit celui-ci, qui avait joué des jambes et qui déjà détachait les brides de Micaja et de Pepino ; voilà les deux bêtes que j'ai eu bien de la peine à me procurer à cette heure de nuit, dans une ville où chacun ferme sa porte à double tour par crainte des coups de mousquets... J'y suis du mien... mais quand on sert un seigneur tel que vous...

— Trêve de paroles !... Senora, daignez vous aider de moi.

Mendoze mit un genou en terre. Le petit pied de la Medina-Celi toucha en frémissant cet appui.

La lune était sous les nuages, le vent redoublait ; une obscurité complète enveloppait la scène.

Bobazon entendit plutôt qu'il ne vit Mendoze enfourcher l'autre cheval.

— Ouvre la poterne ! ordonna le jeune cavalier.

Gabrielle baisait la main de la Medina et y laissait une larme.

Bobazon, cependant, s'approchait de la poterne, au milieu d'un silence solennel et profond. Le battant vermoulu roula sur ses gonds en gémissant, et le vent du dehors s'engouffra dans le jardin.

Mendoze sortit le premier, tenant le cheval d'Isabel par la bride. Il était monté sur Micaja.

A peine le pauvre animal eut il fait trois pas vers les sentiers qui traversaient le quartier brûlé, qu'il poussa un grand gémissement, et s'abattit court, les deux jarrets tranchés par un coup de cimeterre.

— Trahison! criait en même temps Gabrielle.

Mais sa voix fut couverte aussitôt par un concert de sauvages clameurs. Il se fit comme une immense ondulation dans les ténèbres. Un flot noir monta de tous côtés. La Medina chancela sur sa selle, parce qu'une main brutale venait de saisir le pan de sa mante.

Gabrielle entendant sa plainte, s'élança au milieu de cette sombre foule où tous les visages étaient noirs. Elle se sentit retenue. Un cri lui échappa.

— Mon père!

— Silence, dit l'oidor, qui lui serrait les poignets.

La pression fut si violente que Gabrielle tomba sur ses genoux.

Au premier bruit, Bobazon avait refermé solidement la poterne, comme un brave garçon qu'il était. Le mur était solide. Il eut ce moment de joie que l'homme éprouve, au dire du poète philosophe Lucien, en se sentant tout près d'un danger qu'il ne partage point.

Des cliquetis d'épée se mêlèrent bientot aux cris et, aux murmures. On se battait.

— Mon pauvre maître Mendoze, se disait Bobazon, doit être seul contre tous. Il ne l'a pas volé ! Semez le vent et vous récolterez la tempête !

Il écouta. On se battait toujours. Des lueurs se montrèrent au travers des fentes de la porte.

Bobazon, malgré la peur qu'il avait, grimpa dans un arbre afin de voir par dessus le mur, son pied touchait le faîte de la muraille, ses mains s'accrochaient aux branches.

Quand son regard avide plongea sur la place de l'Abreuvoir, il ne vit d'abord qu'une infernale et turbulente mêlée. Une noire cohue se pressait autour de deux chevaux, dont l'un était debout encore, portant dona Isabel échevelée, et dont l'autre gisait dans une mare de sang.

On criait :

— De par le roi !

D'autres clameurs répondaient :

— Au nom du très saint tribunal !

Et les cliquetis de fer grinçaient, on ne savait où dans cette sombre bagarre.

Mais des lueurs s'allumaient de l'autre côté de la place et forcèrent les yeux de Bobazon à quitter le lieu de l'action principale.

Il y avait des torches qui couraient en secouant leur crinière de fumée ; derrière l'abreuvoir et à la porte même de Trasdoblo, un groupe vivement éclairé sollicitait le regard.

C'était d'abord un cavalier, dont le brillant costume se montrait sous son manteau d'alguazil soulevé par l'orage ; il portait un masque de velours dont sa main gantée serrait la barbe sur son menton.

C'étaient ensuite deux pauvres diables, dont l'un avait la bouche fermée par un bâillon.

Bobazon les reconnut tout de suite pour ces deux créatures aux allures de bête fauve qu'il avait vues le matin, à cette place même, et qui avaient dérobé les sacs de son.

Le cavalier masqué leur parlait avec menace. Ils mirent le couteau à la main.

On ôta le bâillon de celui qui avait la bouche close et on les lâcha comme des chiens démuselés.

Bobazon les perdit aussitôt dans la foule où ils se jetèrent tête baissée.

Il chercha son maître. Il vit à la lueur rapprochée des torches un cercle flamboyant : c'était l'épée de Mendoze.

Mendoze était monté sur le ventre du pauvre Micaja, mort au bout de son sang. D'une main il tenait toujours la bride du cheval d'Isabel ; de l'autre il faisait face à dix épées. Il y avait déjà autour du cheval des cadavres qui formaient rempart.

Mendoze se tenait droit et ferme : sa tête était haute ; ses cheveux, rejetés en arrière, volaient au vent. Pour la première fois de sa vie, notre Bobazon se sentit le cœur élargi par un mouvement qui ne se rapportait point à lui-même.

Le sang lui monta au cerveau, tandis qu'un frisson inconnu courait le long de ses veines. Ses narines s'enflèrent, ses rudes cheveux frémirent sur son crâne, ses mains crispées broyèrent la branche où il s'accrochait.

— Saint patron ! gronda-t-il, c'est beau d'avoir du cœur ?... mais ils sont trop contre lui, les lâches coquins ! Ils vont me le tuer !

En ce moment les assaillants reculaient découragés par les brèches que Mendoze avait faites dans leurs rangs. Bobazon avait bonne envie d'applaudir, mais sa vaillance toute neuve n'allait pas encore jusqu'à l'action. Elle se bornait à toute sorte de souhaits en faveur de Mendoze. Louons Dieu ! c'était un premier pas. Il y eut des héros qui partirent de plus loin.

— Ferme ! ferme ! disaient cependant, ceux qui étaient trop éloignés pour craindre la terrible rapière de Mendoze.

— En avant ! poltrons ! en avant !

— Avez-vous peur d'un seul homme ?

— D'un enfant qui n'a pas encore de barbe.

— Poussez de par le roi !

— Gagnez la prime promise à qui prendra l'assassin de Palomas.

Le premier qui le saisira au collet aura les cent pistoles !

— Ah ! pensa Bobazon avec mélancolie, il est perdu si on parle de pistoles !

Le flot se rua, en effet, de plus belle. Les torches éclairaient la scène maintenant ; on aurait pu compter ces noirs visages qui grouillaient autour de la mâle beauté de Mendoze.

Dona Isabel avait fermé les yeux, et sa tête charmante s'inclinait, couverte d'une mortelle pâleur, sur la crinière de Pepino.

Mendoze ne répondait point aux clameurs de la foule. C'était son épée qui parlait. Il était comme le lion qu'ils appellent aussi le Cid, là-bas, dans les sables brûlants du désert africain, comme le lion attaqué par une armée de sauvages chasseurs, et qui tombe parfois, non pas en vaincu, mais fatigué de carnage.

Or, le lion ne se lasse jamais quand il a sa lionne ou ses lionceaux.

Et doña Isabel était là, plus belle dans l'agonie de son épouvante.

Un instant, Mendoze élargit si victorieusement le cercle qui l'entourait, qu'il aurait pu fuir s'il avait eu un bon cheval entre ses jambes. Sur l'honneur, en ce moment, Bobazon eût donné de sa poche une demi-douzaine de douros pour ressusciter Micaja. Suivez la marche de ses progrès dans le sentier de l'héroïsme !

Mais Micaja avait rendu le dernier soupir et Mendoze avait du sang à sa collerette.

Il essaya pourtant ; il tira violemment la bride de Pepino ; il parvint à sauter en croupe derrière Isabel, qu'il entoura de son bras gauche.

— Bravo ! cria cette fois Bobazon ; hardi ! Pepino, mon bijou !

Le sang se retira de son cœur.

Les deux chacals de ce matin, les deux gitanos déguenillés sortaient de la foule en rampant.

L'un d'eux se pendit aux rênes de Pepino, pendant que l'autre passait sous le ventre du cheval, qui s'abattit, perdant ses entrailles par une hideuse blessure.

Bobazon lâcha sa branche et resta en équilibre sur le mur. Il avait de l'écume aux lèvres. Il arracha, car il était fort comme un taureau et la colère doublait sa force, il arracha une des énormes briques qui protégeaient le faîte de la muraille.

Ismaïl avait le poignard levé sur Mendoze étendu à la renverse.

La brique, pesante comme une pierre de taille, siffla et alla frapper la bête fauve en pleine poitrine. Ismaïl roula mort dans la poussière.

L'homme masqué souleva dans ses bras doña Isabel évanouie, tandis que vingt limiers se précipitaient sur Mendoze.

— Il est à moi ! dit une voix éclatante sous les larges bords d'un sombrero d'alguazil, j'ai gagné les cent pistoles !

Bobazon connaissait cette voix-là.

— Le sorcier Moghrab ! murmura-t-il en laissant échapper une seconde brique qu'il tenait à la main.

Des pas de chevaux retentissaient dans la ruelle et dans la voie la plus large qui conduisait à la haute ville. Moghrab chargea Mendoze sur son épaule, après lui avoir tâté le cœur.

— La besogne est faite, dit-il ; sauve qui peut !

Les torches s'éteignirent, toute cette lugubre cohue s'enfuit comme un tourbillon chassé par le vent. Les lourds chevaux des guetteurs de nuit de l'hermandad débouchaient déjà par deux issues.

— Qui vive ?
— Alferez Rodriguez ?... Qui vive ?
— Alferez Pabellon !

Les deux colonnes avancèrent, précédées chacune par un valet de ville monté sur son bidet et portant un fanal pendu à l'arçon de sa selle.

— Rien de nouveau ? demanda l'alferez Pabellon.

L'alferez Rodriguez allait répondre : « Rien de nouveau », lorsque, des deux côtés, les éclaireurs s'arrêtèrent, disant :

— Du sang et des morts !...

Les deux officiers descendirent gravement de cheval.

Après avoir examiné les lieux, ils échangèrent un regard plein d'importance.

— Alferez, dit Pabellon, il s'est passé quelque chose ici.

— Je pense que vous avez raison, alferez, répliqua Rodriguez.

— Deux rosses abattues, reprit Pabellon.

— O Pepino ! pensa Bobazon, toi une rosse ! toi une rosse, ô Micaja !

— Deux gitanos assommés, poursuivit Rodriguez.

— Et quatre mercenaires, déguisés en alguazils.

Puis tous deux ensemble :

— Il s'est passé quelque chose ici !

Les six cadavres furent chargés sur les croupes des chevaux ; trois pour l'escouade de l'alferez Rodriguez, trois pour l'escorte de l'alferez Pabellon.

— Confrère, dit ce dernier, nous avons fait de notre mieux ; ne m'oubliez pas dans votre rapport.

— A charge de revanche, confrère, répliqua Rodriguez. Notre métier est dangereux et difficile... Si vous m'en croyez, en rendant compte à l'alcade de cette épouvantable mêlée, nous appuierons sur le zèle de nos subordonnés.

— Tous seront nommés...

Y compris les valets de ville... Que Dieu soit avec vous, alferez Pabellon !

— Que la Vierge vous protège, alferez Rodriguez !

Les deux escouades se séparèrent. Officiers et soldats avaient besoin de repos après une pareille bataille.

La place qui entourait l'abreuvoir de Cid-Abdalah se trouva de nouveau déserte et silencieuse. Bobazon descendit de son mur.

Il vint se placer entre Micaja et Pepino morts tous les deux. Il ne parlait point : les grandes douleurs sont muettes.

Au bout de quelques minutes données au recueillement de ses regrets, il se pencha sur Micaja d'abord, puis sur Pepino. Quand il se releva, il avait les deux harnais proprement pliés sur son épaule. Puis tirant de sa poitrine un pénible et profond soupir, il s'éloigna en pensant tout haut :

— Pauvres amis !... Leurs peaux sont bonnes... J'amènerai demain le corroyeur.

XIII

LES DEUX PORTES DU CORRIDOR

C'était une demi-heure après le départ d'Isabel. La duchesse était seule dans sa chambre à coucher. Son lit restait défait, car elle ne l'avait quitté que pour se traîner jusqu'à l'appartement de sa fille. La lampe arabe suspendue au plafond jetait des éclats intermittents ; l'orage secouait par intervalles les hauts châssis des croisées.

Eleonor de Tolède s'était arrêtée bien des fois en franchissant la courte distance qui séparait sa retraite de la chambre de sa fille. La fièvre et la fatigue mettaient des tons rougeâtres aux pommettes de ses joues, déjà maigries.

Ses yeux profonds brûlaient, et chaque fois qu'elle faisait effort pour avancer d'un pas, tout son corps avait un long tremblement.

Et pourtant elle passa près de son lit sans y chercher le repos. Ce n'était pas là le but de son laborieux voyage.

Elle fit le tour de l'antique galerie carrée ; elle pénétra dans la ruelle qui formait oratoire, et ne s'arrêta que pour s'agenouiller devant l'autel.

Ses pauvres mains pâles se joignirent. Elle essaya de prier.

Mais sa pensée était pleine de trouble. Les mots de l'oraison résistaient à son appel. Elle ne retrouvait plus la formule bénie qui, chaque soir, sanctifiait l'heure de son coucher.

Elle avait beau presser sa tête ardente, elle n'y trouvait que le vide turbulent de la fièvre.

Et puis les bruits qui venaient du dehors l'appelaient invinciblement. La bourrasque avait pour elle des voix qui étaient les cris de sa fille. Elle entendait au loin des chevaux galoper, souffler, hennir ; ou bien c'était des sanglots et des râles ; ou bien... hélas ! Isabel avait-elle le cœur de chanter à l'heure triste de la séparation.

Eléonor de Tolède frissonnait parfois de la tête aux pieds, parce qu'elle se sentait devenir folle.

Le crucifix vacillait devant ses yeux chargés de lassitude, et la blanche image de la Vierge allait se voilant.

— Mon Dieu! mon Dieu! mon Dieu! balbutiait-elle du fond de sa détresse.

Quand elle ne parlait plus, le silence de cette nuit terrible l'enveloppait et l'écrasait.

Elle s'affaissa. Vous l'eussiez prise, en effet, pour une simple folle, accroupie qu'elle était et rapetissée dans son morne accablement.

Au bout de quelques minutes pourtant, un vague sourire vint à ses lèvres.

— J'ai bien fait! Oh! j'ai bien fait! murmura-t-elle. Que sont les dangers du dehors auprès des embûches qui nous entourent? Cet homme est le démon, puisqu'il a pu prendre la ressemblance d'Hernan, mon époux, au milieu de ces ténèbres, dans cette maison où il règne en maître.

— Vierge sainte! divine mère de Dieu! s'interrompit-elle, au nom de vos angoisses, au nom de votre fils, mon Sauveur, ayez pitié de mon enfant!

Elle sourit encore.

— Il y a du temps qu'elle est partie, reprit-elle; plus elle s'éloigne de cette maison damnée, moins les embûches sont à craindre... Dieu sauveur! sainte Marie! merci pour l'espoir que vous me rendez!... Je peux prier! Voici que la pensée renaît en moi!... Puissances du ciel! quel vœu pourrais-je faire afin de gagner le salut de ma fille? C'est trop peu que de vouer au Seigneur tous les jours de ma vie... trop peu de donner aux hôpitaux et aux sanctuaires tous mes joyaux, toutes mes parures... Dieu bon ! Dieu clément ! céleste miséricorde ! que nous retrouvions seulement le repos de l'exil !... Éloignez de nous à la fois toutes ces grandeurs et toutes ces épouvantes !... Que nous vivions humbles, oubliées dans la demeure de mon père !... Que ma fille soit heureuse épouse, et que je voie un fils sourire à sa mamelle !

Ouvrez la route où mes dernières amours marchent dans les ténèbres, mère de Jésus !... Je n'ai plus d'époux, je suis veuve, je suis seule... regardez en pitié mon deuil et mes larmes... trompez la poursuite de l'ennemi... que le noble jeune homme évite le piège des traîtres... que je retrouve un peu de joie dans la joie de mes enfants ! Sainte Vierge ! sainte Vierge ! veillez sur leur voyage !

Elle se tut. Mais elle ne cessa point d'implorer. Son beau visage, levé maintenant vers le ciel, rayonnait d'une extatique et pieuse ardeur.

Sa pensée tournait sans sortir du cercle des religieuses méditations. Ce nom d'époux qu'elle venait de prononcer la ramenait à son deuil. Peut-être souriait-elle à l'image évoquée de celui qui avait été l'amour et la douleur de toute sa vie.

A ces heures de passion épurée, les choses surnaturelles cessent d'être impossibles.

Il est un espoir, toujours le même : si Dieu permettait à la tombe de soulever sa lourde pierre ? si Dieu déchirait le linceul ?...

Une voix douce et grave résonna dans le silence de la chambre à coucher.

— Ce n'est pas ainsi qu'il faut prier, duchesse, dit-il.

Eleonor de Tolède ne se retourna pas. Elle devint plus pâle, mais le sourire de l'extase n'abandonna point ses lèvres.

Elle remercia Dieu qui lui envoyait cette illusion bien-aimée. C'était la voix d'Hernan, son époux.

Mais tout à coup le sang lui remonta violemment au visage, et une expression d'indicible horreur envahit ses traits.

N'était-ce pas aussi la voix de cet homme, de cet imposteur qui, le matin de ce jour, l'avait mise à la torture ?

Venait-il jouer, cet homme, une autre comédie ? Venait-il insulter encore à la chère religion de ses souvenirs ?

L'indignation la redressa de toute la hauteur de sa taille. Elle se retourna cette fois, l'œil enflammé, la menace à la bouche...

Elle retomba mourante, et foudroyée par l'éclair même de son bonheur.

Le tableau de Montanez, placé à gauche de l'oratoire, avait disparu. C'était maintenant une ouverture carrée et noire qui encadrait la noble taille du Medina-Celi debout et la main sur le cœur.

Elle aussi, la pauvre femme, serra de ses deux mains son cœur qui voulait briser sa poitrine.

— Eleonor de Tolède, dit Hernan, me reconnaissez-vous ?

Elle ne répondit que par un gémissant murmure.

Hernan quitta l'embrasure de la porte secrète,

et vint s'agenouiller auprès d'elle sur les marches de l'autel.

Elle s'éloigna de lui, n'osant plus le regarder. Il y avait du vague dans sa prunelle, et ses idées confuses se reprenaient à vaciller.

— Dieu mort sur la croix! murmura-t-elle, l'autre avait ce visage et cette voix!... S'il avait deviné notre secret!

— Eléonor de Tolède, poursuivit le Medina-Celi, je vous l'ai dit et je vous le répète... vous avez oublié notre prière du temps où nous parlions à Dieu ensemble tous les deux...

Elle appuya son front baigné de sueur froide contre la balustrade.

Hernan continuait :

— Dieu ne veut point qu'on lui demande ceci ou cela... Souvenez-vous des enseignements du saint prêtre qui guida votre jeunesse... Vous répétiez ses instructions à votre mari ; vous lui disiez : « Dieu ne veut point qu'on dirige ici-bas sa miséricorde suprême, qui plane au plus haut des cieux. »

— Est-ce toi?... est-ce donc toi?... murmura la duchesse entre la mort et la vie.

— En ce temps-là, reprit encore Hernan, vous n'eussiez pas dit : « Seigneur, rendez-nous le repos de l'exil!... Seigneur, écartez les périls de la route où marche mon enfant... » car le saint prêtre vous enseignait que l'homme végète dans son ignorance profonde... Et qui sait les voies de Dieu? Le bien naît du mal, le salut peut être dans le péril...

— Qu'eussé-je dit?... parle!

— Vous eussiez dit l'oraison que vous m'appreniez dans votre humilité angélique ; vous eussiez dit, agenouillée comme vous l'êtes, mais confiante en la bonté du Sauveur : « Mon Dieu ! abaissez un regard sur votre créature, et que votre volonté soit faite sur la terre et dans les cieux ! »

Elle jeta ses deux bras autour du bras de Medina, qui la soutint pressée contre son cœur.

— C'est toi ! fit-elle dans un soupir profond ; oui... oui... c'était bien là notre prière !... Hernan !... mon pauvre Hernan !... Vais-je mourir de bonheur ?...

Ses yeux se fermèrent, comme si le sommeil eût pesé sur ses paupières.

Le Medina la contemplait au travers des larmes qui étaient dans ses yeux.

— Mais que disais-tu ? reprit-elle en tressaillant soudain ; tu parlais de dangers... pour Isabel ?

— Isabel ! reprit le duc, je l'ai vue... Elle est belle comme sa mère... Écoutez-moi, Eleonor ; le temps s'écoule, et j'ai une tâche pour chaque heure de cette nuit... Vous avez demandé une audience au roi ?

— Je me croyais abandonnée...

— Vous avez bien fait, Madame... Tout pour le roi, rien contre le roi... Vous aurez demain une audience.

— Et que demanderai-je, maintenant que vous m'êtes rendu !

— Vous demanderez justice, duchesse : on vous a pris votre fille et le fiancé de votre fille.

— Isabel !... Mendoze !... il est arrivé malheur !

15.

Medina la sentait défaillir entre ses bras; cependant il acheva :

— Vous direz à Philippe IV que le neveu du comte-duc, Palomas le bâtard, a enlevé la fille de Medina-Celi et assassiné le fils de Louis de Haro.

La poitrine de dona Eleonor rendit une plainte faible. Le duc Hernan la porta inanimée sur son lit. Il la baisa au front longuement, puis il fit retentir le sifflet d'or pendu au chevet.

Quand il entendit le pas des femmes de la duchesse qui accouraient à cet appel, il se dirigea vers la ruelle et disparut derrière le tableau de Montanez, au moment où la porte s'ouvrait pour donner passage aux caméristes.

Tout à l'autre bout de la maison de Pilate, dans l'aile qui faisait pendant à l'appartement privé de la bonne duchesse, dans la chambre à coucher même qui répondait symétriquement à la chambre à coucher d'Eleonor de Tolède, il y avait aussi, nous le savons, un grand lit à galerie carrée, et une ruelle en forme d'oratoire.

Pour achever la parfaite similitude, un tableau de Montanez, le jumeau de celui qui naguère tournait sur ses gonds dans la ruelle de la duchesse pour donner passage au Medina-Celi, ornait un des côtés de l'oratoire du bon duc. Seulement, chez la duchesse, le tableau de Montanez était à gauche; chez le duc, il était à droite.

La porte qui donnait sur la salle à manger restait ouverte. Les flambeaux achevaient de brûler sur la table. La lampe qui éclairait la chambre à coucher consumait lentement sa mèche charbonneuse et rougie. L'odeur du festin de Balthazar offert par le maître de céans au comte de Palomas, son gendre, était encore dans l'air.

Parmi les demi-ténèbres qui laissaient à peine une étincelle aux dorures assombries des lambris, aucun mouvement ne se faisait ; mais trois ronflements sonores, vibrants et modulés dans des gammes hardiment dissemblables, se mêlaient en accords détonnants et formaient les plus bizarres concerts.

L'œil, s'habituant à ce clair-obscur, eût distingué bien vite les divers instruments qui composaient ce terrible orchestre.

A tout seigneur tout honneur. C'était le bon duc, couché dans un lit, et qui ronflait comme un tuyau d'orgue ; c'était ensuite Picaros, plein de vertus et d'années, dont le chant nasal pouvait se comparer à un serpent de paroisse ; c'était enfin Gabacho, pauvre aveugle et l'un des chefs les plus influents de l'ancienne école : le nez de celui-ci cardait le tympam comme un cri de trompe.

Gabacho et Picaros, exécutant à la lettre l'ordre qu'ils avaient reçu, étaient couchés tête-bêche en travers de la porte. Leurs armes, véritable arsenal, gisaient autour d'eux avec une demi-douzaine de flacons vides. Quant au bon duc, il avait à sa gauche les deux pistolets-tromblons ; à sa droite, la gigantesque épée du marquis Tarifa.

Malheur à l'imprudent qui eût troublé ce repos hérissé d'artillerie !

En attendant, ils dormaient tous les trois du sommeil des justes, et tous les trois ils donnaient leur note en conscience, sans jamais tarder ni faiblir : on eût dit vraiment qu'ils étaient à la tâche et qu'ils essayaient de se surpasser l'un l'autre dans cette lutte de tapage.

Aussi n'entendit-on point le bruit que fit le tableau de Montanez en tournant avec lenteur sur lui-même. A la place de la toile parut un trou noir, puis dans le trou noir, un homme vêtu et coiffé de sombre.

Cet homme fit le tour de la galerie carrée, et vint s'asseoir au chevet du bon duc, après avoir placé la lampe sur la table de nuit.

Il disposa l'abat-jour de façon que la lumière tombât d'aplomb sur le visage de Medina endormi, puis il s'éloigna d'un pas et sembla se livrer à un minutieux examen de ce visage véritablement noble et beau.

— Étrange! murmura-t-il; si je n'avais la conscience de moi-même, j'aurais été trompé comme les autres.

L'abat-jour renversé mit dans l'ombre la figure du dormeur, et dirigea toute la lumière sur les traits du nouveau venu.

C'était étrange, en effet. En changeant de direction, la lampe éclairait toujours le même visage.

Le dormeur avait sa main droite étendue sur le lit, le nouveau venu la prit et lui fit subir une pression qui, faible d'abord, alla sans cesse en augmentant.

Il n'avait pas même accordé un regard aux pistolets-tromblons et à la grande épée; en les apercevant il s'était contenté de sourire.

Au bout de quelques secondes, le ronflement du dormeur se modifia, il baissa d'un ton et prit des accents souffreteux. Après quelques secondes encore, il se transforma en une sorte de plainte. Le dormeur s'agita, gémit, puis s'éveilla.

A peine éveillé, il sauta sur son séant et se frotta les yeux. Son premier regard avait rencontré cette figure éclairée en plein par la lampe.

— Oh! oh! fit-il avec un vague sourire, c'est bien!... Toujours le même rêve!... Coquin de Pedro Gil !

Sa main était libre. Il ferma les yeux, puis les rouvrit.

— Étais-je ivre hier soir? grommela-t-il. Pas tout à fait. D'ailleurs, je les entends qui ronflent... Quelqu'un m'a-t-il fait la plaisanterie d'accrocher un miroir devant moi?... C'est ma figure que je vois, et pourtant elle ne bouge pas quand je remue.

Ces dernières paroles furent prononcées d'une voix qui s'altérait. En même temps la pâleur montait à ses joues.

C'est étonnant, ces diables de rêves! reprit-il, on se croit toujours éveillé !

Il parvint à rencontrer l'épée à tâtons, car son regard restait invinciblement cloué à la figure de son Sosie. Ce n'était point pour frapper. Il s'en servit comme d'une baguette, et tâta doucement, espérant trouver devant lui la surface du prétendu miroir.

Mais la main de la vision s'éleva.

— Holà! mes gardes! s'écria le bon duc en une explosion d'épouvante; Picaros! Gabacho!

La vision mit un doigt sur ses lèvres.

Et comme le bon duc ne se taisait pas assez

vite, la vision, parlant à la fin, prononça distinctement cette menace :

— Un mot de plus, maraud, je t'étrangle !

Le bon duc ne se formalisa point. Il se renversa sur son oreiller en murmurant d'un air plaintif :

— Coquin de Pedro Gil !

Puis, prenant son parti en brave :

— Allons ! dit-il presque gaiement ; ce n'est pas un rêve. Votre Grâce est là en chair et en os... et même assez bien portante, comme je l'en félicite de tout mon cœur... S'il faut avouer la vérité, j'ai bien eu depuis deux jours quelques petites fumées d'ambition, mais ce rôle me fatiguait déjà...

Ce n'est pas la grandeur qui fait le bonheur. Excellence, le temps de me botter et de mettre mon pourpoint, je vous cède la place et je m'éclipse.

Il avait déjà une jambe hors du lit.

— Reste ! dit le nouveau venu.

— Sans compliments, Excellence, je préférerais m'en aller.

— Reste !

La jambe nue rentra sous les couvertures.

— C'est bien toi, demanda le nouveau venu, qui es le mendiant Esteban d'Antequerre ?

— Voilà un nom que personne n'est en droit de me disputer, Excellence, reprit notre homme avec une dignité orgueilleuse ; je suis le saint Esteban comme vous êtes le duc de Medina-Celi... Ce sont là deux grandes renommées, par Dieu ! dans notre beau pays d'Espagne !...

Mais puisque Votre Grâce m'adresse des questions auxquelles je réponds loyalement, me serait-il permis de lui demander à mon tour comment elle est entrée dans ma chambre à coucher, malgré les précautions que j'avais prises !

Le bon duc, — le vrai Medina-Celi, puisque l'autre prenait soin lui-même d'établir la position et l'identité de chacun, — regardait sans colère ce curieux personnage, habitant sa propre maison, couché dans son propre lit, affublé depuis deux jours de son nom et de ses titres.

— Demain, à la première heure, dit-il, le roi fera mander en son palais don Hernan Perez de Guzman... ne m'interromps plus... Je sais que tu voudrais être à cent pieds sous terre, mais ton audacieuse imposture a servi mes desseins. Tu m'appartiens ; je te garde.

— Votre Seigneurie très illustre me parle de haut comme c'est son droit, répliqua Esteban d'un ton calme et ferme ; si je me permets de répondre malgré sa défense, c'est que je ne suis pas ici le seul imposteur... J'ai pris, il est vrai, le nom de Medina, mais nous sommes à deux de jeu, puisque le Medina a pris mon nom.

— Je te payerai ton nom de mendiant... Mon nom ducal sera purifié par le feu et par le sang. Écoute. Au messager du roi, tu répondras : « Don Hernan Perez de Guzman, aujourd'hui comme autrefois, est aux ordres de Sa Majesté. »

— Très bien, Seigneur, j'ai compris.

— En présence même du messager, tu donneras tes ordres à haute voix pour que la litière soit préparée.

Le saint Esteban ne put cacher le plaisir qu'il éprouvait.

— Votre Grâce verra, dit-il avec toute sa suffisance revenue, si son serviteur très dévoué sait remplir un rôle de grand d'Espagne à l'occasion.

— Tais-toi... écoute. La litière préparée devra t'attendre au bas de l'escalier qui conduit aux appartements de la duchesse.

— M'attendre?... répéta le gueux; alors j'irai chez le roi.

— Écoute... Aussitôt après avoir donné tes ordres, tu t'enfermeras dans cet appartement seul... seul... il faut que tu sois seul... Tu n'ouvriras à personne, sous aucun prétexte, quand même on te crierait à travers la serrure que le feu est à la maison !...

— Comment, Seigneur!... mais la litière! pour qui est la litière?

— Ne t'inquiète pas de la litière... Écoute encore ceci : Tu ne seras point puni pour ce que tu as fait contre moi, tu ne recevras même aucun châtiment pour ce que tu as fait contre ma femme et ma fille... mais te voilà dépositaire d'un secret, car ceux-là même qui ont imaginé cette intrigue ignorent ma présence à Séville... on me croit mort... je tiens à ce que tu saches cela... Pedro Gil, tout le premier, me croit mort; si Pedro Gil ou tout autre venait à percer ce mystère, par ma religion, tu serais pendu sans miséricorde!

Il se leva, coiffa son feutre à larges bords, et rejeta sur sa bouche le pan de son manteau.

— Le ministre Zuniga t'a donné un sauf-conduit? reprit-il.

— Oui, Seigneur.

— Au nom de Medina-Celi?
— Comme de raison.
— Donne-moi ce sauf-conduit.

Le roi des gueux hésita. Hernan répéta froidement :

— Donne!

L'autre plongea sa main sous son oreiller en grommelant encore une fois :

— Coquin de Pedro Gil!

Puis il tendit le parchemin plié.

Le duc Hernan l'examina et le mit dans son sein.

— Debout maintenant! commanda-t-il; éveille tes hommes et qu'on m'ouvre la porte!

— Votre Seigneurie, risqua Esteban toujours raisonneur, ne peut-elle sortir par où elle est entrée?

Medina le regarda; Esteban, malgré son effronterie, sauta hors du lit en baissant les yeux.

Picaros et Gabacho, éveillés en sursaut, restèrent bouche béante devant cet homme qui, pour eux, avait surgi de terre. On enleva les obstacles, et la porte principale fut ouverte.

— Saluez! ordonna Esteban; c'est un de mes amis qui est grand d'Espagne et cousin du roi.

Les deux gueux s'inclinèrent.

Pendant qu'ils avaient la tête baissée, Medina dit à demi-voix :

— Obéissance... ou le gibet...

— Voilà qui est parler, répliqua Esteban. Vous serez obéi, Seigneur... A vous revoir!

— Par où celui-là s'est-il introduit? demandèrent à la fois Picaros et Gabacho, dès que la porte fut refermée.

Esteban les toisa d'un regard qu'il voulait faire goguenard.

— Ne savez-vous pas que les trois quarts de nos vieux manoirs ont de ces issues secrètes ? répondit-il ; — c'est un secret de famille.

— Nous devions tout tuer ! insista Gabacho, — tout exterminer.

— O mon roi ! appuya Picaros, — à quoi bon ces armes dont tu chargeais naguère nos bras dévoués ?

— Une gageure... balbutia Esteban qui décoiffa un flacon ; — à votre santé, mes braves !

— A votre santé maître !... une gageure !... l'avez-vous gagnée ?

Tandis que le successeur légitime du grand Lépreux restait en proie aux questions indiscrètes du faux aveugle et du centenaire à barbe noire, Hernan Perez de Guzman, duc de Medina-Celi, descendait le grand escalier de la maison de Pilate. Il portait à la main un flambeau qu'il avait pris sur la table du festin. Le temps de se cacher n'était plus, car il traversa tête levée le vestibule, et ne s'arrêta qu'au perron donnant sur la cour d'honneur.

— Savien ! appela-t-il d'une voix haute et claire ; Nunez !

Et comme nulle réponse ne sortait ni des écuries ni de la cabane du concierge, le Medina, revenant sur ses pas, décrocha un cor d'argent pendu à l'un des piliers du vestibule. Il approcha l'embouchure de ses lèvres et donna un seul son grave, prolongé, retentissant.

La porte de la maison du garde et celle de

l'écurie s'ouvrirent en même temps. Nunez et Savien, demi-vêtus, s'élancèrent à la fois de toute la vitesse de leurs vieilles jambes.

— Il y avait quinze ans !... prononcèrent-ils en même temps.

— Quinze ans que vous n'aviez entendu l'appel de nuit, n'est-ce pas, bons serviteurs ? acheva le duc Hernan. Je viens à vous parce qu'il y a quatre cierges allumés là-bas, sous le massif, et que la terre fraîchement creusée dit votre dévouement fidèle.

Ils étaient en bas des marches, plongés tous deux dans une sorte de recueillement joyeux.

Au sommet du perron, le Medina se tenait debout, son flambeau à la main. Les plis de son manteau grandissaient sa riche taille, la lumière du flambeau éclairait vivement ses traits fiers et doux.

Cependant le mot de l'énigme n'était point trouvé encore. Savien et Nunez avaient le cœur serré de ce pressentiment qui annonce les soudaines révélations ; mais leur maître qui était là, c'était bien pour eux le même qu'il avaient vu le matin.

— Tes trois fils sont-ils braves, Nunez ? demanda le bon duc ; aussi braves que toi ?

— Plus braves, je mentirais, Seigneur, répliqua le vieil homme.

Le duc Hernan sourit.

Les deux bons serviteurs se regardèrent. Celui de ce matin souriait-il ainsi ?

— As-tu encore de bons chevaux devant les râteliers, Savien ? interrogea de nouveau le Medina-Celi.

— Aussi bons qu'autrefois, quand ils seront montés par leur maître.

— Bien répondu tous deux!... Nunez, que tes trois fils se lèvent et s'arment.

— Ils sont levés et armés, Seigneur.

— Pour quel motif?

— Parce qu'ils ont vu d'étranges choses, et qu'il y a ce soir tempête sur la terre comme dans les nues.

— Allons! prononça don Hernan avec émotion; j'ai des amis... c'est bien, Nunez; va chercher tes trois fils.

Nunez s'inclina et courut à la conciergerie.

— Prends ceci, dit le duc à Savien, en tendant son flambeau, et voyons tes chevaux.

Le vieil écuyer, tête nue, prit aussitôt le chemin des écuries.

Après le roi, les bons ducs avaient, en Espagne, la réputation de posséder les premiers chevaux du monde. Leur haras de Tarifa, sans cesse alimenté par la pure race africaine, donnait de merveilleux élèves, et les guerres de Flandre avaient récemment propagé par toute l'Europe la renommée des coursiers andalous.

Les écuries de la maison de Pilate, grandes et hautes comme une église, avaient leurs cases au complet, malgré le malheur des temps. Les chevaux dormaient sur la litière fraîche ou mangeaient le foin parfumé de la Guadaira.

Les deux maîtres palefreniers reposaient dans leurs lits, élevés sur des estrades aux deux extrémités de cette longue file de râteliers, tandis que les valets, Arabes pour la plupart, ronflaient dans la litière.

Les narines du duc Hernan se gonflèrent en respirant ces chaudes vapeurs, qui étaient pour lui comme un lointain et violent souvenir de liberté, de batailles, de jeunesse. Il s'arrêta néanmoins au bout de quelques pas et resta triste, contemplant cette longue ligne de nobles animaux.

— Tous ceux de mon temps sont morts ! murmura-t-il.

Savien ouvrait la bouche pour répondre, lorsque soudain le regard du bon duc jeta un éclair. Il s'élança vif et souple comme un jeune homme, et mis ses deux mains frémissantes sur le garot d'un superbe cheval rouan, à la crinière déteinte par la vieillesse.

Le cheval rouan leva la tête, renifla bruyamment, et tâcha de se mettre sur ses jambes roidies. Savien avait les larmes aux yeux.

Le bon duc avait pris dans ses bras la tête du vieux cheval, et l'avait baisé à la joue en disant :

— Bajazet ! mon vaillant Bajazet !

— Seigneur, dit en entrant le gardien de la conciergerie, voici les trois Nunez prêts à vivre et à mourir pour l'amour de vous.

Hernan regarda les jeunes gens, fiers et beaux tous les trois sous le harnois de guerre.

Nunez le père ajouta :

— Me sera-t-il permis de donner aussi mon sang pour Monseigneur ?

Le duc sourit, voyant qu'il avait l'épée à la main et des pistolets à la ceinture.

— Nous avons besoin de braves cœurs à la maison, répliqua-t-il.

Puis, se retournant vers Savien :

— Y a-t-il ici un fils de Bajazet?

— Farruch! appela l'écuyer.

Un Maure montra son visage noir entre les jambes d'un admirable cheval bai, voisin du doyen de l'écurie.

— Selle Sultan-Yusuf, ordonna Savien.

Les trois Nunez harnachaient déjà leurs montures.

— Il y a cinq lieues jusqu'à l'Isla-Mayor... murmura le duc; Bajazet eût mis une heure...

— Yusuf mettra moins, Seigneur... mais les trois garçons ne pourront vous suivre.

Farruch, qui avait peine à maintenir l'ardeur du magnifique coursier, le mena par la bride jusqu'à la porte de l'écurie. Le duc Hernan sauta en selle.

— Ton épée, vieux Nunez, dit-il.

Le vieillard mit un genou en terre et la lui tendit après l'avoir baisée.

— Enfants, s'écria le bon duc, qui réduisait en se jouant la fugue de Sultan-Yusuf, l'honneur de Medina-Celi est en péril.... Ventre à terre jusqu'au gué de l'Ile Majeure... Ils n'ont qu'une heure d'avance; si celui-ci vaut Bajazet, nous les rejoindrons en chemin!

Catalina venait d'ouvrir toute grande la porte extérieure.

Le duc Hernan la franchit au galop, et disparut dans la nuit, suivi des trois jeunes gens que les premiers élans de Sultan Yusuf avaient distancés déjà.

Pendant que la bonne femme accompagnait son maître de ses prières et de ses bénédictions, Savien et Nunez revenaient tristement à l'écurie.

— Vieux cheval sur la litière, vieil homme à la maison, dit l'écuyer avec un soupir. Tu es heureux, Nunez, tu lui as donné tes trois fils.

XIV

LA CHAMBRE DE LA MORTE

Les derniers rayons de la lune passaient au travers des lianes fleuries qui dormaient comme une diaphane tenture au-devant de la croisée d'Aïdda. Il n'y avait pas d'autre lumière dans la chambre. Une lueur faible venait seulement par la porte entr'ouverte de la pièce voisine.

Aïdda était demi-couchée sur une pile de coussins. Gabrielle s'agenouillait auprès d'elle.

C'était à peu près l'heure où le bon duc, enfourchant son cheval arabe, franchissait au galop la grande porte de la maison de Pilate.

L'orage grondait au loin, vers la montagne. Sauf les voix sourdes de l'ouragan, la nuit était morne et muette.

Quand un nuage, voyageant au ciel, venait à passer sur le croissant, la chambre d'Aïdda se trouvait plongée tout à coup dans une complète obscurité. La lueur de la pièce voisine grandissait alors et traçait un large éventail sur le tapis ;

le nuage continuait sa course, découvrant la lune inclinée à l'horizon, et la lueur pâlissait.

De temps en temps une plainte faible sortait de la chambre éclairée. A des intervalles plus rares encore, un long soupir venait de la partie opposée du réduit d'Aïdda.

Il y avait là encore une porte cachée dans l'ombre.

— S'il ne m'aime plus, dit tout bas Aïdda, je mourrai... Mais avant de mourir, je me vengerai.

Sa voix avait des inflexions sourdes et saccadées.

— Tu souffres, pauvre sœur, murmura la fille de l'oïdor.

— Oui, je souffre... répondit l'Africaine; ils souffrent aussi tous les deux.

— Et cela te console ?

— Je ne sais... j'ai l'enfer dans le cœur !

Gabrielle lui prit les deux mains, et, se relevant à demi, elle approcha son gracieux visage du front de la Mauresque.

Celle-ci la repoussa avec fatigue.

Gabrielle dit :

— Comme ton front brûle !

La poitrine d'Aïdda fit un effort pour rendre un sanglot.

— Toi, reprit-elle, Dieu t'a vengée...

— Sur mon salut ! s'écria la fille de l'oïdor, j'aurais donné mon sang pour qu'elle fût heureuse !

— Tais-toi !... je suis une femme et non pas un ange... Je hais ma rivale... je la hais d'autant plus qu'il m'a forcée de la sauver !

Elle retira ses deux mains qui restaient dans

celles de sa compagne et les colla sur son front.

— Que la Medina soit morte ou qu'elle soit déshonorée, dit-elle encore, Mendoze t'aimera... tu as du bonheur!

Gabrielle secoua sa douce tête blonde.

— Je ne veux pas du bonheur à ce prix, répondit-elle.

Un bruit se fit vers cette porte qui était dans l'ombre.

— Ton père est là! demanda la fille de l'oïdor.

— Non, répondit Aïdda.

— Qui donc est là?

— Un conjuré, je pense. Mes yeux ne me servent plus qu'à contempler mon malheur.

— Un conjuré? un blessé peut-être?... Est-il venu avec ton père?

— Moghrab est fort... Il tenait le blessé dans ses bras quand il est revenu cette nuit.

— Et il ne t'a rien dit?

— Il m'a dit : « Veille sur celui-ci comme tu veillerais sur moi-même. »

— Et tu n'as pas obéi?

— J'avais oublié les ordres de mon père... La pensée me fuit et je n'ai plus de cœur.

Elle se leva. Elle entra dans la chambre où était la lumière et en sortit aussitôt, tenant une lampe en main.

Gabrielle eut le cœur serré tant elle la vit défaite et pâle.

Aïdda traversa d'un pas plein de fatigue sa chambre à coucher, dont la lampe éclairait même le désordre. Elle ouvrit toute grande la porte de la seconde pièce et demanda :

— Seigneur cavalier, avez-vous besoin d'aide ?
Il n'y eut point de réponse.

Aïdda franchit le seuil. Un cri s'échappa de la poitrine de Gabrielle, qui la suivait, non seulement curieuse, mais émue, car un pressentiment la tenait.

— Mendoze ! dit-elle.

— Mendoze ! répliqua la Mauresque ; est-ce donc Mendoze ?

Puis elle ajouta avec un sourire amer :

— Tu as du bonheur.

Gabrielle était déjà penchée sur le visage de Mendoze, contemplant dans le cadre de ses grands cheveux noirs cette tête belle et calme où le sang manquait sous la peau. Il y avait des taches rouges à la collerette de Ramire et aussi aux draps du lit. Un vase plein d'eau teintée de rose et quelques bandes de linge éparses sur les dalles disaient qu'un pansement avait été opéré. Malgré sa livide pâleur et l'expression de fatigue accablante qui était sur les traits de Mendoze, il semblait dormir d'un paisible sommeil.

— Rien, répondit Gabrielle d'un ton de rancune.

— On se perd à vouloir pénétrer leurs desseins, murmura la Mauresque. As-tu bien regardé en face Moghrab, mon père, Gabrielle ?

— Jamais. Il me fait peur.

— L'as-tu regardé assez, quand tu levais sur lui tes yeux à la dérobée, pour reconnaître son portrait sur la toile ?

— Oh ! certes.

Le doigt d'Aïdda montra Mendoze endormi.

— Et si tu voyais son portrait vivant? dit-elle.

Les grands yeux bleus de Gabrielle exprimèrent d'abord un étonnement d'enfant. Elle comprenait confusément que les paroles de sa compagne se rapportaient à Mendoze. Elle l'examina bien, cherchant en conscience la ressemblance annoncée.

— Quand je l'ai vu tomber, murmura la fille de l'oïdor, j'ai cru que j'allais mourir.

Les yeux d'Aïdda étaient fixes et sans regard. Elle demanda tout bas et d'un accent distrait :

— La Medina est-elle belle ?

— Belle et douce comme une madone, répondit Gabrielle en étouffant un soupir.

La Mauresque poursuivit, comme se parlant à elle-même :

— Elle a nom Isabel... Il y avait une autre Isabel qui possédait aussi la beauté des anges... Et la fière Eleonor... et Blanche, ma bien-aimée marraine que de sourires et que de promesses voilés derrière le seuil sombre de ce passé !

— Je n'ai pas compris, ma sœur, prononça timidement Gabrielle.

— Il n'y a qu'une vivante, poursuivit Aïdda au lieu de répondre : c'est Eleonor de Tolède... Pauvre sainte ! son martyre aura été le plus long de tous !

Son bras étendu éleva la lampe, comme pour mieux éclairer le dormeur. Elle le regarda. Un sourire triste erra autour de ses lèvres.

— L'autre Isabel, murmura-t-elle. Je me souviens du jour où Blanche de Moncade se dévoua pour protéger sa fuite... Voici les traits d'Aguilar et de Haro : le jeune homme a le visage d'un chevalier... ce sont des races marquées au sceau d'une fatalité étrange !...

— Ne m'as-tu pas dit, s'interrompit-elle en se tournant vers la fille de l'oïdor, que Moghrab n'avait rien fait pour le défendre tant qu'il a été debout ?

Mais elle eut un sourire, et, secouant les blonds anneaux de ses cheveux :

— Moghrab est sombre et terrible... murmura-t-elle.

Puis, d'une voix qui, à son insu, s'imprégnait de caresses :

— Celle-ci sait si bien sourire !... et son regard a tant de douceur !

Une ride dédaigneuse plissa les lèvres d'Aïdda, qui laissa tomber cette parole :

— Tu resteras enfant toute ta vie !

Elle tourna le dos en même temps et reprit le chemin de sa chambre.

— Achève ton récit ! dit-elle.

— Mon récit est achevé, répliqua la fille de l'oïdor ; quand Mendoze est tombé, j'ai senti comme une main de fer qui me tordait le cœur, et mes yeux se sont voilés... j'ai entendu pourtant un grand bruit et une voix qui criait : « Sauve qui peut !... » Mon père m'a entraînée... Il me semblait que je nageais dans une vapeur épaisse..... La bouche d'un homme a frôlé mes cheveux pour dire à l'oreille de mon père : « Dans l'île Majeure ! A la taverne de Colombo !... »

— Ah ! fit Aïdda, c'est là qu'ils l'ont emmenée !...

— Quand j'ai pu rouvrir mes paupières, la nuit était noire autour de nous. De tous côtés on entendait des chevaux et, au lointain, des torches couraient. C'était, je crois, dans cette partie de la ville que nous avons traversée ce matin avec la litière. J'ai dit à mon père : « Au nom de Dieu, seigneur, ayez pitié de dona Isabel ! » Il m'a répondu : « N'es tu pas Espagnole ? Ne comprends-tu pas la vengeance ? »

— Non ! s'interrompit la pauvre enfant qui avait les larmes aux yeux, je ne comprends pas la vengeance ! Dieu est au dessus de nous pour récompenser et punir... Mon père a dit encore : « C'est pour toi que je veux des palais et des châteaux... Tu seras la fille d'un ministre du roi et la femme d'un grand d'Espagne... »

Aïdda, distraite, n'écoutait plus.

— Mon père voulait me faire rentrer à la maison de Pilate, poursuivit Gabrielle ; j'ai cru qu'il perdait la raison quand il m'a dit : « Qui sait si tu ne seras pas là chez toi quelque jour ? » Il a ajouté : « J'ai bien travaillé ; notre Espagne est un champ fertile pour qui l'ensemence à propos. »

Et d'autres choses encore que je ne comprenais pas... J'ai tant pleuré, qu'il m'a ramenée jusqu'à notre porte... Il m'a quittée en ce lieu, disant : « Ma besogne de cette nuit n'est pas terminée... »

J'étais seule dans ma chambre, faisant ma prière, quand tu m'as appelée. Je n'osais pas monter, de peur de trouver là Moghrab. Dieu veuille que je puisse rester près de toi, ma sœur, jusqu'à la fin de cette terrible nuit.

16.

Elle se tut. Dès qu'elle ne parla plus, Aïdda tressaillit et s'éveilla de son rêve.

Elle avait mis la lampe sur sa table de travail, et demeurait immobile, les yeux fixes, les sourcils froncés.

— Terrible!... répéta-t-elle; Moghrab et Pedro Gil vont revenir...

Gabrielle se prit à frissonner sans savoir pourquoi.

— Serait-il menacé de quelque nouveau danger? balbutia-t-elle.

— Qui, lui? demanda la Mauresque.

— Lui! répéta Gabrielle en rougissant.

Aïdda, au lieu de répondre, saisit la lampe d'un brusque mouvement, et dit tout à coup :

— Veux-tu voir comme elle est belle?

La fille de l'oidor n'imita point sa compagne. Elle ne demanda point : Qui, elle?

Elle marcha sur les traces d'Aïdda, qui gagnait d'un pas saccadé la porte de la première chambre.

Aïdda s'approcha du lit.

Inez de Guzman, pauvre charmante créature, toute jeune et toute frêle, était là, étendue sur les couvertures. Elle portait un frais et brillant costume du matin, le costume qu'elle avait pour aller au rendez-vous de Vincent de Moncade.

A deux pas du lit Aïdda s'arrêta.

Tout son corps tremblait et ses cheveux frémissaient sur son crâne.

— Si tu étais un homme, prononça-t-elle avec effort, laquelle de nous choisirais-tu?

— Mais elle est morte! s'écria Gabrielle, qui voulut s'élancer.

La Mauresque la contint d'un geste impérieux.

— Laquelle ?... demanda-t-elle pour la seconde fois. Regarde-la, c'est le bouton tout près d'éclore... Moi j'ai déjà bien souffert, et je suis la fleur qui va se faner demain...

— Elle est morte !... elle est morte !... répétait Gabrielle consternée.

— Tais-toi !... Sais-tu qu'il faut souffrir pour mourir ?...

Elle dirigea les rayons de la lampe sur le front d'Inez. Les yeux de celle-ci frémirent, et tout son corps ...t comme un léger contre-coup.

La poitrine de Gabrielle rendit un long soupir.

— Vois-tu bien qu'elle n'est pas morte ? reprit l'Africaine, dont la voix avait des inflexions glaciales : mais elle mourra...

— Si l'on vient à son secours ?...

— Elle mourra... nous l'avons condamnée !

Le bras fatigué d'Aïdda faiblissait. Elle déposa la lampe au chevet d'Inez.

Elle se tourna vers Gabrielle qui tremblait et dit avec un sourire où il y avait autant d'angoisse que d'orgueil :

— Il n'y a pas à le nier ; elle est plus belle que moi, mais je la tiens vaincue sous mon pied : Elle est plus noble, plus riche, mais elle est mon esclave... Elle est aimée, mais elle va mourir !...

— Aïdda, ma sœur ! s'écria Gabrielle, je ne t'ai jamais vue ainsi... Chacune de tes paroles fait une brûlure cuisante.

— C'est le sort du brasier... Tu as raison, je brûle... Va ! moi aussi, je mourrai... je mourrai consumée !... Des cendres à la place où était mon cœur !... Je devine l'enfer dès cette vie...

— Mais que t'a-t-elle fait, cette douce enfant ?...

— Ah ! ah ! répliqua l'Africaine avec une sourde explosion, tu me demandes cela, toi ! Ne m'as-tu pas vue sourire ? Ce matin encore n'ai-je pas prié Dieu ?...

— Eh bien !...

— Eh bien ! je n'ai plus d'espoir et je blasphème !...

— Mais songe donc ! s'interrompit-elle avec un rire sinistre ; on pleure, là-bas, dans la maison du ministre favori !... j'ai vu les larmes d'une duchesse... elles sont de sang !... Le comte-duc me parlait avec soumission, comme si j'étais la reine. « Ma fille ! ma fille !... » Ils veulent qu'on leur rende leur fille .. Un roc ! entends-tu ? Ils parlaient à un roc !... J'ai aimé deux fois, la sœur et le frère : la sœur comme ma mère, le frère comme mon époux... Ils m'ont tué l'une, ils m'ont pris l'autre... Ah ! ah ! ce qu'ils m'ont fait ? fille aveugle et sourde, tu me demandes ce qu'ils m'ont fait !...

Elle croisa ses bras sur sa poitrine.

— La sœur m'avait enseigné Dieu, reprit-elle en baissant la voix : le frère m'apprit la vie. Un jour que j'avais ma main dans sa main, je sentis pour la première fois mon cœur... J'étais déjà femme pourtant ; j'avais déjà parcouru l'Europe et l'Afrique pour chercher des vengeurs... Il y avait cinq ans que je suivais, comme un chien soumis marche après son maitre, celui qui avait juré d'être sans pitié, celui que vous appelez Moghrab.

— Ne s'appelle-t-il point Moghrab? demanda Gabrielle, dont la curiosité s'éveillait au milieu même de ses terreurs ; n'est-il point ton père?

— Qu'importe cela? Ah! tu n'es qu'une enfant frivole... Quand je rencontrai Moncade, j'avais vingt ans. La vengeance nous appartenait à tous deux ; je crus qu'en partageant la même haine, nous pourrions bercer les mêmes amours ; j'espérais (j'étais folle) que je pourrais sans crime jeter quelques fleurs sur le noir sentier où s'épuisait ma jeunesse... j'aimai... Celles qui sont comme moi ont tort d'aimer...

Inez s'agita sur sa couche. Aïdda tourna vers elle un regard implacable et froid.

— Viens, dit-elle, je respire mal ici.

Elle repassa lentement le seuil et reprit sa place sur les coussins.

Tout en elle parlait de découragement profond et d'incurable souffrance.

Pendant que Gabrielle traversait la chambre pour la rejoindre, elle entendit les sanglots qui déchiraient sa poitrine.

Elle revint s'agenouiller auprès d'Aïdda et mit sa tête dans son sein.

— Tu as été ma meilleure et ma seule amie, dit-elle, je voudrais te consoler et t'apprendre les joies de la miséricorde... Sais-tu, toi qui me regardes en pitié et qui me traites d'enfant ignorante, sais-tu de quel baume le pardon remplit les cœurs généreux comme le tien?

— Le pardon! dit Aïdda, comme si elle eût prononcé un mot d'une langue inconnue.

— Écoute, reprit Gabrielle, tu as un secret qui te pèse. Mon cœur est ouvert, ma sœur chérie; partageons ton secret.

L'Africaine l'attira plus près d'elle.

— Je n'ai pas de secret, répliqua-t-elle; Séville entière saura demain la double histoire : l'injure odieuse et lâche, la vengeance terrible... Mais tu as raison, jeune fille, il faut que je parle... Parler trompera ma torture... Ton âme est bonne, tu me plaindras... Moi! moi! s'interrompit-elle révoltée; mon supplice m'a donc brisée à ce point que j'ai besoin de compassion!

Gabrielle posa ses lèvres sur ce pauvre front ardent et si fier.

— Ce fut le serment d'un grand d'Espagne, commença la Mauresque avec une singulière emphase; les prêtres crièrent au sacrilège, mais Dieu fit les âmes des gentilshommes avec l'étincelle de ses foudres... Un hidalgo est le gardien de son honneur... Honte à qui dira qu'Hernan de Moncade, premier marquis de Pescaire, ne fit pas son devoir!

Une fois, par une nuit triste comme celle-ci, Gabrielle, je t'ai raconté cette sombre histoire, pendant que l'ouragan hurlait dans l'air et que les tonnerres lointains éveillaient l'écho des montagnes.

Tu sais le crime odieux et sans nom du favori de Philippe IV; tu sais que Blanche de Moncade revint au palais de ses pères pour mourir.

Tu sais que le vieux soldat Hernan, marquis

de Pescaire, dit : « La terre sainte ne s'ouvrira point pour ma fille morte avant l'heure de la vengeance. »

Et tu m'as avoué souvent depuis, fillette craintive, que tout ton corps frissonnait en passant sous les hautes murailles de la maison de Moncade, ce palais des muettes et inconsolables douleurs.

C'était fête, hier soir, dans cette demeure en deuil.

Grande fête. C'était la fête attendue depuis de longues années.

La fête de la vengeance!...

Aïdda poursuivit ainsi son récit :

— Il est là-bas, dans la maison de Moncade, vieille comme la monarchie espagnole et plus noble que le palais de César, il est une chambre retirée où la lumière du jour ne pénètre jamais.

L'air du dehors n'y vient point, non plus que les vulgaires bruits de la vie. Les fenêtres en sont murées. Deux portes y donnent accès : l'une communique avec la retraite du père de Blanche, l'autre avec les appartements de son frère.

Depuis des années, les deux Moncade, le père et le fils, ne se voient que là.

C'est la chambre de la morte, c'est la chambre où elle souriait autrefois, jeune, belle, heureuse et comblée de tous les dons que Dieu peut prodiguée à sa créature préférée.

C'est la chambre où elle attend aujourd'hui sa sépulture chrétienne.

Rien n'y fut changé depuis l'heure où Blanche de Moncade rendit le dernier soupir. Le missel est ouvert à la page qui contient la prière du matin; l'aiguille est prête pour achever la broderie commencée; les mules de drap d'or attendent sur le tapis; la harpe seule a détendu ses cordes qui toujours garderont le silence.

Les cierges brûlent la nuit et le jour.

Blanche est couchée sur son lit, dans ses habits de cour. La première fois que je l'ai revue, il m'a semblé que le temps s'était arrêté ou que je m'éveillais d'un rêve. Elle me souriait, elle m'appelait. Blanche, ma mère et ma sœur! Blanche, ma marraine chérie! Je tendis mes deux bras, trompée par le mensonge de cette morte qui semblait vivre!

Hélas! les bras de Blanche ne se soulevèrent point, et ses mains de cire, croisées sur sa poitrine, ne purent desserrer leurs doigts qui tenaient Jésus crucifié...

Je restai agenouillée dans cet étrange tombeau. Combien de fois l'illusion ne revint-elle pas bercer ma tristesse! Combien de fois ne vis-je pas ces lèvres immobiles remuer, et ces yeux fixes tourner vers moi leur regard!

Ils vinrent tous deux, les Moncade, le père et le fils, tous deux en deuil, dans ce réduit tendu de blanc. Le jeune homme et le vieillard se donnèrent la main en silence. Ils prièrent ensemble. Quand ils se relevèrent, moi je dis :

— L'heure de la vengeance est bien longue à sonner!

Le vieillard baisa les mains décolorées de la morte, puis il me répondit :

Les années ont passé, tu as raison, jeune fille.

La vengeance tarde, mais elle approche. Son pas est lent, son pas est sûr... Blanche avait dix-sept ans ; ne fallait-il pas attendre que l'autre eût dix-sept ans aussi ?...

J'eus froid jusqu'au fond de mon cœur, car un mot me suffit, à moi, quand il s'agit de vengeance. Je comprenais. Il y avait en moi de l'admiration et de l'horreur. Toi, Gabrielle, comprends-tu ?

— Je tremble, répliqua la fille de l'oidor, mais je ne comprends pas.

— Elles sont belles, poursuivit le vieux Moncade, elles sont pleines, les heures de cette austère attente. L'arrêt est porté. Le cœur blessé se repose dans la pensée du juste châtiment.

Il a suffi d'une nuit pour blanchir cette noire forêt qui couvrait mon crâne et faisait dire aux gens de cour : « Moncade ne sait ni jouir ni souffrir... » J'attends depuis cette nuit-là... C'est un breuvage ardent et divin que la vengeance, mais il n'a toute sa saveur enivrante que si le cœur patient lui donne le temps de refroidir... Dans un des plateaux de la balance, il y avait l'honneur et la vie de cette vierge à la beauté angélique : fallait-il mettre dans l'autre plateau une chétive enfant, et, par trop de hâte, manger en herbe la riche moisson de haine !... J'ai l'âge de n'être plus prodigue. Il me faut le même poids de honte, le même poids de bonheur et d'honneur. La victime est marquée, jeune fille, je la connais ; elle est à moi, on me l'élève. Il m'est arrivé d'aller la voir passer toute brillante et souriante dans nos promenades ou dans nos fêtes...

I. 17

Moi, l'homme du deuil éternel, j'ai affronté ces joies pour contempler ma vengeance qui grandit et mûrit comme un beau fruit sur l'arbre... Et j'ai été content de moi, entendez-vous, car, je le jure sur la gloire de mon nom, je n'ai ressenti dans mon cœur ni regret, ni pitié...

— Tu frissonnes, Gabrielle! Est-ce à dire que tu as compris?

— Il y a en moi je ne sais quelle horreur poignante, répliqua la blonde fille de Pedro Gil, mais je n'ai pas compris encore.

Un rayon de lune frappait obliquement les carreaux de la fenêtre entr'ouverte et glissait jusqu'au visage d'Aïdda. Ses yeux profonds brûlaient parmi la pâleur de sa face. Son front s'inspirait. Il y avait autour d'elle comme une atmosphère de merveilleuse et terrible poésie.

— C'est beau, reprit-elle de cette voix qu'on a dans les rêves, c'est beau et c'est grand un cœur capable de savourer ainsi, sans hâte ni faiblesse, la coupe pleine de la vengeance!... Je vois encore la tête calme et noble de Moncade, et j'entends le son grave de sa voix... Celui-là sait haïr, celui-là est un vrai Castillan!...

Et cependant elle entrait dans la vie, la fille du comte-duc — un ange! — Des cheveux noirs comme les miens, des yeux bleus comme l'azur de ta prunelle... Que de joies! que de triomphes! La cour, autour d'elle, c'était un cercle de sourires... Je te dis que c'est beau une vengeance gigantesque cachée sous cette montagne de fleurs!...

Moi aussi, je l'ai vue; moi aussi j'ai suivi les radieux progrès de sa jeunesse.

Et je revenais dans la chambre de la morte, et je disais à Blanche immobile et muette sur son lit funèbre :

— Sœur, il sera bientôt temps !

XV

LE TALION

Un poids navrant oppressait la poitrine de Gabrielle.

— Je ne sais, je ne sais, fit-elle avec détresse, mais si Blanche de Moncade, qui t'a tenue par la main pour te guider jusqu'au sanctuaire du vrai Dieu, si Blanche de Moncade, ta marraine, est une sainte dans le ciel, son regard doit se détourner de toi.

— Dieu châtie, répliqua l'Africaine : ceux qui se vengent sont les instruments de la justice de Dieu... Du haut du ciel, Blanche nous regarde !... Elle attend comme nous ! Mais tu n'as pas compris, jeune fille, car moi-même je n'avais pas deviné.

Un soir, Hernan de Moncade dit à son fils :

— C'est le jour de sa naissance : elle a l'âge qu'avait Blanche ; elle a dix-sept ans.

J'eus un frisson dans les veines, cette fois. Vincent de Moncade et moi, nous nous aimions.

Vincent ne répondit pas. Le vieillard reprit :

— Moncade, tu as juré.

Vincent de Moncade se mit à genoux; je l'entendis qui murmurait :

— Ayez pitié de moi, mon père!

J'eus honte pour mon amant. Je l'accusai de lâcheté dans mon cœur.

— Tu as juré, dit pour la seconde fois le vieillard; relève-toi !

— Mon père, reprit Vincent, si vous voulez, je repousserai du pied ces vaines prudences des conspirateurs, j'irai tête levée jusqu'à cet homme, et je le provoquerai en combat singulier.

— Ce n'est pas assez, Moncade, dit le vieillard ; relève-toi, tu as juré.

— Mon père, mon père! s'il le faut, je renoncerai à l'épée, arme des gentilshommes... je prendrai le poignard des vengeurs et je frapperai !

— Ce n'est pas assez, Moncade !

— Voulez-vous des tortures, mon père? J'apprendrai le métier de bourreau...

— Je ne veux pas de torture! Le vrai supplice est celui de l'âme... Moncade, relève-toi !

— Mon père!... écoutez-moi, mon père!... Je m'introduirai dans le palais du traître comme un bandit, j'entrerai dans la chambre de sa fille et je la percerai de mon couteau pour avoir le droit de mourir !

Le vieillard mit la main sur l'épaule de son fils et dit :

— Moncade, ce n'est pas assez !

Gabrielle essuya la sueur froide qui coulait de son front.

Aïdda poursuivit, droite maintenant sur ses coussins, la parole libre et le regard clair :

— Vincent se releva et ne prononça plus un seul mot. Le vieillard, au contraire, continuait :

— Mesure pour mesure ; je veux ma dette intégralement payée. Que parles-tu d'épée et de poignards ? nous avons le choix des armes : nos pères prenaient-ils un doigt pour un bras, une dent pour un œil ?... Tu t'es chargé du talion, tu as juré ; j'ai marqué l'heure : elle est sonnée, marche !

Cette fois, Gabrielle, je comprenais. Comprends-tu ?

— Horrible ! horrible ! balbutia la fille de l'oidor.

— Terrible, c'est vrai, mais juste. Poids pour poids dans le mal comme dans le bien : c'est la loi... Seulement j'eus une défaillance dans le cœur ; j'aimais : je songeai à cette jeune fille si belle ; je fus jalouse : j'eus peur.

Le vieux Moncade avait attiré Vincent dans ses bras ; il lissait ses grands cheveux noirs comme une mère tendre, caresse sa fille en la parant.

— Dieu t'a fait beau, murmura-t-il, mon fils, mon espoir... tu sais le chemin qui conduit au cœur des femmes... Elle est jeune et sans défiance...

— Horrible ! horrible ! répéta Gabrielle qui se rejeta en arrière, indignée et révoltée.

— Tu as compris ? dit froidement Aïdda.

— Don Vincent de Moncade n'accepta pas, s'écria la fille de l'oidor ; il ne put pas accepter cette mission d'infamie !

— Don Vincent de Moncade refusa, en effet. Le vieillard sortit la menace à la bouche, et laissant sa malédiction suspendue sur la tête de son fils préféré... mais j'étais là.

— Toi! dit Gabrielle avec une épouvante nouvelle; toi, Aïdda!

— Quand nous fûmes seuls tous deux, Vincent et moi, poursuivit froidement la Mauresque, je restai partagée entre mes craintes jalouses et ma haine. Ma haine fut la plus forte. Ce que le père n'avait pu obtenir l'amour l'obtint.

— Ah! Dieu est juste! interrompit encore Gabrielle, tu as été punie!

L'œil de l'Africaine lança un éclair.

— Pauvre petite sœur! dit-elle, les paroles d'une enfant ne savent pas exciter ma colère. Je ne me repens point de ce que j'ai fait. Les anges peuvent rendre le bien pour le mal; mais le talion est la loi de notre nature humaine...

Gabrielle se leva tout à coup et tendit l'oreille. Un bruit faible était venu de la pièce voisine où gisait la fille du comte-duc.

— Ne crains rien, lui dit Aïdda : elle ne nous entend pas... Je n'avais pas épuisé, hier matin, pour les porteurs de la litière du favori, le flacon où Moghrab met son narcotique.

— Tu l'as endormie?...

— Quand ils me suppliaient là-bas, au palais de l'Alcazar, le père qui est tout puissant, la mère qui est une sainte, j'ai dit : « Je ne sais pas... m'a-t-on donné la noble fille de Guzman à garder? »

— Les paroles de Caïn!... murmura Gabrielle.

— J'étais forcée de me rendre à l'appel du comte-duc. Il me fallait une chaine solide pour cette captive... Ne crains rien : elle ne nous entend pas !...

— Et ne puis-je rien pour la sauver? pensa tout haut la fille de l'oidor.

— Ma mère elle-même, si j'en avais une, répliqua l'Africaine, dont la voix trembla légèrement, ma mère n'obtiendrait pas de moi sa grâce !

Il y eut un silence pendant lequel la fille de Pedro Gil écouta de son mieux, espérant que le bruit se renouvellerait ; mais tout était muet dans la chambre voisine.

— Elle te fait peur mon histoire ! reprit tout à coup la Mauresque avec un sauvage triomphe. Attends la fin !... Moi, cela me fait du bien de te la raconter... Vincent de Moncade avait promis. Il partit de Séville et rejoignit la cour, qui était à Valladolid. Je le suivis en secret ; je soutins plus d'une fois sa résolution défaillante. Seuls, les vieillards et les femmes savent bien se venger; les jeunes hommes ont des scrupules.

Inez aima Moncade. Je vis avec bonheur les progrès de cet amour qui était un poison. Le voyage de la cour à Séville fut annoncé. J'écrivis à Hernan de Moncade : « Préparez pour Blanche la sépulture chrétienne. »

Hier, jour pour jour, Inez de Guzman eut l'âge qu'avait Blanche quand elle fut assassinée.

C'était l'heure de la méridienne : nous attendions, le vieillard et moi, dans la chambre de la morte. Le seigneur marquis avait endossé son harnois de cour. Le riche collier qu'il portait à Naples, quand il était vice-roi, mettait des gerbes de feu sur sa poitrine. Il enleva lui-même les crêpes qui recouvraient les écussons de famille.

Elles allaient être lavées, ces glorieuses armoiries ! la fête était pour elles.

Pour elles et pour Blanche la martyre. J'avais tressé moi-même une couronne de lis que le vieillard déposa sur son front.

Nous entendions le choc lointain et sourd des pioches ; on creusait la terre consacrée dans les caveaux de l'hôtel.

Blanche souriait, je te le dis, Blanche souriait comme je n'avais jamais vu sourire son pâle visage de trépassée.

Trois heures de relevée sonnaient à la Giralda quand la porte des appartements de Vincent s'ouvrit. Il parut. Je crus voir un fantôme. Le marquis s'élança vers lui les bras ouverts. Vincent le repoussa si rudement que le vieillard faillit tomber à la renverse.

— Bien, Moncade ! fit-il sans se courroucer ; le sacrifice t'a coûté. Repose-toi et calme-toi.

Vincent fixait sur lui un regard égaré.

— La fille du traître est-elle en notre pouvoir ? demanda Hernan.

Il n'y avait point de doute. C'était plutôt une constatation qu'une question.

En effet, la tête de Vincent s'inclina en signe d'affirmation.

— Dans votre appartement, mon fils ? demanda encore le vieillard.

Vincent fit de nouveau un signe affirmatif.

— Tout condamné a droit d'entendre sa sentence, continua don Hernan d'une voix plus grave ; avez-vous pris ce soin ?

Un rugissement de rage et d'angoisse souleva la poitrine de Vincent.

— Mon père, prononça-t-il d'une voix étranglée, vous avez brisé mon cœur et souillé ma conscience; vous que je respectais à l'égal d'un Dieu sur la terre... J'ai accompli mon serment. Mais je vous renie et je vous maudis!

Il chancela en même temps et tomba roide sur les dalles.

Le vieillard s'agenouilla près de lui et le baisa au front, disant:

— Moi, je te bénis, Moncade; tu as fait ton devoir!

Un trait de lumière venait de me frapper; un poignard barbelé venait de me traverser le cœur.

— Il l'aime! m'écriai-je; ne voyez-vous pas qu'il l'aime?

Le vieux marquis secoua la tête lentement; un sourire orgueilleux était à ses lèvres.

— Folle! murmura-t-il, où as-tu vu que le fils de l'aigle pouvait s'éprendre de l'impure couvée du vautour?... Il est jeune, elle est douce et belle; à cet âge, le bras ne sait pas tenir la hache du bourreau... viens!

— Je ne l'abandonnerai pas ainsi, répliquai-je.

— Viens, te dis-je, ce sommeil est un bienfait... j'aime mieux qu'il ne voie point ce qui va se passer ici.

— Qu'allez-vous donc faire?

Il y avait dans ses yeux je ne sais quel égarement tranquille. Sa grande figure avait des taches rouges parmi sa pâleur; et ses cheveux, plus blancs que la neige, semblaient frémir sur son crâne.

17.

Il me dit :

— Si tu ne veux pas venir, jeune fille, je suis assez fort pour accomplir seul ma besogne.

Je cherchais aux lèvres de Vincent le souffle qui ne venait plus.

Le vieux seigneur m'attendit une seconde, puis redressant tout à coup sa haute taille, depuis si longtemps courbée, il gagna d'un pas lent et sûr la porte de l'appartement de Vincent. Je le vis disparaître.

— Ne la tuez pas ! m'écriai-je.

— Oh ! s'interrompit-elle en repoussant les mains de Gabrielle, qui la remerciait de ce mot par une caresse, ce n'était pas de la pitié... Je pensais, tout au fond de mon cœur navré : S'il l'aime, elle est à moi !...

Je ne voulais pas qu'un autre me prît ma vengeance.

Gabrielle baissa la tête. L'Africaine poursuivit, comme si elle eût goûté un inexplicable plaisir à épouvanter sa compagne :

— Il me semblait que Vincent devenait froid entre mes bras. Oh ! que de haine, si tu savais, jeune fille !... Il l'aimait puisqu'elle le tuait !

J'entendis le pas du vieillard qui revenait. Sa marche était lente et lourde : je devinai qu'il portait un fardeau. Le fardeau était pesant, car à mesure qu'il approchait de la porte, son souffle sifflait plus fort dans sa poitrine.

Il portait Inez évanouie entre ses bras.

Je n'eus point de compassion, car je la trouvai plus belle qu'en ses jours de joie. Ses longs cheveux pendaient de sa tête pâle, renversée sur l'épaule du vieux marquis ; ses yeux étaient fermés, son sein ne battait plus. J'avais peur. Une angoisse nouvelle me serrait la poitrine. Ils étaient là tous deux, privés de sentiment : la souffrance les mariait en quelque sorte ; je me sentais seule vivante, et, par cela même, répudiée.

Ce terrible sommeil pesait sur eux comme un joug mystique : c'étaient les fiancés de la mort !

Je l'enviais, cette fille ! Oh ! comme je lui aurais volé son martyre !

Le vieillard, haletant, épuisé, traversa la chambre d'un pas pénible, il ne nous regarda point. Une idée fixe le dominait.

Il déposa la fille du traître sur un siège au pied du lit, et roula son front dans les draps pour étancher la sueur qui lui baignait les tempes.

— Blanche, ma fille chérie, murmura-t-il avec une caressante tendresse, je t'avais promis cela... il y a bien longtemps... Voici la fille de ton bourreau qui va châtier son père par sa honte et par sa mort... Réjouis-toi, Blanche, je te rapporte ton honneur !...

Moi j'essayais de souffler ma vie dans la poitrine glacée de mon amant.

Le bruit sourd de la pioche des fossoyeurs entamait mon cœur. Allait-on creuser deux fosses dans l'antique sépulture des Moncade ?...

Le frère allait-il descendre avec la sœur ?...

— Laisse ! répliqua-t-il ; nous, les Moncade, nous ne tombons que sous l'épée...

Il était tout entier à son travail étrange. Une sombre folie brillait dans ses yeux.

Je le vis disposer avec un soin minutieux les

plis de la mantille qui couvrait les épaules de Blanche; il remit en place la couronne de fleurs que nos baisers avaient dérangée.

Et, tout en faisant cela, il parlait à la morte. Sa parole ressemblait à ce chant monotone et doux qui berce l'enfance endormie.

— Elle est là, disait-il; tu la vois bien, n'est-ce pas, Blanche, mon trésor bien-aimé? La voici, la Guzman! son père est le ministre du roi! son père gouverne les Espagnes, son père domine Philippe d'Autriche, notre seigneur! tout lui obéit, rien ne lui résiste... Eh bien! la vengeance de Moncade, ta vengeance à toi, sainte victime, est au-dessus de la toute-puissance de cet homme!... Je lui ai pris son enfant comme il m'a pris la mienne... son honneur pour ma félicité perdue... son honneur pour ma gloire qui n'est plus!... n'est-ce pas de quoi réveiller dans leurs tombes les vieux Castillans, nos aïeux!...

Souris, Blanche, souris, mon adorée! voilà ton ennemi vaincu! Réjouis-toi, fille des chevaliers! voici le cœur du tigre, tout son cœur qui saigne sous l'ongle du lion?... As-tu trop attendu, et Dieu n'est-il pas juste?...

Il enleva la couverture, au bas du lit, pour découvrir les pieds de la morte.

Il saisit Inez, et fit en sorte que sa lèvre inanimée touchât par trois fois ces orteils insensibles et glacés.

Il disait, essoufflé par son effort :

— Pardon, noble senora; pardon, sang illustre; pardon, Blanche de Moncade!

Puis, avec un rire fiévreux :

— L'as-tu entendue, la Guzman, la fille des lâches? elle a demandé grâce en embrassant tes pieds!...

Je sentis comme un souffle faible sur ma joue. Tout mon sang revint à mon cœur. Vincent allait renaître à la vie.

Le vieillard avait replacé les pieds de Blanche sous la couverture. Il tournait le dos à sa fille. Il était debout, en face d'Inez, dont la tête se renversait, livide, dans les belles masses de ses cheveux.

— Toi, reprit-il, tu viens de faire amende honorable, comme il sied à une condamnée. Tu payes pour ton père, c'est la loi. Tu es innocente, je ne t'en veux pas ; que Dieu te pardonne!

Il la chargea de nouveau sur son épaule, disant à part lui :

Blanche a souri, elle est contente... Il ne faut pas que celle-ci respire l'air qui entoure ma Blanche... Ah! ah! ah! comte-duc, puisses-tu avoir les entrailles d'un père!

Il s'éloigna, épuisé qu'il était et pliant sous son fardeau, mais joyeux et le triomphe au front.

Moi, je guettais le réveil de Vincent, dont le cœur recommençait à battre sous ma main. Vierge sainte! je l'aime tant, que j'eus un lâche mouvement de joie. Il me plaisait que la fille du traître fût loin de là et qu'il n'eût point assisté à sa honte.

Un peu de sang remontait à ses joues. Je buvais le souffle qui passait entre ses lèvres ; ses mains, ses pauvres mains, se réchauffaient sous mes baisers.

Il ouvrit enfin les yeux, et sa bouche murmura un nom.

Je le repoussai si violemment que sa tête rebondit sur la dalle.

— Inez! Inez! m'écriai-je, est-ce Inez qui t'a donné son souffle et la chaleur de ses veines? Est-ce Inez qui t'a rappelé à la vie?

Le vieux marquis revenait. Je m'élançai vers lui, ivre de rage.

— Il l'aime! il l'aime! balbutiai-je parmi les sanglots qui m'étouffaient; la vengeance nous échappe... Elle aura l'héritage de Blanche, elle aura le nom de Moncade!

Il mit sa main sur sa bouche.

— Tu blasphèmes! murmura-t-il, tandis que son regard prenait une expression d'indicible horreur.

Moi, terrassée, je répétais sous ses doigts de fer qui écrasaient mes lèvres:

— Il l'aime! je vous dis qu'il l'aime!...

Le vieillard me repoussa comme j'avais repoussé Vincent.

Il s'appuya au montant de la porte, parce que ses jambes chancelaient sous le poids de son corps. Ses yeux sanglants et la pâleur de sa face disaient l'orage qui grondait au-dedans de lui.

Ce fut d'un ton grave et lent, cependant, qu'il reprit:

— Tais-toi, jeune fille!... As-tu ouï parler de Juan-Maria d'Avalos, mon aïeul, qui poignarda son fils sous le porche de la cathédrale de Burgos?

Mon cri s'arrêta dans ma gorge.

Le marquis de Pescaire continua:

— Si mon fils don Vincent trahissait ma vengeance, je fais serment sur l'honneur de ma race que je le poignarderais de mes propres mains!...

En prononçant ce dernier mot, l'Africaine s'arrêta brusquement.

— As-tu entendu? murmura-t-elle.

Cette fois, ce n'était pas un bruit indistinct qui était parti de la pièce voisine. Aïdda et Gabrielle avaient pu saisir un long et profond gémissement.

Aïdda se leva et gagna sur la pointe des pieds la porte qui était restée entr'ouverte; son regard avide et curieux fit le tour de la chambre. Inez était toujours étendue sur le lit; sa posture n'avait point changé. Ses yeux étaient clos; elle semblait dormir d'un lourd et profond sommeil.

— C'est peut-être le jeune cavalier, murmura la Mauresque.

Gabrielle, légère comme un oiseau, était debout au seuil de l'autre porte.

— Êtes-vous éveillé, Seigneur Mendoze? demanda-t-elle tout bas.

Il n'y eut point de réponse, et l'oreille attentive de la fille de l'oidor distingua le souffle lent et régulier du dormeur.

— Nous nous sommes trompées, dit Aïdda. Mais les heures de la nuit s'écoulent, et Moghrab tarde bien à revenir!

— Et que se passa-t-il ensuite, ma sœur? demanda Gabrielle, enchaînée à l'intérêt tragique de cette histoire. Vincent de Moncade s'éveilla-t-il? Son père, revenu à la raison, révoqua-t-il son odieux serment?

— Le seigneur marquis de Pescaire, répondit l'Africaine, quitta la chambre mortuaire après avoir prononcé les paroles que j'ai dites. Il passa tout près de son fils qui gisait à terre, et ne le regarda point.

Nous étions seuls, Vincent de Moncade et moi.

J'ai été lâche, je le répète; j'ai manqué de cœur. La menace du vieillard m'avait laissé du froid dans les veines.

Je le connais; je sais qu'il répandrait son propre sang comme Brutus. C'est une âme de fer.

Quand don Vincent s'éveilla, je ne sus que lui sourire au travers de mes larmes. Il m'interrogea : je lui racontai docilement ce qui s'était passé.

— Un fils qui maudit son père! murmura-t-il : que Dieu ait pitié de mon malheur! Où est dona Inez?

— Tu peux songer à la fille du traître en un pareil moment! m'écriai-je avec toute ma colère rallumée.

— Aïdda, me répondit-il, j'ai pour toi la tendresse d'un frère. Je t'avais promis un autre amour. Prends ma vie, elle est à toi.

J'ai pu entendre cela sans mourir!

Ici, un amer sanglot secoua la poitrine d'Aïdda. Elle voulut poursuivre; sa voix s'étouffa dans sa gorge.

Gabrielle, qui s'était rapprochée, la serra dans ses bras.

— Dieu te pardonnera si tu pardonnes, ma sœur, murmura-t-elle; si tu as pitié, Dieu aura pitié de toi!...

L'Africaine essuya d'un revers de main les larmes qui brûlaient sa paupière, et répondit avec une sauvage énergie :

— Je ne veux ni pardon ni pitié !

Elle fit sur elle-même un violent effort, et reprit d'une voix assourdie :

— Lâche ! lâche ! lâche ! que je suis ! je n'eus que des pleurs pour répondre à l'aveu de sa trahison... Chaque fois qu'il me parle de mourir, je perds la vertu de ma race, et ma force devient faiblesse.

Sais tu ce que je fis ? Je le suivis dans son appartement, j'entrai avec lui dans cette chambre témoin de nos amours, où les nobles toiles pendues aux murailles avaient autrefois entendu ses serments.

Inez était là, toujours, le vieillard l'avait déposée sur le lit. Ce fut moi qui baignai d'eau froide son visage et qui lui fit respirer ces subtiles senteurs dont l'arome aigu sait ranimer la vie.

Oui, moi, je ressuscitai ma rivale ; moi, moi, je rendis le sentiment et le souffle à la fille de celui qui ravit le souffle et le sentiment à Blanche, ma patronne adorée !...

Vincent se tenait à l'écart. Je voyais ses mains se joindre malgré lui. C'est un culte. Mesure l'amour que j'ai pour lui ; c'est ainsi qu'il l'aime !

Au premier mouvement qu'elle fit, il se laissa tomber à deux genoux et je l'entendis murmurer :

— Quelle soit sauvée et que je meure !

Il fallait le tromper. Les heures avaient passé ; la nuit était noire au dehors. Je quittai la fille du traître et je vins à lui.

— Vincent, lui dis-je, tes frères t'attendent au rendez-vous d'honneur.

Ce fut comme un réveil, car il y a des mots qui font de l'homme un enfant, et chaque âge a son hochet misérable. Ils ont prononcé je ne sais quel serment; ils conspirent... Et ne suis-je pas moi-même de la conspiration?...

— Folie puérile et misérable! s'interrompit-elle en montrant de son doigt tendu la chambre où dormait Inez, la vengeance est là... c'est moi qui la tiens !

Vincent se jeta sur son épée.

— Là aussi on peut mourir! dit-il.

Puis regardant Inez qui luttait contre les derniers engourdissements de son mal, il reprit :

— Je ne veux pas qu'elle me voie!... Mon aspect lui briserait le cœur... Aïdda! son père seul fut coupable; son père seul fut condamné par nos justes haines... Qu'elle soit rendue à sa mère qui la pleure... je l'oublierai.

— Dis-tu vrai?... m'écriai-je.

— Oui, me répondit-il avec un sourire qui me serra le cœur comme une main de glace, car la mort, ce doit être l'oubli...

Les horloges des églises voisines sonnaient la huitième heure, je promis de ramener la fille du traître à l'Alcazar. C'était la volonté de Moghrab, mon maître, je le savais. Don Vincent embrassa mes mains et s'enfuit.

A peine avait-il passé le seuil qu'Inez appela sa mère. Dans sa pensée, elle avait fait un rêve extravagant et horrible.

Quand ses yeux rencontrèrent les objets inconnus qui l'entouraient, elle fut prise d'un tremblement convulsif, et je crus qu'elle allait retomber dans son évanouissement. Mais nous sommes fortes, nous autres femmes.

Je lui dis avec dureté :

— Senora, Vincent de Moncade ne vous aime pas, mais il a eu pitié : il renonce à sa vengeance si légitime. Suivez-moi : les murs de cette maison crient anathème contre le sang qui coule dans vos veines.

Elle passa ses deux mains sur son front tour à tour.

— Moncade ! murmura-t-elle par deux fois, Moncade !... Vengeance !...

— Levez-vous ! commandai-je.

Elle essaya de se mettre sur ses pieds, mais elle était trop faible et trop brisée. Je la soutins.

Les larmes roulaient lentement sur ses joues, et, de ses lèvres, ce nom tombait toujours :

— Moncade !... Moncade !...

Je lui imposai silence et nous gagnâmes la porte.

Dans l'escalier, je lui demandai :

— De quoi vous a-t-il menacée ?

— Je ne vous connais pas, me répondit-elle ; mais je devine que vous me haissez... Hélas ! Dieu punit cruellement la fille qui abandonne sa mère... Sais-je comment il m'avait entraînée à le suivre ?... Je l'aimais jusqu'à n'avoir plus de conscience... Ce qu'il m'a dit ? je ne sais plus... je n'ai pas compris ses paroles... j'ai vu seulement sur son front une pâleur de cadavre et du sang dans ses yeux. Au lieu d'amour, c'était de l'aversion. Je n'ai point deviné pourquoi il me traitait ainsi... Mon cœur a cessé de battre... que s'est-il passé depuis ?

Les valets, sur mon ordre, ont amené la litière.

Dans cette maison, chacun me connaît et m'obéit. Les porteurs ont pris le chemin de l'Alcazar, et je n'ai plus prononcé une parole.

Sur ma foi! je voulais accomplir ma promesse. Mais il y a des destinées. L'émeute grondait autour de l'Alcazar, dont tous les abords étaient fermés.

— Voilà pourquoi j'ai amené la fille du traître dans cette maison...

— Mais ce breuvage? demanda Gabrielle.

— La nuit a porté conseil, répondit froidement l'Africaine; si Moncade doit mourir, il ne mourra pas seul.

Parmi le silence qui suivit, on put entendre les marches de l'escalier extérieur retentir sous un pas rapide.

— Moghrab! dit l'Africaine en mettant un doigt sur sa bouche.

Elle ajouta d'un ton de menace :

— Malheur à toi si jamais je me repens d'avoir parlé!...

Ce dernier mot était encore sur ses lèvres que la haute silhouette de Moghrab se dessinait dans l'ombre de la porte d'entrée. Son regard alla vivement à Gabrielle, qu'il prit sans doute pour une autre à ce premier instant; mais son erreur ne dura qu'une seconde, et il dit en faisant quelques pas dans l'intérieur de la chambre :

— C'est toi, pauvre douce enfant... je ne peux pas m'habituer à voir une colombe dans cette aire d'oiseaux de proie...

Il adressa un signe de tête bienveillant à la fille

de l'oidor, qui se reculait effrayée ; puis, se tournant vers la Mauresque :

— Ma fille, reprit-il, nous avons partagé longtemps la même œuvre et les mêmes dangers. Nous avons pour lien une haine commune, et je n'ai pas le droit de contrôler votre vengeance... mais je suis le maître et vous m'avez désobéi... Pourquoi la fille du comte-duc, n'est-elle pas à l'Alcazar.

— Parce que, répondit Aidda, sans hésiter, le neveu du comte-duc a enlevé la Medina-Celi et qu'il nous faut un otage.

Elle soutint avec fierté le regard perçant que lui jetait Moghrab.

— C'est bien, fit celui-ci froidement ; la reine veille et m'attend au palais... je désire que vous vous rendiez auprès de la reine.

— Il suffit, mon père, répliqua Aidda d'un air sombre, pourvu qu'il soit convenu que la fille du traître m'appartient.

— Cela est convenu.

— Et que vous n'aiderez point à sa fuite.

— Je m'y engage.

Aidda jeta sa mante sur ses épaules et sortit, emmenant Gabrielle, qu'elle laissa au seuil de la maison de son père.

Moghrab, resté seul, alluma une lampe et s'introduisit dans la chambre où dormait don Ramire de Mendoze.

FIN DU PREMIER VOLUME

TABLE
DU TOME PREMIER

	Pages
I. — Les favoris du roi.	1
II. — Le voyant.	10
III. — Hussein le noir.	19
IV. — Le Maragut.	41
V. — Le ménage du comte-duc.	64
VI. — Aventures de Bobazon.	80
VII. — La grandesse.	102
VIII. — Aux armes!	113
IX. — La cour de l'alcazar.	141
X. — Funérailles.	171
XI. — Préparatifs d'un siège.	189
XII. — La fille de l'oïdor.	214
XIII. — Les deux portes du corridor.	255
XIV. — La chambre de la morte.	275
XV. — Le talion.	291

Imprimerie de Poissy — S. Lejay et Cie.

www.ingramcontent.com/pod-product-compliance
Lightning Source LLC
Chambersburg PA
CBHW071259160426
43196CB00009B/1354